教育部人文社会科学青年基金项目"基于主动
人力资源管理对员工韧性的影响研究"（项目编号：

U0684724

社会责任型人力资源管理理论和实践研究

邵丹萍◎著

九 州 出 版 社
JIUZHOUPRESS

图书在版编目（CIP）数据

社会责任型人力资源管理理论和实践研究 / 邵丹萍
著 . -- 北京：九州出版社，2022.12
ISBN 978-7-5225-1379-9

Ⅰ . ①社… Ⅱ . ①邵… Ⅲ . ①人力资源管理－研究
Ⅳ . ① F243

中国版本图书馆 CIP 数据核字（2022）第 213999 号

社会责任型人力资源管理理论和实践研究

作　者	邵丹萍　著
责任编辑	王文湛
出版发行	九州出版社
地　址	北京市西城区阜外大街甲 35 号（100037）
发行电话	（010）68992190/3/5/6
网　址	www.jiuzhoupress.com
印　刷	武汉鑫佳捷印务有限公司
开　本	787 毫米 ×1092 毫米　16 开
印　张	15.75
字　数	232 千字
版　次	2022 年 12 月第 1 版
印　次	2023 年 2 月第 1 次印刷
书　号	ISBN 978-7-5225-1379-9
定　价	72.00 元

前　言

　　企业社会责任（corporate social responsibility, CSR）是指企业在发展经济的同时，促进社会福利，推动社会进步。历经百年发展，企业社会责任亘古常新。近年来，伴随着"一带一路"倡议深入人心，企业社会责任知行合一成为大势所趋。一些企业身先士卒迈入社会责任实践队伍，却遭遇重重挑战。例如，大多数企业缺乏对企业社会责任内涵的深刻认知，简单将其理解为无偿奉献的捐赠行为，或者脱离企业运营、毫无价值创造的好人好事。如何真正将社会责任与企业文化的融合、企业员工的互动、企业日常的运营接轨，成为困扰企业的现实难题。国外学者对该主题的研究比较成熟，视角纷纭，理论众多，莫衷一是。而国内学者对企业社会责任的研究还处在探索阶段，理论研究难以满足实践发展。且现有大多研究是基于宏观层面的外部人视角，缺乏更为微观的内部人视角研究。再者，中西传统文化差异较大，经济发展水平高低不同，尽管国外研究成果累累，却难以指导新时代中国情境下的企业社会责任实践。

　　社会责任型人力资源管理（socially responsible human resource management, SRHRM）是指把企业社会责任融入企业的人力资源管理，通过人力资源管理各项职能，如招聘、培训、薪酬等来充分调动组织的各项人力、物力、财力，建立责任愿景，培训责任技能，培养责任人才，开展适合组织的情境化社会责任实践。SRHRM 作为开展社会责任的政策实践，能否平衡商业利益和社会利益，实现企业和社会的共赢？目前仅有少数学者理论探讨并实证检验了 SRHRM 对企业内部员工的积极影响，并无研究探索"鱼和熊掌能否兼得"这一关键问题。因此，本书借鉴了 Parker 的主动动机模型，综合考虑"冷"的认知机制和"热"的情感机制，分别从"应该做""能够做""想要做"三条路径层层递进地去探讨中国情境下的 SRHRM 能否同时提升员工的组织绩效和社会绩效及其内在机理。本书选择员工的任务绩效、组织公民行为（organizational citizenship behavior，OCB）拟合员工对组织的绩效，选择志愿者活动拟合员工对社会的绩效，通过三个实证研究考察 SRHRM 对这两种结果的影响。最后，本书通过 314 组领导—员工配对数据，实证检验三个研究中的假设，基本上证实"鱼和熊掌可以兼得"这一假设。

具体研究结论如下：

1. 研究一拟合"应该做"路径，基于身份理论和身份建构模型，探讨并发现 SRHRM 能通过塑造员工的亲社会身份来影响员工的绩效改进，包含任务绩效、OCB 和志愿者活动。此外，长期导向显著调节 SRHRM 的影响效果，而自我提升动机则没有产生显著的调节效应。

2. 研究二拟合"能够做"路径，基于自我效能理论，探讨并证明 SRHRM 能够通过塑造员工的亲社会自我效能来提升后续的 OCB、志愿者活动，对任务绩效却无显著影响。此外，人—工作匹配对 SRHRM 的作用效果具有边界效应。

3. 在"应该做""能够做"这两条"冷"的认知机制基础上，研究三则基于热的情感机制，拟合"想要做"路径，从情感事件理论的视角，探讨了 SRHRM 能否通过激发员工的同理心来影响其后续的绩效表现。研究发现，SRHRM 能够通过激发员工同理心来提升员工的任务绩效、OCB 和志愿者活动。此外，分配公平会调节 SRHRM 的作用效果。

企业如何真正实现社会责任"内化于心、外化于行"？在理论研究的基础上，本书以阿里巴巴和联想为例，介绍了社会责任型人力资源管理的相关实践。此外，本书以华为和格力为例，进一步探讨了社会责任型人力资源管理实践特点，并结合"一带一路"和人类命运共同体倡议分析了社会责任型人力资源管理发展趋势。最后，本书介绍了社会责任型人力资源管理的最新研究议题。

本书的研究结论对 SRHRM、企业社会责任和人力资源管理都具有重要的理论意义和实践启示，创新点如下：首先，本书在前人基础上进一步探讨 SRHRM 定义、内涵、影响效果及作用机理。具体来说，第一，本书综合考察了 SRHRM 对员工组织绩效、社会绩效的双重影响，超越了以往关于 SRHRM 研究仅仅关注组织绩效的局限，证实了 SRHRM 可以实现企业和社会双赢。第二，本书基于一个整合的动机模型，从"应该做""能够做""想要做"三个方面探讨 SRHRM 对员工影响及其边界条件，为今后开展 SRHRM 对员工影响的研究提供一个全面的理论框架。第三，本书从自我提升动机、未来导向、人—工作匹配和分配公平四方面考察了员工个体特征、文化特征、时代特征、组织文化对 SRHRM 影响的边界效应，厘清了中国情境的 SRHRM 的影响范围。其次，本书进一步推进了企业社会责任由宏观走向微观，由外部走向内部、由结果走向过程的发展。最后，本书对未来可持续发展的人力资源管理具有重要意义。

目　录

第一章 绪 论

第一节 研究背景

企业社会责任（corporate social responsibility，CSR）的主要内涵是企业在发展经济的同时，承担起对社会的责任，促进社会福利，推动社会进步（Carroll，1999）。

古人云，"仓廪实而知礼节，衣食足而知荣辱"。随着和谐社会的推进，企业在发展经济的同时，还需要满足社会大众对民生改善、文化繁荣和生态良好的期望。2016年4月，习近平主席在网络安全和信息化工作座谈会上强调："只有富有爱心的财富才是真正有意义的财富，只有积极承担社会责任的企业才是最有竞争力和生命力的企业。"2018年的博鳌亚洲论坛开展了关于"从'大'到'伟大'：企业的蜕变"的讨论，与会者一致认同企业只有把社会问题转化为商业价值，实现企业和社会的共赢，才能成就伟大的企业。由此可见，引导企业主动承担起社会责任，已成为社会各界广泛关注的焦点。

一方面，互联网和全球化的发展，导致企业和整个社会处于"一损俱损，一荣俱荣"的关系中。没有企业可以脱离社会环境的影响而独善其身。企业只有主动承担起对社会的责任，保证社会大环境的健康发展，才能实现自身的可持续发展（殷格非，2018）。另一方面，企业主动承担社会责任是打造核心竞争力的重要法宝。对外来说，企业提倡社会责任不仅仅能提升企业社会声誉和形象（Hur et al.，2014；Yuanshu Li and Lee，2012），更是进入国际市场（Matten and Moon，2008）、提升长期盈利能力的通行证（Taiyuan Wang and Bansal，2012），特别是在新时代"一带一路"的倡议背景下，企业只有积极顺应国家战略趋势，主动关注和承担社会责任，才能更好地"走出去"，在激烈的国际竞争中获得长远可持续发展。对内来说，开展社会责任是企业招贤纳士、构筑人才高地的重要举措，特别是在知识经济时代，人力资本是企业竞争的核心力量。越来越多的年轻一代走入职场，他们思想更开放，价值更多元，对工作意义和自我实现价值的期望更高。如何吸引、激励这些年轻员工积极、主动、高效地投入工作，为企业贡献价值？良好的企业社会责任形象则是一项重要的吸引力。事实上，研究发现，组织的企业社会责任活动不仅能提升现有员工的自豪感（Jones et al.，2014）、留职意愿（Jones，2010）、工作意义感（Glavas，2016），更能吸引优秀、有责任感的潜在求职者（Catano and Morrow Hines，2016；Evans and Davis，2011；Greening and Turban，2000；Rongzu Wang，2013）。由此可见，开展社会责任对保障社会长远福利和企业自身基业长青都意义深远。

社会责任型人力资源管理（socially responsible human resource management，SRHRM）则是指通过人力资源管理各项职能活动，向组织中的人植入责任思想，并充分调动各种资源协助企业开展情境化的社会责任活动。研究 SRHRM 对促进企业社会责任理论发展和社会责任实践开展都意义重大。本书选题的背景主要有以下四个方面：

（一）企业社会责任知行合一的现实需要

尽管积极承担社会责任已成为大势所趋，然而如何有效开展社会责任工作仍然是困扰着许多企业的难题。首先，由于企业社会责任内容较为宽泛，形式多样，许多企业或多或少对其存在认识误区（Heli et al., 2016）。例如，有些企业片面地将企业社会责任理解为公益助学这类"好人好事"，而另一些企业则将社会责任狭隘地视为灾难中的慈善捐款。无论是将企业社会责任理解为捐资助学、养老扶幼还是救灾救难的慈善捐赠，都割裂了企业社会责任和企业运营的联系，是"只见树木，不见森林"的片面认知。由此，企业不仅无法在推进其与社会、环境的和谐发展中发挥重要作用，还容易因不切实际的社会责任实践导致社会资源的浪费，甚至损害其自身发展。其次，企业社会责任的开展需要耗费成本。无论是开发优质产品还是改进节能减排技术，都是需要财力、物力和人力的投入。在企业资源有限的情况下，如何根据企业自身业务特点选择因地制宜的社会责任实践及其开展方式成为当前迫切需要解决的问题。

管理学大师彼得·德鲁克认为，"合理的社会责任应如驯服蛟龙，能够把社会问题转化为经济机遇，转化为生产能力、员工能力、报酬优厚的工作，转化为财富"（Drucker, 1984）。在"互联网+"时代，企业应当如何驯服蛟龙，化挑战为机遇，平衡商业利益和社会福祉？SRHRM 旨在将企业社会责任理念融入公司运营，充分调动组织内部各种资源以开展情境化社会责任活动，实现企业与社会共赢。一方面，SRHRM 通过招聘、培训等人力资源管理实践，全面培育责任知识、植入善意文化，引导企业建立起深层的社会责任基因。另一方面，SRHRM 能够通过人力资源管理手段充分调动组织内人力、物力、财力，将社会目标与组织运营统一起来，合理规划并制定适宜的社会责任项目，即通过构建 SRHRM 体系，企业社会责任不再是成本或约束，更是一种孕育机会、促进创新、获得竞争优势的战略体系。因而，解释 SRHRM 的内涵、揭示 SRHRM 的影响黑箱对企业迎接挑战、担当责任具有重要的管理启示和指导意义。

（二）企业社会责任理论研究发展的需要

企业社会责任的研究伴随着企业产生和发展而亘古常新。在这一百多年的发展中，企业社会责任研究已取得了丰富的成果。围绕企业社会责任的定义、内涵，学者先后提出许多相关概念，如企业社会回应、企业社会绩效、企业公民、企业伦理、可持续发展。在这些概念基础上又发展出一系列相关模型，如区分企业社会责任内容的三维模型（Carroll，1979）、金字塔模型（Carroll，1991；Clarkson，1995），界定企业社会责任原则、过程的企业社会绩效模型（Clarkson，1995；Wartick and Cochran，1985；Wood，1991a），划分企业负责对象的利益相关者模型（Donaldson and Preston，1995）。基于这些理论模型，许多学者从制度、公司治理、战略、财务、营销等视角探讨企业的社会责任与外部利益相关者的关系。相关实证研究发现，企业开展社会责任可以吸引和留住人才（Bhattacharya et al.，2008），提升组织声誉（EberleBerens and Li，2013），赢得竞争优势（McWilliams and Siegel，2001；Porter and Kramer，2006），吸引投资者（Flammer，2013），提升财务绩效（Waddock and Graves，1997）和消费者满意度（Luo and Bhattacharya，2006）。与之呼应的是各个国际组织、各国政府纷纷制定企业社会责任规章，如社会责任国际标准ISO26000、联合国可持续发展目标（2030）、联合国全球契约十项基本原则、可持续发展报告编写标准（GRI4.0）等。

尽管以上丰富的理论成果对企业社会责任理论推进具有重要意义，然而目前关于如何具体指导企业社会责任开展的理论还比较匮乏。SRHRM则立足于组织内部，试图从更微观的心理学、社会心理学视角来探索商业战略、组织文化与企业社会责任接轨的方法、结构、范式和对策。因此，研究SRHRM对推进企业社会责任理论研究向人力资源管理和组织行为学领域的拓展具有重要意义。

（三）人力资源管理模式创新的需要

开展企业社会责任对企业人力资源管理的变革发展具有重要意义。首先，企业社会责任促进人力资源管理理念的变革。在互联网时代，人力资源管理向更人性化的方向发展，致力于"激活"组织中的人，更好地释放员工的善意和潜能，发挥个人价值，在实现组织和社会发展目标的同时，更加多元化、个性化地满足个体本身的自由发展需求。而企业社会责任向企业传递的"责任"理念不仅顺应人力资源管理"以人为本"的理念，并在此基础上，跨越组织边界，将此理念推广深化到更广泛的社会群体，强调对他人福祉的关注。这不仅推动了新时代可持续人力资源管理理念的发展，也呼应了传统文化中"老吾老以及人之老，幼吾幼以及人之幼"的仁爱价值观。其次，企业社会责任的开展促进人力资源管理制度的革新。当前，我国许多企业的人力资源管理还没有形成适合企业发展的模式，难以做到将企业社会责任提升到企业战略的高度。而企业社会责任实践的开展，将促进企业根据社会责任标准或要求来改进和完善企业人力资源管理各项职能活动，如招聘、培训、甄选、绩效考核、薪酬等。这些举措都将推进和谐共赢的人力资源管理模式创新，促使企业更有效地适应未来竞争。

（四）开展基于中国本土情境的企业社会责任研究需要

文化作为一种意识形态，对组织员工的价值观和行为方式有着潜移默化的影响。中国传统文化是一种以"和谐"为根基的德性文化，自古以来就蕴含着丰富的社会责任思想。首先，儒家思想的"仁爱""己所不欲勿施于人""以和为贵"与企业社会责任中"人本主义""以人为本"是一脉相承的，强调了对人的尊重和关怀。此外，儒家伦理中所倡导的"君臣、父子、兄弟、朋友、夫妇"人伦网络则体现人与人、人与社会的和谐。其次，"重义轻利""先义后利""君子爱财，取之有道"体现了企业社会责任中的利益和道德的和谐。最后，儒家的"天人合一"，道家的"人法地、地法天、天法道、道法自然"则体现企业与环境的和谐。无论是人与人、人与社会，还是人与环境的和谐都建立在"格物""致知""诚心、正意""修身""齐家""治国""平天下"的君子理想的基础上。通过鼓励个体的"克己复礼"追求"天下兴亡匹夫有责"，最终实现"天下大同"的社会理想。然而，当今的中国仍处于经济高速发展的转型期，传统商业文化受到巨大冲击，各种企业失责行为层出不穷。例如，近年来涌现出的长春长生疫苗造假事件、滴滴顺风车安全事故、拼多多假货风波等，无一不说明中国企业社会责任实践任重道远。在中国经济快速发展的过程中，如何激励企业汲取积极的传统文化理念，在经营发展中既能"见自己"，又能"见天地"，"见众生"，是整个中国社会面临的严峻挑战。因此，伴随着中国经济和东亚文化在世界舞台上发挥着越来越重要的影响力，研究基于中国情境的企业社会责任开展问题具有跨文化的研究意义。

第二节　研究目的和意义

一、研究目的

本书旨在探讨 SRHRM 能否通过组织员工参与企业社会责任实践来提升员工对组织的绩效和对社会的绩效及其内在机理。具体来说，本书的研究目的主要分为以下三个方面：

（一）本书明确 SRHRM 的定义、内容和测量方式

SRHRM 作为一个跨学科的新兴构念，目前只有少数学者对这一研究议题进行了探讨，学界对其定义内涵、特点仍不清晰。因此，本书的第一个研究目的是在系统回顾以往 CSR、SRHRM 相关研究基础上，进一步厘清 SRHRM 的定义内涵，为下一步探讨其作用效果奠定基础。

（二）本书基于主动动机模型，分别从"冷"的认知和"热"的情感两种不同的视角，探讨了中国企业中 SRHRM 对员工绩效的影响

具体来说，本书首先探讨了"鱼和熊掌能否兼得"的社会困境，即 SRHRM 作为一种开展社会责任的政策实践，是否能够同时实现组织和社会的双赢，在为组织带来积极结果的同时为社会创造价值？基于这个研究问题，本书选取员工的任务绩效、组织公民行为（OCB）拟合员工对组织的绩效，选取志愿者活动拟合员工对社会的绩效，考察了 SRHRM 对这两

种绩效结果的影响。其次，SRHRM 到底是如何影响这两种绩效结果，其内在的作用机理是什么呢？本书基于社会身份理论、自我效能理论来解释了认知视角的影响机制，基于情感事件理论解释了情感视角的影响机理。因此，本书第二个目的是整合社会身份理论、自我效能理论、情感事件理论，分别从"应该做""能够做""想要做"的角度，逐步深入解释 SRHRM 的影响机理。最后，SRHRM 影响效果的发挥受到何种影响？本书分别针对三条路径的理论模型考察了其不同的边界条件。

（三）对我国企业开展社会责任实践具有指导意义

新时代新形势下，企业承担社会责任已经是大势所趋。然而如何将社会责任植入企业的日常工作，显得迫切又充满挑战。企业要如何践行社会责任相关理念，如综合价值的理念、利益相关方的理念、可持续发展的理念？企业需要采用何种方法践行社会责任？企业如何在承担社会责任的过程中实现价值共创，平衡好经济价值、社会价值？基于此，本书第三个目标是在系统的文献综述和实证研究得出的结论基础上，再结合我国企业的实际情况，为我国企业有效开展企业社会责任实践提出具体管理对策。

二、研究意义

（一）理论意义

第一，本书在前人基础上进一步探讨 SRHRM 的定义、内涵，并实证检验了 SRHRM 与员工绩效的关系及其内在机理，从整体上丰富了社会责任型人力资源管理领域的研究。具体来说，首先，本书同时探讨了 SRHRM 对员工的组织绩效（任务绩效和 OCB）、社会绩效（志愿者活动）的影响，超越了以往关于 SRHRM 的研究仅仅关注组织绩效的局限，更为全面系统地揭示了 SRHRM 在组织中的影响作用。其次，本书基于一个整合的动机模型，从"应该做""能够做""想要做"三个方面分别探讨 SRHRM 对员工的影响机理，为理解 SRHRM 对员工的影响机理提供一个全面的理论解释框架。最后，本书从自我提升动机、未来导向、人—工作匹配、分配公平四方面分别考察了员工的个体特征、文化特征、时代特征和组织文化对 SRHRM 的边界效应，进一步探索了中国情境下 SRHRM 的作用范围。

第二，除了推进社会责任型人力资源管理领域研究，本书对拓展企业社会责任领域也具有重要意义。具体来说，首先，本书推动企业社会责任研究从宏观层向微观层拓展。企业社会责任作为一个亘古常新的话题，在一百多年的发展历程中吸引了众多来自制度、公司治理、法律、战略等方面的学者的研究兴趣。直到近年来，如何真正践行责任理念，承担责任使命成为现实挑战，学界对企业社会责任的研究才开始从宏观层转移到微观层。本书整合人力资源管理相关理论和企业社会责任领域的理论，探讨了 SRHRM 对员工微观的认知、情感及其后续绩效影响，进一步推动了企业社会责任在微观层面的研究。其次，本书重点关注员工在 SRHRM 实践中所发挥的作用。纵观以往的企业社会责任研究，更多的关注集中在对企业声誉形象有直接影响的外部利益相关者，如消费者、政府、投资者。而员工作为企业内部最重要的利益相关者，既是企业社会责任的服务对象，也是重要的执行者，却缺乏足够重视。一方面，企业有效开展社会责任实践离不开员工的支持和参与。没有员工的积极参与和全力投入，公司无法从根本上将社会责任理念融入企业的文化，贯彻到组织的运营，转化为员工自发主动的创造性担责行为。另一方面，培育员工的社会责任意识，引导其积极参与企业社会责任活动，能够激励员工以积极的态度和行为投身于组织发展中，进而提升企业的竞争力。因此，本书立足于企业内部，探讨了员工对 SRHRM 的结果反应，对丰富企业社会责任理论和指导企业社会责任实践具有重要意义。

（二）现实意义

近年来，党和国家先后提出"加强企业社会责任体系建设""加强企业社会责任立法"，要求企业履行社会责任，发扬企业家精神，参与社会治理，推动可持续发展。十九大后，我国经济社会正式由"新时期"迈入"新时代"，主要矛盾转化及发展方式的转型，以及"健康中国""食品安全""蓝天保卫战行动计划"等战略举措和"一带一路"倡议，为企业履行社会责任赋予了新内容。

在这条通向世界的"新航路"上，有责任、有担当的商业意识已经深入人心，主动承担企业社会责任势在必行。然而如何真正践行"责任创造价值""责任引领创新"的经营理念，并将责任理念纳入企业发展战略、价值链和员工管理之中却一直是困扰企业管理者的现实难题。SRHRM 通过将责任理念和价值推广到组织中最核心的人，组织全员有效参与，并基于社会需求、组织实践开展情境化的责任活动，为履行企业社会责任提供了新视角。本书深入剖析了 SRHRM 在组织中展开的效果和激励作用，全面揭示了员工对 SRHRM 的认知、情感及其后续的行为结果反应。本书的结论对指导企业管理者有效落实 SRHRM 政策，组织员工积极参与企业社会责任实践具有重要作用，从而有针对性、有策略地调动员工积极性和主动性，以因地制宜开展企业社会责任实践。

第三节　研究框架、技术路线与结构安排

一、本书的研究框架

本书基于新时代企业社会责任知行合一势在必行的社会背景，首先回顾了企业开展 SRHRM 的理论意义和现实意义。接着，本书继续系统回顾了企业社会责任的概念、测量及其在组织行为学和人力资源管理领域的研究。在此基础上，本书整理了现有关于 SRHRM 的定义、测量及实证研究，并梳理了以往研究的不足和突破口。接着，通过企业调研对 SRHRM 与员工关系进行实证检验。最后对全文进行总结，结合上述分析结果和中国实际，提出人力资源管理建议。

二、本书的结构安排和技术路线

本书共包含四个阶段。第一阶段是对相关领域的理论、文献做系统总结，为下文的研究奠定理论基础；第二阶段为实证检验，具体包括三个实证研究，分别从"应该做""能够做""想要做"三方面挖掘了SRHRM对员工组织绩效、社会绩效的作用机制，是整个研究的核心部分；第三阶段为实证研究结果讨论部分，通过对研究结论进行归纳总结提炼理论贡献和实践贡献；第四阶段则是对社会责任型人力资源管理实践、变革发展和相关研究议题进行了论述。围绕这四个阶段，本书表述为八个章节，要点安排如下。

第一章为绪论。主要介绍了本书的研究背景、研究问题、研究目的与意义、研究框架与技术路线和本书的创新点。

第二章为文献综述。首先，本书对企业社会责任的定义与内涵、测量进行系统的梳理总结；然后系统地梳理了目前企业社会责任在组织行为（organizational behavior，OB）、人力资源管理（human resource management，HRM）微观领域的所有实证研究；接着，本书回顾了战略企业社会责任、SRHRM提出的背景、定义、内涵、为数不多的实证研究；再次，本书回顾了主动动机模型，据此提出了全文的理论框架；最后，总结归纳要点，承上启下，为下文打好理论基础。

第三、四、五章基于整合的动机模型，分别从"应该做""能够做""想要做"三个方面实证探讨SRHRM对员工组织绩效、社会绩效的影响。

第六章为实证研究总结与展望。主要是对三个子研究的结论进行系统总结，并提炼出理论意义和实践意义，接着梳理了本书的不足和未来研究方向。

第七章以阿里巴巴和联想集团为例，探讨了社会责任型人力资源管理具体实践。

第八章介绍了新时代背景下社会责任型人力资源管理研究议题和实践发展。

本书的篇章结构以及技术路线如图 1-1 所示。

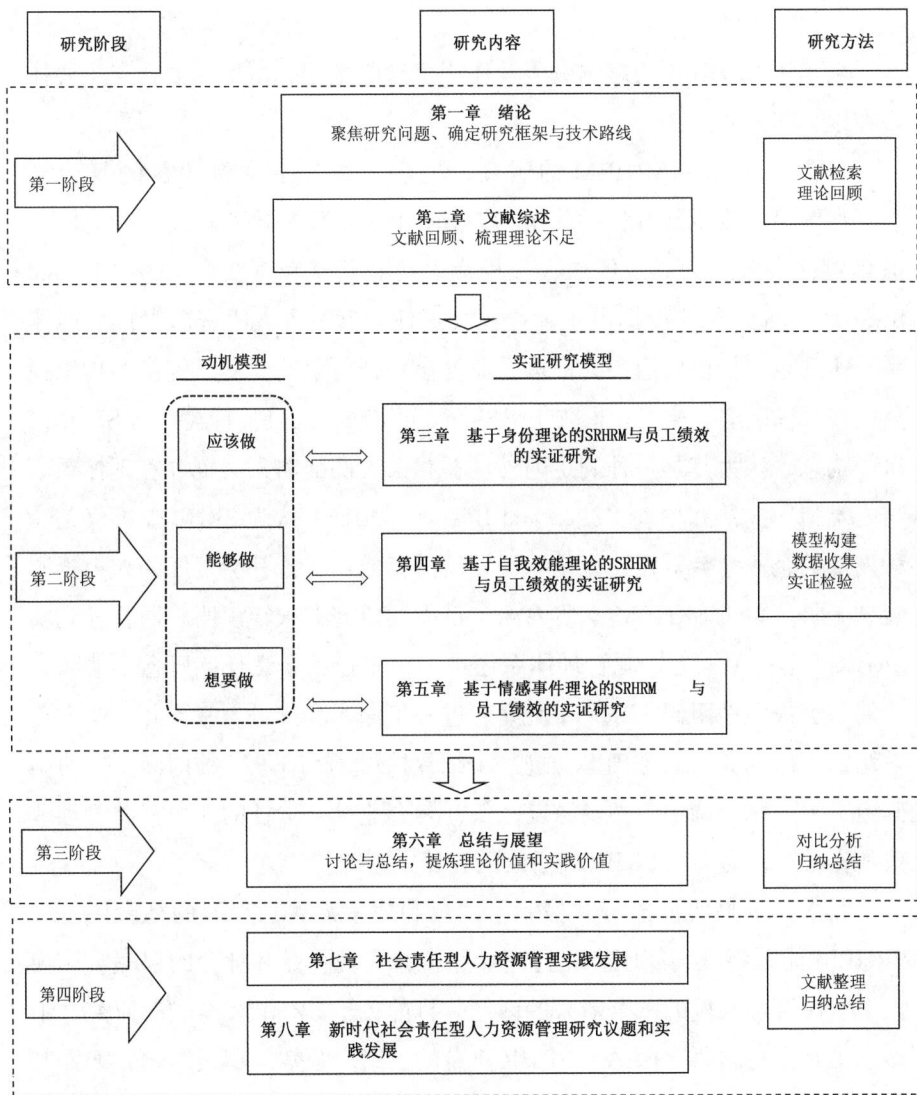

研究阶段	研究内容	研究方法

第一阶段

第一章 绪论
聚焦研究问题、确定研究框架与技术路线

第二章 文献综述
文献回顾、梳理理论不足

文献检索
理论回顾

第二阶段

动机模型　　　　　实证研究模型

应该做 ⟺ 第三章 基于身份理论的SRHRM与员工绩效的实证研究

能够做 ⟺ 第四章 基于自我效能理论的SRHRM与员工绩效的实证研究

想要做 ⟺ 第五章 基于情感事件理论的SRHRM 与员工绩效的实证研究

模型构建
数据收集
实证检验

第三阶段

第六章 总结与展望
讨论与总结，提炼理论价值和实践价值

对比分析
归纳总结

第四阶段

第七章 社会责任型人力资源管理实践发展

第八章 新时代社会责任型人力资源管理研究议题和实践发展

文献整理
归纳总结

图 1-1 本书结构与技术路线

第四节 主要创新点

聚焦于 SRHRM 的影响效应及作用机理的挖掘，本书的创新点主要体现在以下四方面：

首先，明确了 SRHRM 的定义、内涵。作为一个跨学科的复合概念，尽管目前有少数开拓性的学者对 SRHRM 内涵提出了创新性的见解，但是对这一概念的界定依然存在模糊。奥利茨基和史沃森（Orlitzky and Swanson，2006）首次提出将企业社会责任元素纳入人力资源管理职能体系，实现企业价值增值，为推进企业社会责任的落实开辟了创新的理论视角。在此基础上，沈杰和朱久华（Shen and Zhu，2011）首次提出 SRHRM 这一构念，认为其是一种满足内外利益相关者的战略人力资源管理体系。与之类似，沈洁和柏森（Shen and Benson，2016）认为 SRHRM 不仅是一种内部的企业社会责任，也是一种发动员工成功实施社会责任的人力资源管理工具。关于 SRHRM 本质内涵，目前的研究并未给出明确回答，到底 SRHRM 是一种人力资源管理体系还是一种企业社会责任。概念不清晰这一局限会极大地阻碍 SRHRM 研究的进一步深入和推进。基于此，本书在总结前人研究成果的基础上，进一步细致探讨了 SRHRM 的内涵，并明确其定义为"充分调动各种资源以有效开展企业社会责任的人力资源管理政策和实践"，为推进 SRHRM 后续研究奠定基础。

其次，本书实证探讨并检验了"鱼和熊掌能否兼得"的社会困境。SRHRM 能否将社会问题转化为商业利益，实现企业和社会的双赢？作为人力资源管理领域的一个新兴的话题，目前关于 SRHRM 影响的研究并不多，仅有少数的研究探讨了 SRHRM 对员工组织绩效的积极影响，如提升组织承诺、任务绩效、角色外帮助行为、对外部 CSR 的支持和竞争绩效。但 SRHRM 作为一种开展社会责任的政策实践，其有效性不仅体现在提升组织的内部绩效，更体现在促进更为广泛意义的社会福利上。因此，检验 SRHRM 是否能够同时实现组织绩效和社会绩效，对推动社会福利和组织自身发展都具有重要的理论意义和实践意义。基于此，本书首次同时兼顾员工的组织绩效（任务绩效、OCB）和社会绩效（志愿者活动），探讨并实证检验了SRHRM对这两种绩效的双元影响力，不仅拓展了SRHRM影响效果的研究，也为企业社会责任由理论转化为实践提供了重要的理论依据。

再次，本书基于前人的动机模型，多路径解释SRHRM的影响机理。具体来说，整合了"冷"的认知机制和"热"的情感机制，基于身份理论、自我效能理论、情感事件理论，分别从"应该做""能够做""想要做"三条路径层层深入，揭示了SRHRM对员工绩效影响的作用机制。相比以往研究中的认同理论、社会交换理论等单一的解释视角，本书以更全面、更立体的视角揭示了SRHRM政策实践复杂的作用机理，即SRHRM能通过塑造员工的亲社会身份、亲社会自我效能、提升其同理心来影响其后的绩效结果。因此，本书为未来的SRHRM研究提供了一个全面的理解框架。

最后，多角度丰富了SRHRM影响效应的边界条件。在前三个创新点的基础上，本书进一步从自我提升动机、未来导向、人—工作匹配和分配公平四方面考察了员工个体特征、文化特征、时代特征、组织文化对SRHRM影响的边界效应，厘清了中国情境下SRHRM实践的影响边界。这对理解和指导中国企业社会责任实践的开展具有重要的理论意义和实践意义。

第二章 文献综述

第一节 企业社会责任概念与测量

一、企业社会责任概念

自 20 世纪以来，随着企业在社会生活中发挥的影响力变大，企业在社会中所承担的责任日益凸显，企业社会责任逐渐成为企业界和理论界所关注的重要话题。就其发展的历程来说，可分为以下几个阶段：在 20 世纪 60 年代以前，围绕着企业是否应当承担社会责任，来自不同领域的学者展开了激烈的讨论，并以多数人对企业社会责任持肯定态度告终。从 60 年代开始，关于企业是否应当承担社会责任的争论变少，企业社会责任的定义内涵成为这一时期的关注焦点。此时，企业社会责任定义开始扩展，并在 70 年代进一步多样化。与此同时，有些学者开始探讨如何将社会责任理念转化为具体的企业实践。在 80 年代，学者更多地将注意力转移到相关理论框架的整合，最具代表性的是卡罗尔（Carroll，1979）提出的企业社会绩效三维模型。此模型成为 80 年代的研究主流，并被其后的学者不断修正完善。与此同时，众多学者围绕企业社会责任和财务绩效的相互关系展开大量研究，但未得出一致结论。90 年代以后，随着企业社会责任运动不断推进，如何真正落实社会责任成为学术界和企业界的关注焦点，由此衍生出一系列相关概念，如利益相关者模型（Donaldson et al.，1995）、企业公民（Matten and Crane，2005）、企业伦理（Donaldson and Dunfee，1994）等。由此可见，企业社会责任的概念有着漫长而丰富的发展历程。

霍华德（Howard，1953：44）首次提出企业社会责任这一概念，即"商人具有义务依据社会的目标和价值观来执行政策，作出决策，采取行动路线"。此后，不同领域的学者纷纷对企业社会责任内涵做了不懈的探索。迄今为止，企业社会责任的定义已经达到上百种。最经典的定义当属卡罗尔（Carroll，1979：500）提出的，即"企业的社会责任是包括一定时期内，社会对组织的经济、法律、道德和自愿性期望"。除了依据责任的性质来定义，还有学者从不同视角对企业社会责任进行界定。例如，有学者基于企业外部人的视角提出企业社会责任是那些超越企业短期利益和法律要求并促进社会福利的行动（McWilliams and Siegel，2011）。此外，也有学者从企业自身角度定义企业社会责任为"考虑利益相关者期望，关注经济、社会、环境绩效的组织情境化的行动和政策"（Aguinis and Glavas，2012）。国内学者也对企业社会责任的定义进行了探讨，比较有代表性的是卢代富提出的"企业社会责任是企业在谋求股东利润最大化之外所负有的维护和增进社会利益的义务"（卢代富，2001）。表 2-1 整理了组织行为学和人力资源管理领域中比较有代表性的 CSR 定义。

表 2-1　企业社会责任定义

作者	定义
博温 （Bowen，1953）	商人要依据社会目标和价值制定政策、做出决策或遵循行动规则
戴维斯 （Davis，1996）	商人的决策和行动至少部分超出企业经济或技术上的直接利益
卡罗尔 （Carroll，1979）	包括一定时期内，社会对组织的经济、法律、道德和自愿性期望

续表

作者	定义
威廉姆斯和西格尔（McWilliams and Siegel, 2001）	超越企业短期利益和法律要求并促进社会福利的行动
欧盟（EU, 2001）	公司在资源的基础上将社会和环境关切融入经营活动及与其他利益相关者的互动中
沃尔德曼，西格尔和贾维丹（Waldman et al., 2006）	公司为促进或默许某些社会公益所采取的行动，超出了公司及其股东的直接利益，也超出了法律所要求的范围
阿吉斯（Aguinis, 2011）	考虑利益相关者期望，关注经济、社会、环境绩效的组织情境化的行动和政策
卢代富（2001）	企业社会责任是企业在谋求股东利润最大化之外所负有的维护和增进社会利益的义务

资料来源：本书根据相关文献整理。

此外，为了厘清企业社会责任的内涵，有必要对其相关概念进行辨析。在企业社会责任漫长的发展历程中，产生了一系列相关主题，如企业社会回应、企业社会绩效等（见表2-2）。具体来说，企业社会回应强调企业应对社会需求和社会期望的能力（Frederick，1994）。而企业社会绩效更为复杂，包含两层含义：从狭义上来说，它强调公众对企业社会责任表现的评价；从广义上来说，企业社会绩效是一个"由企业社会责任原则、企业社会回应过程以及可观测到的结果三者构成的综合体系"（Wood，1991a）。除此之外，企业公民则是另外一个近似于企业社会责任的构念，它认为社会赋予企业生存的权利，因此也需承担责任促进社会福利和发展（Waddock，2004）。企业伦理是20世纪90年代以来涌现出的重要议题，强调企业经营符合社会伦理规范。这五个构念在本质上是一致的，即都是处理协调企业与社会关系的探索和思考，只是各个概念关注点不同。相比之下，企业社会责任是最原始、最本质的概念，是其他概念的基础。企业社会响应仅仅强调企业回应社会需求的能力，企业社会绩效则侧重于对企业社会责任表现的评价，企业公民则强调企业权责对等，而企业伦理关注企业的行动准则。值得注意的是，由于这几个构念在本质上具有一致性，在研究中常常互用，特别是企业社会绩效、企业社会责任、企业公民。

表 2-2　企业社会责任相关概念区分

构念	定义
企业社会责任	一定时期内，企业对社会所具有的经济、法律、伦理、自愿责任
企业社会回应	企业回应社会压力的能力
企业社会绩效	公众对企业社会责任表现的评价
企业公民	企业具有保持它在社会中的身份和边界所必需的权利与义务
企业伦理	企业经营符合社会伦理规范

资料来源：本书根据相关文献整理。

总之，尽管学者对企业社会责任的内涵一直争论不休，层出不穷的相关概念也进一步加剧了对企业社会责任的理解难度，但通过对文献整理，可以提炼出企业社会责任的三个特点：首先，企业社会责任的目的是实现企业与社会的和谐共赢，即兼顾个体和整体利益、短期和长期发展；其次，企业社会责任的对象是受到组织活动影响的利益主体，如员工、股东、消费者、投资者、政府社区等；最后，企业社会责任的内容具有情境性和复杂性，随着实践发展呈现出动态变化性。例如，从时间上来说，早期的企业社会责任表现为对整个社会的福利贡献，随着时间的推移，企业社会责任逐渐演化为更为具体的内容，如环境保护、慈善捐赠、劳动关系不同方面等。从空间上来说，西方国家更关注慈善责任、伦理责任，而中国企业更关注经济责任、法律责任。从行业上来说，交通、通信、公共事业领域的社会责任集中表现为少数民族、种族、伦理问题，而石油天然气等资源密集型行业的责任集中在环境保护上。金融、保险、房地产行业的责任更多表现为慈善、社区服务（沈艺峰、沈洪涛，2007）。总之，伴随着经济的发展和社会的进步，社会责任的内涵也在随着企业实践发展和时代进步不断深化，并逐渐由关注外部关系转为关注内部关系、由泛化转为具体、由理念转为实践。

二、企业社会责任的结构和测量

由于企业社会责任的内涵包罗万象，其表现形式也具有动态性、地域性、情境性，只有对其进行合理的分类才能准确把握它。目前，学者已从多个视角对企业社会责任内容进行了划分，其中，最具影响力的分类是卡罗尔（Carroll, 1991）的四分法（如图 2-1 所示）。他按照责任性质将其分为经济、法律、伦理、慈善四方面。经济责任指企业要降低成本、创造利润、推动经济发展，是最基本的责任。法律责任意味着企业的产品和服务要满足法律要求，履行法律义务。伦理责任是企业行事应该符合社会习俗和道德规范。最后，慈善（自发）责任是指企业应该参与慈善事业，改善社区生活质量。与之类似，达尔斯拉德（Dahlsrud, 2008）在对众多企业社会责任进行梳理归纳的基础上，提炼出了最具代表性的企业社会责任内容，包括环境责任、社会责任、经济责任、利益相关者责任和自愿性责任。

除了按照性质划分维度，也有学者按照企业负责对象将企业社会责任分为内部责任和外部责任（Farooq et al., 2017）。内部责任是改善员工福利的政策和实践，而外部责任则是针对外部利益相关者，如消费者、投资者、政府、社区等，旨在提升企业声誉和合法性的社会和环境政策。此外，阿吉斯和格拉瓦（Aguinis and Glavas, 2013）按照企业社会责任履行方式将其分为嵌入型企业社会责任（Embedded CSR）和垂直型企业社会责任（Peripheral CSR）。嵌入型企业社会责任是指融入公司的战略、运营，对公司核心能力有较大影响的社会责任。而垂直型企业社会责任则是脱离于公司战略、运营之外的社会责任，如慈善、志愿活动。作者进一步指出，企业要想依靠社会责任获得竞争力必须采用嵌入型企业社会责任，即将企业社会责任的理念融入企业战略、治理结构和日常运营的各个流程之中。关于企业社会责任的结构划分有很多种，表 2-3 列举了最具有代表性的分类方式。

尽管学者对企业社会责任维度划分较多，但目前开发的量表主要是基于卡罗尔（Carroll, 1979）的四维模型。后来的学者以此模型为基础编制了包含 80 条题项的企业社会责任导向量表（Aupperle et al., 1985）。但目前企业社会责任在组织行为和人力资源领域的实证研究使用较多的是迈尼昂和费雷尔（Maignan and Ferrell, 2000）、林介鹏（Lin, 2010）以卡罗尔的框架为基础开发的企业公民四维度量表。此外，根据负责对象不同，图尔克（Turker，2009）编制了分别对员工、消费者、政府、社会和非社会利益相关者的 17 个条目的四维量表。此外，我国学者何显富，蒲云，朱玉霞和唐春勇（2010）从中国情景出发，对图尔克（Turker）的量表进行了修正，提炼出员工责任、产品责任、诚信公正责任、慈善公益责任和环境责任的五维结构。

除了量表测量，专业的企业社会责任数据库也是目前研究使用较多的方式。其中，最负盛名的是美国的 KLD（Kinder，Lydenberg，Domini & Co.，简称 KLD）公司开发的十维指标。其中，社区关系、员工关系、环境绩效、产品特征、如何对待妇女和少数民族这五项指标最为常用。目前国外许多高质量研究都是采用 KLD 数据来测量企业的社会责任表现。

尽管学界关于企业社会责任结构和测量模型的研究成果较为丰富，但到目前为止仍然没有哪个模型被证明完全有效。考虑到企业社会责任内容在不同情境的复杂性和动态性，未来的研究仍需不断深入探索更合理的分类方式和测量方法。

表 2-3　企业社会责任分类

分类依据	维度	分类
内容和性质	四维	经济、法律、伦理、慈善
	五维	环境、社会、经济、利益相关者、自愿性
负责对象	二维	内部；外部
责任履行方式	二维	垂直；嵌入

资料来源：本书根据相关文献整理。

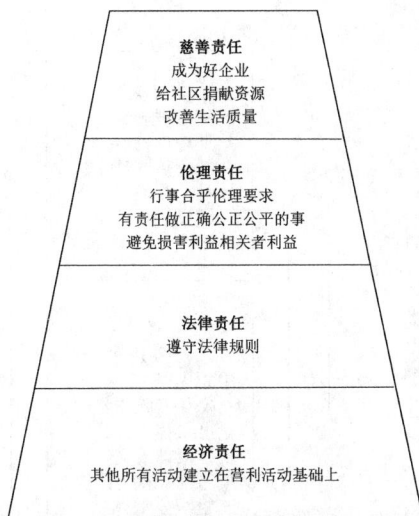

慈善责任
成为好企业
给社区捐献资源
改善生活质量

伦理责任
行事合乎伦理要求
有责任做正确公正公平的事
避免损害利益相关者利益

法律责任
遵守法律规则

经济责任
其他所有活动建立在营利活动基础上

图 2-1 卡罗尔（Carroll）的金字塔模型（1979，1991）

资料来源：本书根据相关文献整理

第二节 企业社会责任在 HRM 和 OB 领域的研究

以往学者对企业社会责任的研究多集中在宏观层面。研究发现企业社会责任的驱动因素主要包括经济、法律和伦理三方面（Schwartz and Carroll，2003），即企业履行社会责任主要是为了提升财务绩效、遵守法律规范，或出于单纯的伦理需要。近年来，学术界特别是组织行为和人力资源管理领域的研究者开始更多地关注微观层面的企业社会责任研究。与之对应，关于企业社会责任的实证研究也从公司治理、战略、财务、营销的领域转移到组织行为和人力资源管理领域。

本章系统梳理了企业社会责任研究在组织行为与人力资源管理领域所取得的主要成果和最新进展，分别从企业社会责任对员工的影响结果、中介机制和边界条件三个方面归纳了相关研究成果，如图 2-2 所示。

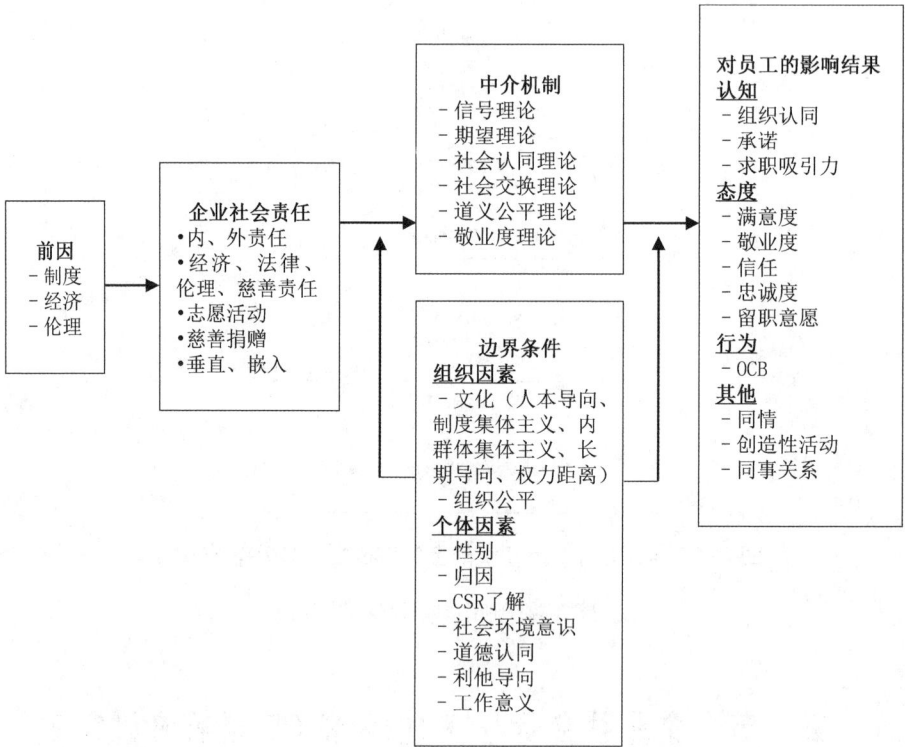

图 2-2　企业社会责任在 OB、HRM 领域的研究

资料来源：本书根据相关文献整理

一、企业社会责任对员工影响的结果

（一）认知方面

关于企业社会责任对员工认知的影响，学者们发现最多的是，企业实施社会责任能增强员工的组织认同感和承诺。例如，法鲁克等（Farooq et al.，2014）以 378 名南亚员工为样本，检验了企业社会责任与组织情感承诺的关系。结果发现，企业对外开展面向消费者、政府、社区的社会责任活动，对内改善员工福利和工作环境，能够提升企业声誉，增强员工自豪感和情感依赖，即企业社会责任通过提升员工的组织认同来增强员工组织承诺。此外，法鲁克等（Farooq et al.，2017）在随后的研究中分别选择南亚、法国、巴基斯坦三地的员工为样本，发现以外部利益相关者为中心的外部企业社会责任行动会提高感知声誉，而以员工福利为中心的内部企业社会责任行动提高了感知尊重——这两种行为都被认为会影响员工的组织认同，进而导致不同形式的员工结果。与之类似，布拉默和密林顿（Brammer and Millington，2004）的研究以美国银行业的员工为样本，证实了员工感知的外部社会责任、内部程序公平和培训发展都对承诺有积极影响。然而，霍夫曼和纽曼（Hofman and Newman，2014）检验了中国制造企业员工对企业社会责任的反应，结果发现员工感知的内部社会责任对承诺有显著积极影响，而感知的外部责任对承诺无显著影响。作者认为这是因为中国经济的不确定性大，导致员工更关注与其利益直接相关的社会责任。而且，中国文化具有较高的内群体集体主义，对外群体的不信任也会降低对外部社会责任的关注。

良禽择木而栖，贤臣择主而事。企业社会责任不仅增强组织内员工的认同、承诺，也会增加对求职者的吸引力。特别是在知识经济时代，符合社会道德规范、具备良好社会声誉的雇主对人才更具有吸引力。许多的研究证明企业社会责任对提升组织声誉，增加组织吸引力，提升潜在员工的求职意愿具有积极作用。图尔班和格林（Turban and Greening，1997）首次探讨了企业社会责任对求职者吸引力的关系，通过调查187家美国公司发现，企业社会绩效得分高的企业对求职者更有吸引力。随后，作者拓展了这项研究，发现求职者更愿意在开展社会责任的企业中任职。其中，女性员工更加倾向选择有妇女和少数民族政策的雇主，而环境意识高的求职者也更容易选择有此类政策的企业。与此同时，阿尔宾格和弗里曼（Albinger and Freeman，2000）在以往研究的基础上进一步调查发现开展社会责任的企业对拥有较多工作机会的求职者更有吸引力。埃文斯等（Evans et al.，2011）的研究发现，接受过企业社会责任教育或者利他价值取向较高的个体，更容易被企业公民行为吸引，从而产生求职意愿。金姆和帕克（Kim and Park，2011）以公共关系专业的学生为样本，发现企业社会责任活动会被视为重要的伦理匹配条件，进而影响对该企业的求职吸引力。格利等（Gully et al.，2013）以 339 名司机应聘者为样本，证明了企业关于社会和环境责任的招聘信息会吸引追求工作意义的求职者，即通过求职者的感知价值匹配进而对组织产生求职吸引力。琼斯等（Jones et al.，2014）在一项研究中发现，当企业开展对社区和环境的社会责任活动时，求职者会获得更高的自豪感、价值匹配感，并从中获得组织未来待遇的信号，进而产生更强的求职吸引力。

沿着以上思路，卡塔诺等（Catano et al.，2016）进一步考察了企业社会责任和心理健康工作场所政策对千禧一代求职者的吸引力。结果发现 PHW 和 CSR 信息都显著提高了组织作为一个好的工作场所的吸引力以及声誉的吸引力。更有趣的是，卡纳汉等（Carnahan et al.，2017）认为悲剧事件可能会导致员工重新评估他们的工作所产生的社会影响。开展深度企业社会责任的组织更适合在悲剧发生后留住员工，因为企业社会责任会带给员工更多的亲社会影响。作者使用详细的二次数据并辅以定性访谈，检验"9·11"恐怖袭击前后律师的工作选择。结果发现出生在纽约市律师在 2002 年退出法律行业的可能性相比其同事高出 30%（原因可能是心理上受到攻击事件的影响）。然而，企业开展法律服务行业中的 CSR 项目投资，如公益性活动，则会显著减弱这种关系。

（二）态度方面

大量的研究已经证实企业社会责任对塑造员工积极的态度，如满意度、敬业度、信任、忠诚度、留职意愿都具有显著效果。例如，德洛克等（De Roeck et al.，2014）从组织公平的角度探讨了企业社会责任对员工满意度的影响。作者指出企业改善员工福利的政策和实践的内部责任、提升企业声誉和合法性的外部责任，共同塑造了员工的公平感知以及随后的认同感，最终提升员工满意度。朱庆华等（Zhu et al.，2014）的研究发现仅仅提供与金钱相关的福利和改善工作环境的企业社会责任活动并未提升员工的忠诚度。相反，提高员工个人待遇的社会责任活动则能改善员工满意度，进而提升其员工忠诚度。鲁普等（Rupp et al., 2018）结合动机和跨文化理论，探讨了员工感知的企业社会责任与他们敬业度的关系。作者认为在个人主义程度较高的员工中，它们的积极关系更强。此外，当员工对组织的社会责任实践具有更多的自主性，也会强化这种关系。这些预测得到了来自5个不同地区（加拿大、中国大陆、法国、中国香港和新加坡）的673名样本数据支持。

尽管以上研究表明企业社会责任对员工满意度有积极的影响，然而，并不是所有的员工对CSR实践的反应都一样强烈。维森等（Wisse et al., 2018）基于社会情感选择理论提出，相对于年轻员工，企业社会责任对年纪大的员工满意度的影响更大。这是因为在组织中企业社会责任更多地被员工感知为满足情感需求和目标，而当人们对未来的时间观念下降时，这些需求和目标会被优先考虑。此外，格拉瓦斯和皮德里（Glavas and Piderit, 2009）基于22个访谈，证实了企业社会责任对员工敬业度的积极影响。企业的社会责任政策给员工提供了关心他人的机会，激发员工的道德自我，使其体验到工作意义，从而使员工对工作更加敬业。同时，卡利朱里等（Caligiuri et al., 2013）指出，作为企业社会责任的重要形式，志愿活动能够带来积极的员工结果。作者考察了一家全球医药公司的志愿活动项目，发现志愿活动为员工提供了意义感、心理安全感和资源支持，可以有效提升员工工作敬业度。汉森等（Hansen et al., 2011）则证实了企业的社会责任活动会塑造员工的信任感，进而降低其离职意愿并提升其组织公民行为。

（三）行为方面

通过文献回顾发现，企业社会责任对员工认知、态度、情感的积极影响最终会表现到行为上。目前大量关于企业社会责任对内部员工行为的影响主要体现为利他导向行为，如组织公民行为。例如，一些学者提出并实证检验了企业社会责任敏感性理论框架来解释组织的社会责任活动何时、为何以及如何促进员工的组织公民行为（Ong et al., 2018）。作者认为，当员工意识到他们的行为对他人的有益影响时，他们会希望在他人的生活中做出更大的积极改变。实证结果发现企业社会责任会提升员工的亲社会动机，进而提升其后续的公民行为。特别是当员工的工作具有高度的任务重要性时，他们会对自己和组织的行为所产生的社会影响更加敏感，从而对组织的社会责任实践反应更为积极。与之类似，鲁普等（Rupp et al.，2013）基于组织公平、道义公平理论视角，证实了企业社会责任对员工组织公民行为的正向影响。研究表明，员工不仅关心组织如何对待自己，也会关注组织如何对待外面的利益相关者，即企业实施对外界的社会责任会受到员工认可从而主动增加组织公民行为。但是这种关系受到第一方公正的限制，即当员工受到组织公平对待时，企业社会责任对其组织公民行为的影响变弱。同样，琼斯（Jones，2010）关于社区志愿服务项目的研究也发现，社区志愿活动可以提升组织声誉，吸引员工对企业产生认同，并通过积极开展组织公民行为回馈组织。汉森等（Hansen et al.，2011）则从信任和道义公平的角度，证实了企业社会绩效会增强员工信任，进一步增加员工组织公民行为。

此外，企业为了解决社会问题而承担责任，可以激发员工的内在动机，为了寻求解决方案开展创新活动。此外，格拉瓦斯等（Glavas et al.，2009）的研究证实了企业社会活动对员工创造性活动的积极影响。另外，作者还发现，企业社会责任给员工提供了关心他人的机会，能帮助员工建立紧密友好的同事关系。

（四）其他

以上研究主要从认知、态度、行为三个方面考察了企业社会责任对现有员工和求职者的影响，其实员工不仅仅是对组织行动做出理性反应，也会伴随着情感反应。目前关于企业社会责任对员工情感的探讨还较少。例如，穆恩等（Moon et al.，2014）的实证研究以韩国 78 家企业的 253 名员工为样本，探讨了员工感知的企业社会责任与组织中同情行为的关系。结果发现员工感知 CSR 通过组织公平和情感承诺的双重中介影响员工同情。

值得注意的是，企业社会责任并非一定会为组织带来积极影响。例如，奥米斯顿和黄依琳（Ormiston and Wong，2013）的研究发现之前有过社会责任行为的企业更可能从事对社会不负责任的行为。此外，企业社会责任不仅是一种和谐共赢的理念，更是一种可持续发展的经营模式，贯彻这种理念可能会涉及组织学习和组织变革，特别是组织资源有限时，企业社会责任很有可能会触犯员工短期利益并产生消极结果。例如，沙伊德勒等（Scheidler et al.，2018）基于社会认同和道德认同理论，研究并发现当企业社会责任战略有利于外部利益相关者而不是内部利益相关者，会引发员工对企业伪善的认知，从而导致情绪枯竭和情绪失控。因此，全面厘清企业社会责任可能带来的积极和消极员工结果，从而为社会责任开展提供有效的指导是学者们亟待解决的问题。

二、企业社会责任对员工影响的中介机制

（一）社会认同理论

社会认同理论认为，个体会通过社会分类，将自己所在群体和其他群体进行比较，对内群体产生偏好，而对外群体产生贬抑，并将内群体特征与自我概念相融合，提升自尊。当某个群体对其个体成员作出积极贡献时，个体倾向于追求或维持其作为该群体成员的资格。通常，当一个企业除了发展经济，还愿意为改善环境、解决公众关注的社会问题做出贡献时，会获得良好的声誉形象。在这种具有声望的组织中工作，员工会形成较高的自尊，产生更多的自豪感和荣誉感，更愿意对组织产生认同和归属感。琼斯（Jones，2010）的研究发现组织认同中介社区志愿服务项目与员工的留职意愿和组织公民行为。与之类似，法鲁克等（Farooq et al.，2014）的研究也发现企业的社会责任政策会通过提升员工的组织认同来增强员工组织承诺。

（二）社会交换理论

社会交换理论也是解释企业社会责任对员工影响机制的重要框架。社会交换理论指出员工与组织关系是一种社会交换关系，其中互惠原则（norm of reciprocity）是指在社会交换情境下的一种行为规则，指一方向另一方提供帮助或某种资源时，后者有义务回报前者。互惠原则同样适用于解释企业社会责任和员工关系，即企业为了支持员工利益和其他利益相关者的福利而采取自愿行动，员工会自觉产生回馈企业的义务。法鲁克等（Farooq et al.，2014）基于社会交换理论，考察了企业社会责任与员工组织承诺的关系。结果证实组织一方面超越法律规定，为员工提供良好的福利待遇，另一方面承担起对外部的消费者、社区、环境的责任，都会使员工产生回馈义务，对组织产生信任，进而形成强烈的组织承诺。

（三）敬业度理论

敬业度是一种积极、充实、与工作相关的精神状态，具有活力、奉献和专注的特点（Schaufeli and Bakker，2004）。活力是工作时精力充沛、心理适应力强，愿意在工作中投入精力，在困难面前也能坚持不懈；奉献是受到意义感、热情、灵感、挑战驱动的状态；专注是忘我地、全身心地投入工作。卡恩（Kahn，1990）提出个体敬业度的形成需要三个条件：心理意义感、心理安全感和资源可用性。具有良好社会责任氛围的企业允许员工关心彼此、社区居民和整个地球的福祉（Glavas et al.，2009），在工作中真实地表达自己，从而可以形成敬业度。例如，卡利朱里等（Caligiuri et al.，2013）在一项跨国志愿活动的调查中发现，企业的志愿活动项目给员工提供了关心他人的机会，激发其道德的自我，使其体验到工作意义，而来自上级、同事的支持也增强其心理安全感。资格筛选的活动流程也能保证志愿者具有足够的生理、认知和情感资源。这三方面共同提升志愿者对组织的敬业度。

（四）公平理论

此外，也有学者采用组织公平理论解释企业社会责任对员工影响的中介机制。组织公平和企业社会责任长久以来具有某种内在联系。组织公平是指组织对内部员工的合理对待，而企业社会责任体现了组织对外部群体的合理对待，体现为一种更广泛的社会公平（Rupp et al.，2015；Thornton and Rupp，2016）。员工会通过观察组织如何对待内、外部利益相关者，是否给予外部群体尊严和尊重，来形成对组织公平感的知觉，进而影响其后续的态度和行为。例如，德洛克等（De Roeck et al.，2014）学者的研究探讨了企业社会责任对员工满意度的影响。结果发现当企业对内改善员工福利，对外满足利益相关者需求、提升企业声誉和合法性可以塑造员工的公平感知和随后的认同感，最终提升员工满意度。

（五）期望理论和信号理论

期望理论假定，个体是有思想、有理性的人，对于生活和事业有基本的预期和既定的信仰。对求职者来说，他们更愿意投入更多时间精力在有前景的工作上。承担社会责任的企业通常具有良好品牌声誉和形象，也就更能得到求职者的青睐。王荣祖（Wang，2013）的研究发现企业的社会责任行为可以提升其声誉，满足求职者对良好工作前景的期望，提升其求职意愿和推荐意愿。与之类似，信号理论认为，为了获得更好的就业机会，求职者会借助与企业接触的经验推断企业特征和工作环境等信息。而企业对利益相关者的社会政策和行为是预测企业员工待遇的重要信息指标。当企业开展社会责任活动时，就向外界传递了其负责任的形象，对求职者就更具有吸引力。琼斯等（Jones et al.，2014）深入探讨了为何开展社会责任的企业更受求职者青睐。作者发现，为了获得更好的就业机会，求职者会借助与企业接触的经验推断企业特征和工作环境等信息。而企业对利益相关者的社会政策和行为是预测企业员工待遇的良好信息指标。根据企业的社会责任信息，求职者可以选择与自己价值匹配的企业，并能够预期未来的良好待遇，同时为能在具备良好社会声誉企业工作感到自豪。因此，求职者也更容易被开展了社会责任的雇主所吸引。

总体上来说，针对企业社会责任对员工影响的解释机制，学者采用了比较丰富的理论视角，主要包括社会心理学中的社会认同、社会交换理论。此外，信号理论也是理解求职者对企业社会责任反应的视角。但学者对理论模型的具体验证还不够深入，关于企业社会责任对员工影响的过程机制还需要进一步探索。

三、企业社会责任对员工影响的边界条件

（一）组织因素

组织文化和氛围对企业社会责任有着极大的影响。穆勒等（Mueller et al.，2012）的跨文化研究证明，作为组织道德价值观的表现，企业的社会责任能够促进员工情感承诺。这种关系受到文化因素的调节，人本主义、集体主义文化会强化这种关系，权力距离则会弱化此关系，即在宣扬慈善捐赠、关注个体福利和责任，并倾向于按照个体需求平等分配资源、权力平等分配的社会，企业社会责任对员工的情感承诺有更强的塑造作用。与之类似，鲁普等（Rupp et al.，2013）的研究发现，组织的公平氛围越强，企业社会责任就越能促进求职者求职意愿和现有员工的组织公民行为。此外，霍夫曼等（Hofman et al.，2014）考察了中国情境下文化与企业社会责任与组织承诺的关系，结果发现，集体主义文化强化内部责任与承诺的正向关系。与作者预料相反，男性化倾向不仅没有弱化反而强化社会导向的责任与承诺的正向关系。作者认为这是因为中国情境下，社会导向的责任主要表现为慈善捐赠，男性化倾向的个体能够感知到这种慈善带来的工具性效用。此外，有学者发现组织能力会强化企业社会责任与创新活动的关系，即当企业社会责任投资高于组织实际产品生产能力时，员工将组织社会责任归因为工具性的"漂绿"行为，而组织能力强时，员工则会将企业行为归因为真正的利他行为，并对组织的社会责任采取积极态度（Brammer et al.，2015）。

（二）员工因素

除了组织因素的作用，员工个体差异也会影响其对企业社会责任的反应，主要包括人口统计学变量、认知、价值观、需求。首先，性别被证明是影响企业社会责任效果的重要变量。布拉默等（Brammer et al., 2007）指出性别会影响员工对不同社会责任内容的反应。他们以金融行业员工为样本的研究发现，男性对培训方面的责任更感兴趣，产生更强的情感承诺，而女性则对程序公平、培训方面的责任更敏感，更易形成情感承诺。此外，格林等（Greening et al., 2000）也发现女性求职者更愿意选择制定了女性和少数民族政策的雇主。

此外，员工认知也是影响企业社会责任与员工关系的重要因素，主要包括员工对企业社会责任的归因、对企业社会责任的了解、环保意识、回馈意识。例如，弗拉霍斯等（Vlachos et al., 2013）基于 Ellen 的归因模型探索了员工归因对企业社会责任和员工信任的关系。艾伦等（Ellen et al., 2006）提出了四种归因类型，包括以自我为中心的战略归因和自利归因以及以他人为中心的价值归因和利益相关者归因。弗拉霍斯等（Vlachos et al., 2013）在一项田野调查中发现，员工对企业社会责任的自利归因会降低组织信任感，而当员工将组织的社会责任归因为满足利益相关者需求或者出于真正的道德价值，才会增加对组织的信任。作者随后的一项关于社会责任对员工满意度影响的研究同样表明，魅力型领导会影响员工对企业社会责任的归因，进而影响员工满意度。此外，埃文斯等（Evans et al., 2011）指出受到过社会责任知识教育的求职者在做求职决策时更容易考虑企业的社会责任因素。类似的，格林等（Greening et al., 2000）发现环保意识越高的求职者越容易选择具有环保政策的公司。琼斯（Jones, 2010）则进一步发现，具有社区意识的求职者更容易受到具有社区服务政策企业的吸引。同时，琼斯等（Jones et al., 2014）在另一项研究中指出，志愿活动给予员工良好经历，提供了发展职业技能、建立新的社交网络、与同事朋友高质量相处的机会。回馈意识越高的员工越容易对社区志愿活动产生积极反应。

除此之外，学者也发现员工的价值观和需求都会影响其对企业社会责任的反应。鲁普等（Rupp et al.，2013）的研究证明，道德认同越高的求职者或员工越容易受到组织社会责任影响而增加求职意愿或组织公民行为。而格利等（Gully et al.，2013）的实证研究则发现追求有意义影响的员工更愿意根据社会责任信息来判断是否与组织价值匹配，判断是否选择此雇主。

以上文献回顾表明关于企业社会责任对员工影响的边界条件的研究还比较零散。除了组织和员工个体两方面，学者还需考虑许多其他重要因素，例如作为组织代理人的领导、工作特征、组织文化。此外，这些影响因素并非独立存在，而是以合力的方式共同作用于企业社会责任对员工的影响。探讨不同影响因素的交互作用就具有重要意义。

总之，有效开展社会责任实践，最根本的是将企业社会责任这种理念融会到员工的价值观和工作目标中，依靠员工的支持和践行，推动组织变革创新，贯彻对包括员工在内的各个利益相关者的责任，实现企业可持续发展。为了实现这一目标，企业可以建立社会责任型的人力资源管理体系，通过招聘具有社会责任意识的员工、培育社会责任文化、鼓励员工参与社会责任活动等形式，将社会责任理念融入企业员工的价值观和行为中，从而帮助组织实现由内而外，而非由外及内的企业社会责任实践。

表 2-4　企业社会责任在 OB 和 HRM 领域研究小结

研究者	理论	自变量	中介	调节	结果
玛德琳·翁等（Ong et al., 2018）		CSR	亲社会动机	任务重要性	OCB
鲁普等（Rupp et al., 2018）	动机理论、跨文化理论	CSR		个体主义，针对 CSR 的自主性	敬业度
艾丁格等（Edinger et al., 2018）	社会认同理论；道德认同理论	CSR（内部、外部）	伪善		情绪耗竭；离职
维森等（Wisse et al., 2018）	社会情绪选择理论	CSR		年龄	满意度
玛德琳·翁等（Ong et al., 2018）	工作设计理论	CSR	亲社会动机	任务重要性	OCB
维森等（Wisse et al., 2018）	社会情感理论	CSR		年龄	满意度
卡塔诺等（Catano et al., 2016）	信号理论；社会身份理论	CSR			（千禧一代）求职者吸引力
斯托利和内维斯（Story and Neves, 2015）	归因理论、社会交换理论	CSR 归因（内部、外部）			角色内外绩效
库伊等（Cui et al., 2015）		CSR 承诺		企业规模	绩效
贺等（He et al., 2015）	工具利益相关者理论	外部 CSR		组织能力	创新活动
琼斯等（Jones et al., 2014）	信号理论	CSP	自豪；价值匹配；待遇期望	社区导向；环境意识	求职者吸引力
法鲁克等（Farooq et al., 2014）	社会认同理论；社会交换理论	CSR	组织认同、信任		组织承诺
穆恩等（Moon et al., 2014）	情感事件理论；社会认同理论；意义建构理论	感知 CSR	组织公正—情感承诺		同情
朱庆华等（Zhu et al., 2014）		CSR	满意度		忠诚度
蔡远辉等（Tsai et al., 2014）	信号理论；认知失调理论	CSP	社会环境意识	求职意愿	经济、法律、伦理、慈善责任
格拉瓦斯和凯利（Glavas and Kelley, 2014）		CSR	意义；POS		满意度；承诺

续表

研究者	理论	自变量	中介	调节	结果
高希和古鲁纳坦多（Ghosh and Gurunathan，2014）		CSR	工作嵌入		离职意愿
法鲁克等（Farooq et al.，2014）	社会身份理论；社会交换理论	CC	认同	集体主义	知识分享
韦斯特等（West et al.，2014）	期望理论	工作相关经验，CSR经验		大儒主义	信任；行为意愿
斯潘格等（Spanjo et al.，2014）	人—组织匹配理论	人—组织环境责任匹配	满意度	管控压力	创造力
弗拉霍斯等（Vlachos et al.，2014）	组织公平理论；社会信息加工理论；领导理论	CSR评估	情感承诺	管理风格、经理参与	角色外CSR行为；角色内CSR行为
陈美良和林介鹏（Chen and Lin，2014）	社会认知理论	CC	工作自我效能		心理契约（交易，关系）
埃文斯和戴维斯（Evans and Davis，2014）	社会认同理论	CC	组织认同		OCB；偏差
杜水立等（Du et al.，2013）	内部市场理论；心理契约理论	CSR需求			心理需求
奥米斯顿和黄依琳（Ormiston and Wong，2013）	战略领导理论；道德许可理论	CSR		道德认同	CSIR
王荣祖（Wang，2013）	信号理论，期望理论	CSP	声誉；未来展望		求职，推荐意愿
弗拉霍斯等（Vlachos et al.，2013）	魅力型领导	魅力型领导		CSR内外归因	工作满意度
格利等（Gully et al.，2013）	信号理论；人—组织匹配；ASA模型	CSR信息	价值匹配—吸引力	有意义的影响	求职意愿
德洛克等（De Roeck et al.，2014）	社会认同理论；组织公平理论	内外CSR	公正感知—组织认同		满意度

续表

研究者	理论	自变量	中介	调节	结果
鲁普等（Rupp et al., 2013）	组织公平理论；道义公平理论	CSR感知		第一方公平（弱化）；道德认同（强化）	求职意愿；OCB
卡利朱里等（Caligiuri et al., 2013）	社会学习理论	意义，感知社会支持，感知志愿可得性			敬业度
德洛克等（De Roeck et al., 2014）	社会认同理论；组织公平理论	CSR（内部、外部）	公正感知—组织认同		满意度
奥米斯顿和黄依琳（Ormiston and Wong, 2013）	战略领导理论；道德许可理论	CSR		道德认同	CSIR
格拉瓦斯和戈德温（Glavas and Godwin, 2013）	组织认同	感知内外形象		CSR凸显性	组织认同
穆勒等（Mueller et al., 2012）	人—组织匹配理论；社会认同理论	CSR		人本主义；集体主义；权力距离	情感承诺
林介鹏等（Lin et al., 2012）	期望理论；信号理论	CC			吸引力；职业成功期望AC；满意度
伊利莫斯等（Ellemers et al., 2011）		CSR	感知组织道德		离职意愿；OCB
汉森等（Hansen et al., 2011）	信任理论；道义公正理论	CSR	信任		求职吸引力
金姆和帕克（Kim and Park, 2011）		CSR			组织承诺
斯蒂茨和米歇尔（Stites and Michael, 2011）		CSP（社区、环境）			
埃文斯和戴维斯（Evans and Davis, 2011）		CC（企业公民）		先前接受CSR教育；利他倾向	求职者吸引力；CSR工作角色定义
林介鹏（Lin, 2010）	依恋理论	CC	信任		敬业度
金姆等（Kim et al., 2010）		CSR联想，CSR参与			组织认同
雷戈等（Rego et al., 2010）	社会交换理论	CC			情感承诺

续表

研究者	理论	自变量	中介	调节	结果
林介鹏 (Lin, 2010)	社会认同理论、资源整合理论	CC			公民行为
埃文斯等 (Evans et al., 2010)		CC	犬儒主义		OCB；偏差
蔡维奇和杨文芳 (Tsai and Yang, 2010)		企业形象（产品、公民、信赖）		归属需求；环境敏感感；物质主义	组织吸引力
琼斯 (Jones, 2010)	社会交换、组织认同	志愿服务项目	自豪	交换意识	留职意愿；忠诚；OCB
格拉瓦斯和皮德里 (Glavas and Piderit, 2009)	角色理论、敬业度理论	CC			敬业度；质量关系；创造力
图尔克 (Turker, 2009)	社会认同理论	CSR			组织承诺
布拉默等 (Brammer et al., 2007)	社会认同理论	感知CSR		性别	组织承诺
杜水立等 (Du et al., 2007)	归因理论	CSR意识	CSR信仰；组织能力信仰	内外因	C-C认同；忠诚
桑卡尔·森等 (Sen et al., 2006)		CSR联想		真实归因	认同；积极态度；购买；求职；投资
巴克豪斯等 (Backhaus et al., 2002)	社会认同理论；信号理论	CSP			组织吸引力
阿尔宾格和弗里曼 (Albinger and Freeman, 2000)		CSP		工作可选择性	吸引力
格林和图尔班 (Turban and Greening, 2000)	社会认同理论；信号理论	CSR		性别；环境意识	求职意愿
图尔班和格林 (Turban and Greening, 1997)	社会认同理论；信号理论	CSP			声誉；吸引力

注：CSR — corporate social responsibility, 企业社会责任；OCB — organizational citizenship behavior, 组织公民行为；CSP — corporate social performance, 企业社会责任绩效；POS — perceived organizational support, 感知组织支持；CC — corporate citizenship, 企业公民；CSIR — corporate social irresponsibility, 企业社会责任缺失；AC — affective commitment, 情感承诺。

资料来源：本书根据相关文献整理。

四、研究小结

（一）清晰界定企业社会责任定义

企业社会责任定义和内容的清晰界定是企业社会责任理论推进和实践发展的基础。尽管以往研究积累了丰富的成果，但迄今为止，企业社会责任的定义还未形成统一定论。企业社会责任概念的不清晰进而导致其结构和测量多样化，研究结果也就无从比较，无法为实践的开展提供有力的指导。此外，企业社会责任的量表具有情境适用性。国内研究大多沿用西方企业社会责任的结构和量表。虽然少数学者做出了编订基于中国情境量表的尝试，但要解决中国企业社会责任问题，还需加强适用于中国本土情境的量表开发。

（二）深入探讨不同企业社会责任内容对组织内部员工的影响

尽管很多学者探索了企业社会责任对组织内部的影响，但需要注意的是，企业社会责任内容比较宽泛，有必要区分不同的社会责任内容对员工的影响。目前的研究大多区分了经济、法律、伦理、慈善这四种责任内容对员工的影响，例如，蔡远辉等（Tsai et al.，2014）探讨了企业社会责任这四个维度与求职意愿关系及社会环境意识的调节效应。结果发现具有社会环境意识的求职者对经济、法律维度的责任没有求职意愿。其他企业社会责任内容对员工的影响又有何不同呢？例如，当企业资源有限、只能满足少数利益相关者需求，如投资者、消费者，而忽略对员工的责任时，是否会造成员工的负面反应？德洛克等（De Roeck et al.，2014）发现当组织同时开展对内和对外的社会责任时，员工才会获得公平感知并对组织产生认同。鲁普（Rupp，2013）则得出相反结论，只有当企业履行外部责任而不履行对员工的内部责任时，这种外部的社会责任对员工的组织公民行为所具有的积极影响才最大。此外，企业应当实施慈善捐赠、志愿者活动，还是采取诸如产品创新、公平的贸易活动、维护女性职工权利等类型的责任类型？哪种责任更能带来员工的积极反应？这些问题都有待未来学者的进一步思考和探索。

（三）加强企业社会责任对组织内部结果影响研究

当前的研究对企业社会责任与员工认知和态度的关系探讨较多，而对真实反映企业社会责任作用的产出变量却讨论不多，如创新、知识共享、建言行为、主动变革行为。只有企业社会责任对员工的积极影响最终转化为产出，才能激励更多的企业接受并贯彻这种理念。此外，不同于单纯的利益驱动的组织行动，企业社会责任具有一定的道德色彩，当企业为了促进社会利益，满足公众期望，承担对社区、环境、消费者及员工的责任，员工可能会感受到强烈的意义感，由此产生更强的幸福感。探索企业社会责任是否会促进员工幸福感、健康是一个具有现实意义的研究方向。此外，当前的研究大多是探讨企业社会责任对个体层面员工态度行为的影响，未来的研究可以将视角拓展到群体即组织层面。

（四）丰富企业社会责任的微观机制研究

目前有关企业社会责任对内部员工影响的中介机制比较丰富。除了社会认同理论、社会交换理论和信号理论，未来的研究可以尝试使用更多样化的理论视角。例如，社会认知理论可以用来解释企业社会责任与员工主动变革行为的关系。企业对社会责任的支持，对员工的社会责任意识培训、沟通等都可以提升员工自我效能，进而鼓励员工积极参与改进活动。有关企业社会责任对员工影响的边界条件研究还较为零散。其中，最大的遗漏是忽略了领导的影响。作为组织的代理人，领导特征、领导风格、领导态度和行为都对员工的反应有不容忽视的影响。此外，文化作为一种意识形态，对组织员工的价值观和行为方式有着潜移默化的影响。中国文化自古以来就蕴含社会责任思想，其核心——儒家思想中的"仁政""重义轻利""天人合一"体现了人与环境的和谐相处。未来研究可以尝试探索中国文化因素、领导特征及它们之间的交互作用对企业社会责任与员工关系的影响。

（五）开展中国文化情境下企业社会责任研究

目前中国学者开展了许多企业社会责任研究，然而这些研究大多是基于西方理论框架来解释。而中国具有不同于西方的文化背景和组织情境。相比经济发展已趋于稳定成熟的西方国家，中国正处于经济高速发展的转型期，传统商业文化受到巨大冲击，产品问题、环境问题，尤其是劳资冲突层出不穷（肖红军、郑若娟，2014）。为了满足法律要求和公众期望，更为了应对激烈竞争，许多企业不得不在资源有限的情况下牺牲员工利益，被动开展针对企业外部的社会责任，满足具有强大的舆论话语权的消费者、政府、社区等。作为组织运转的核心力量，员工却受到忽视和冷遇，甚至是恶劣的待遇。企业一面是一掷千金地"豪捐"，一面又被冠上"血汗工厂"恶名。忽视对员工权益的保护，必然无法激发其潜能活力，组织的健康发展也难以实现。因此，未来的研究需要扎根于中国企业现实，深入研究社会责任实践在企业内部展开的作用机理，为中国企业有效践行责任、构建转型期和谐劳动关系提供借鉴和指导。

第三节　社会责任型人力资源管理研究

一、战略企业社会责任

随着企业社会责任理念的传播和发展，承担社会责任的企业队伍越来越壮大。然而，在企业社会责任的实践中也暴露出许多问题，具体表现为以下三方面（Banerjee，2008；肖红军，2014）：①被动适应而非主动担责。很多企业缺乏对社会责任理念更为深层的理解，更多的是迫于外部压力而采取一些流于表面的行动或口号宣传。②关注外部责任，忽略内部责任。企业社会责任作为一种投资，需要企业投入资源和成本。然而，当企业资源有限时，许多企业往往会关注影响声誉形象的外部利益相关者的需求，如投资者、消费者、政府，而忽视内部最重要的利益相关者——员工。③零散经营，缺乏体系。当企业社会责任实践是应对外部压力的被动回应时，企业社会责任则是零散的、不成体系的，与企业核心竞争力无关（McWilliams et al., 2011）的短期行为。此时，企业不仅不能解决社会问题，更难以收到可持续的收益，久而久之，对企业经营有弊无益。

战略管理大师波特（Porter）指出导致企业社会责任实践推进缓慢的一个重要原因是企业未将社会责任与自身的战略需求相结合（Porter et al., 2011）。波特和克雷默（Porter and Kramer, 2006）观察到当前企业主流的CSR实践是支离破碎的、与业务和战略脱节的，浪费了许多企业造福社会的机会。基于此，他们提出了一个战略企业社会责任模型，该模型整合了企业内部独特的资源和能力，并将这些资源与外部环境的需求相匹配，即将企业独特的属性对接到企业环境中的社会需求，从而实现社会目标和经济目标的融合。目前，国际理论界比较有代表性的战略企业社会责任模型有全面社会责任管理理论、社会责任管理推进理论、社会融入模型和创造共享价值理论。

（一）全面社会责任管理理论

桑德拉等（Sandra et al., 2002）学者在2002年通过对跨国公司社会责任工作的考察发现，一些跨国公司已初步形成一套完善的社会责任管理体系，并且企业社会责任管理从内容、性质等很多方面类似于全面质量管理。由此，桑德拉等提出全面社会责任管理的概念。所谓全面社会责任管理就是用系统的流程管理企业对利益相关方和自然环境的责任，包括管理企业与利益相关方之间的关系以及管理企业运营对利益相关方和自然环境所造成的影响（见图2-3）。

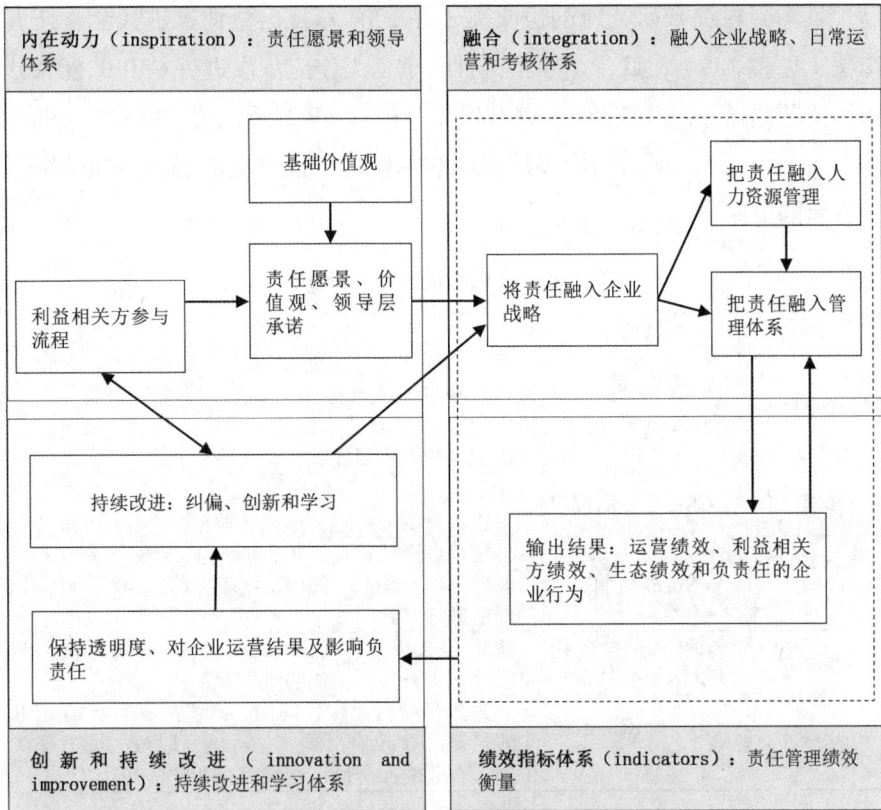

图2-3 全面社会责任管理的"4I"体系

资料来源：本书根据相关文献整理

桑德拉等认为全面社会责任管理的实施程序需经历三个主要环节：第一步，选定企业社会责任活动的愿景；第二步，将社会责任与公司战略、人力资源和管理系统相整合，形成行动；第三步，建立评价系统，进一步改善和提高社会责任管理水平。

（二）社会责任管理推进理论

2003年是日本企业社会责任元年。此后，日本企业高速推进社会责任，探索形成了部分企业社会责任管理框架和工具。在这些企业社会责任管理框架和工具中，日本野村综合研究所和日本综合研究所的研究成果较为典型。日本野村综合研究所的伊吹英子在 2004 年提出企业推进社会责任五步法（见表 2-5），认为企业推进社会责任工作应依次进行 CSR 的现状分析和议题选择、CSR 愿景（vision）的选定、CSR 战略制定、PDCA（plan、do、check、action）的结构和推进体制的整备、构筑交流的战略和结构五个方面的工作。

表 2-5　企业推进社会责任模型

步骤	实践	要点
步骤 1	CSR 的现状分析和议题选择	将企业现状和适应的 CSR 指南进行对照，对企业进行 SWOT 分析（强项、弱项、机会、威胁），辨析企业 CSR 的优势、劣势、机会、风险，提出企业应该关注的重点课题和行动次序
步骤 2	CSR 愿景的选定	确定本企业在 CSR 实践问题上的姿态、基本思路和想法、基本方针等，形成企业社会责任的独特性
步骤 3	CSR 战略制定	确定社会责任重点课题、对象和战略的区分方式，让业务部门意识到 "CSR 是竞争力的源泉"，自发、主动地进行实践
步骤 4	PDCA 的结构和推进体制的整备	建立 CSR 推进体制，增强行政部分和业务部门的关联性，提升基层机构的重视程度
步骤 5	构筑交流的战略和结构	通过各种交流手段，向内、外部展示自己的 CSR 实践活动，让政府、顾客、社区、股东、员工等认识到本企业的社会性，增加对企业的信赖

日本综合研究所认为，企业社会责任管理系统的构建需要注意三个要点：①把利益相关者的参与纳入计划；②要兼顾网罗性和伸缩性；③将 CSR 管理体系建立在现有的管理体系之上，从而使得 CSR 融入组织日常经营活动中去。

基于上述三大要点，日本综合研究所构建了一个企业社会责任管理系统：首先是社会责任目标，即社会责任管理的目标是什么，目标方向为何；其次是企业社会责任战略，企业做社会责任管理要制定一个战略，说明企业重视什么、要做什么；再次，把这个战略融入企业日常运营之中的 PDCA 循环；最后，把企业社会责任报告诉诸企业的利益相关方，吸引利益相关方参与，利益相关方参与包括方法的选定、根据对话确定需求、分析期待和利益相关方约定等。

日本综合研究所还提出了检验企业社会责任管理体系的五大要点：①企业社会责任的意义、目的是否明确；②为实现预定目标，企业社会责任战略是否明确；③是否将履行社会责任纳入了公司的中期经营规划和年度计划；④是否建立了企业社会责任的监督、评价和改善机制；⑤是否确保利益相关者参与到企业社会责任活动中来。

（三）ISO26000 社会责任管理

ISO26000 是由国际标准化组织（ISO）起草并制定的一部关于社会责任方面的重要标准。ISO26000 将组织社会责任界定为七项核心主题，即组织治理、人权、劳工实践、环境、公平运营实践、消费者问题和社区参与及发展。组织治理（针对企业，也理解为公司治理）是组织为实现其目标而制定和实施决策的系统，有正式治理机制和非正式治理机制之分。在七项核心主题中，组织治理是影响企业履行社会责任的最关键因素，是企业提高履责能力、促使企业在其他核心主题方面采取对社会负责任的行动的具体方法，又是企业落实 ISO26000 提出的社会责任七大原则，即担责原则、透明度原则、良好道德行为原则、尊重利益相关方的利益原则、尊重法治原则、尊重国际行为规范原则、尊重人权原则的关键点和有效途径；同时，组织治理又是与其他社会责任主题平行的概念，都是企业社会责任的核心主题，缺一不可。

表 2-6　ISO26000 社会责任融入组织经营过程

	步骤	辩解
1	从社会责任角度理解组织的性质和特征	诸如组织经营所在地区的法律、社会、环境和经济特征；组织的类型、目的、经营性质和规模；组织的职工或雇员的特点；组织参与的社会机构；内外部利益相关方的期望和要求
2	理解组织的社会责任内涵	知晓组织核心议题；明确组织的影响范围；确定优先项目
3	将社会责任整个融入组织	将社会责任纳入组织体系和管理程序；确定组织的社会责任工作方向；提高社会责任意识和构建社会责任能力

续表

	步骤	辩解
4	社会责任的沟通	指定沟通计划；根据沟通对象的类型选择相应的沟通手段；利益相关方参与
5	提升社会责任绩效的可信度	组织可以通过利益相关方的参与、参加专门的认证、加入某些协会等方式来提升组织社会责任绩效的可信度
6	审查、改进组织的社会责任相关行动与实践	组织可用监督、审查、提高数据信息可靠性等技术手段来改进组织社会责任实践

（四）创造共享价值理论

美国学者波特和克雷默（Porter and Kramer，2011）提出了价值共创（creating shared value，CSV）模型（见图2-4），将战略性企业社会责任和可持续的结果与社会需求更深入地联系起来。创造共享价值理论认为企业完全可以通过创造"共享价值"，在推动社会进步的过程中取得自身发展；企业履行社会责任不是以牺牲企业的经济利益为代价；共享价值并不是"分享"企业已经创造的价值，而是做大整个经济和社会价值蛋糕，即共享价值理论认为企业的竞争力与社区的健康发展息息相关。企业的成功离不开社区的繁荣，因为社区不仅是产品需求的来源，而且提供了关键的公共资产和有利的经营环境。而企业解决社会问题，未必就会增加成本，因为它还是可以通过采用新的技术、经营方法和管理方式来实施创新，从而提高生产率和拓展市场。

波特和克雷默还指出企业创造共享价值主要有以下三种途径：①重新构想产品与市场，满足医疗保健、改善住房、增加营养、加强金融安全、减少环境破坏等方面的社会需求。②重新界定价值链的生产率。企业的价值链与许多社会问题密切相关，如资源使用、健康与安全、工作环境等。社会问题可能给企业的价值链造成经济负担，这就形成了创造共享价值的机会。③促进当地产业集群的发展。没有哪个企业是完全自给自足的，每个企业的成功都受到支持性企业和周围基础设施的影响。

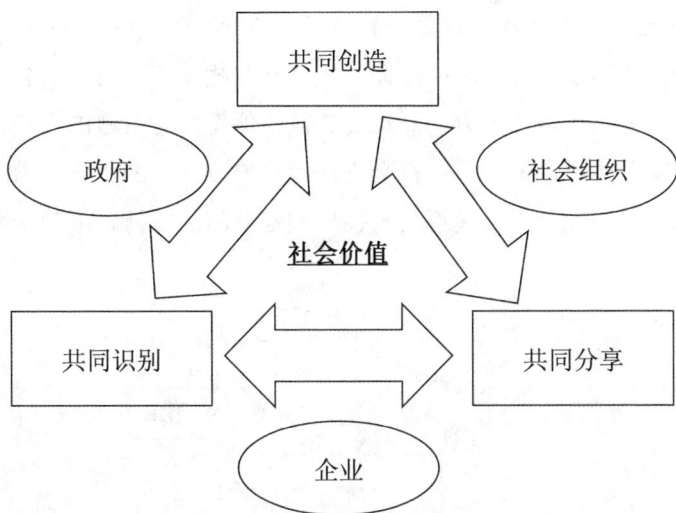

图 2-4　价值共创模型

资料来源：本书根据相关文献整理

（五）我国的理论创新

一个企业的社会责任工作做得好坏，核心和关键是该企业是否实现了社会责任与企业经营的融合，即能否将企业社会责任的理念和可持续发展的要求融入企业战略、治理结构和日常运营的各个流程之中。基于这种认识，中国科学院经济学部企业社会责任研究中心构建了企业社会责任六维框架（见图 2-5）。在六维框架中，责任战略的制定过程实际上是企业社会责任的计划（P）；责任治理、责任融合的过程实际上是企业社会责任的执行（D）；责任绩效和报告是对企业社会责任的评价（C）；研究自己社会责任工作的开展情况、利益相关方意见的反馈以及将责任绩效反馈到战略的过程就是企业社会责任的改善（A）。这六项工作整合在一起就构成了一个周而复始、闭环改进的"PDCA"过程，推动企业社会责任管理持续发展。

检验一个企业社会责任管理体系包括五个要点：①理念优先，企业要想做好社会责任工作，应具有社会责任理念；②重在融合，企业社会责任要融入公司战略和日常运营之中；③ PDCA 的循环，要形成闭环改进，社会责任管理体系才有持续的生命力；④利益相关方参与，社会责任的管理和实践要吸纳利益相关方的意见和建议，保持及时有效的沟通；⑤建立在现有的管理体系之上，企业社会责任涉及方方面面的工作，抛开现有的管理体系另起炉灶，很难获得公司领导和各部门的支持，不利于顺利开展工作。

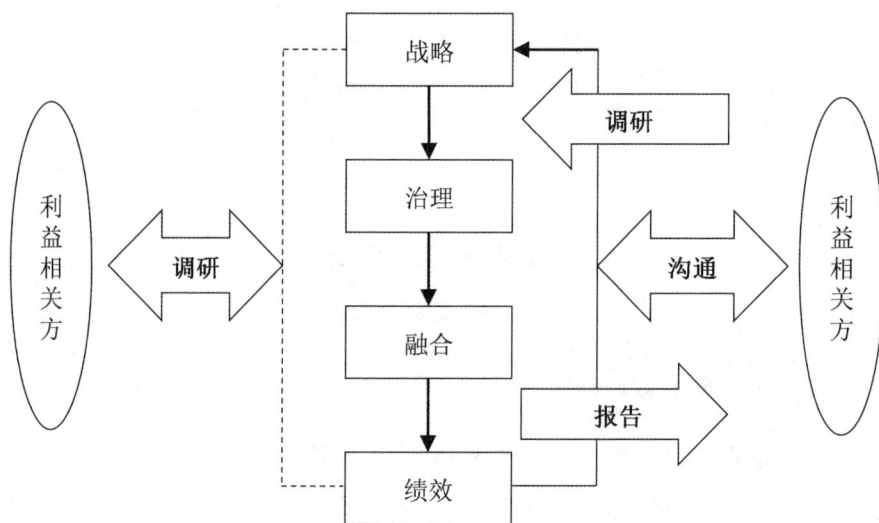

图 2-5　企业社会责任管理的六维框架

资料来源：本书根据相关文献整理

　　正如德鲁克所言，当组织关注于其自身力不能及的社会问题时，他们的行为是不负责任的。而当它们专注于自己特定领域的工作而满足社会需求，他们的行为便是负责的（Drucker，1984）。

　　总之，战略企业社会责任需要组织从战略上定位、规划企业社会责任活动，聚焦于承担与其核心业务相关的责任，从而实现企业和社会长远可持续发展。而当前，对多数企业来说，最大的挑战则是如何将战略企业社会责任转化为具体的商业实践和组织运营，转化为组织成员的行动和绩效目标。在这个过程中，需要注意以下几方面：①树立科学的社会责任观，企业推进社会责任管理，必须正确认识和把握其理论内涵和特点，全体动员，达成共识。如果在认知不足的情况下盲目推进，不仅不会改善企业管理，还有可能产生负面影响。②抓好一把手工程，企业推进社会责任管理，开展社会责任工作，是对企业原有管理思想和管理模式的一场深刻变革，需要改变组织的习惯性思维模式和行为方式，必然会面临组织内部相当大的阻力。只有重视一把手的领导表率作用，在很大程度上化解阻力，才能确保顺利推进，否则很容易变成纸面工程，难以真正发挥作用、实现其价值。③理论借鉴与企业实际相结合，企业推进社会责任管理，既要注重学习借鉴成熟的社会责任理论和实践经验，包括社会责任标准、倡议、工具，以及国内外一流的企业的社会责任推进模式和成功实践，同时要坚持立足企业实际，独立思考，深化认识，坚持创新，探索本企业独特的模式。④与部门工作相结合，企业推进社会责任管理，应将企业社会责任的理念和可持续发展的要求融入企业战略、治理结构和日常运营的各个流程之中，以中国社会科学院企业社会责任研究中心提出的企业社会责任六维框架为导向，加强部门间的沟通、交流与合作，全体动员，真正将社会责任工作落到实处。

二、社会责任型人力资源管理的提出

尽管实践界和理论界为推动 CSR 实践开展付出巨大努力，但这些举措大多立足于组织外部，关注宏观战略层面的视角，而具体的实施仍然困扰着企业经理们（Graafland and Lei Zhang, 2014; Maon et al., 2009）。首先，企业社会责任实践不同于传统以营利为目的的商业活动，它更关注如何将社会问题转化为商业机遇。这需要组织进行深刻的变革，使企业的文化、价值观、制度、政策和流程能满足、适应社会责任实践的开展（Aguilera et al., 2007; Fortis et al., 2018）。事实上，从管理的角度来看，将企业社会议题纳入组织运营是复杂和有风险的。管理者不仅需要应对各种内部和外部利益相关者的压力，还需要在组织内部开展跨职能协作活动。不充分的跨职能协作可能会导致内部冲突，最终影响社会目标和企业目标的实现。因此，企业需要由内向外，由战略到运营，由抽象到具体建立一套完整的组织架构体系，以确保企业社会责任价值真正融入企业的文化、行动和绩效表现中。其次，以往的研究更多地关注对组织声誉形象有直接影响力的消费者、政府、投资者，而忽视企业社会责任对内部员工态度行为的影响。事实上，员工作为组织内部最重要的利益相关者，不仅是企业社会责任的对象，更是社会责任的推动者。只有充分发挥员工的积极性，集中其智力、态度和意愿，从与自身相关的工作环境和工作程序做起，才能真正推动社会责任工作的开展。

基于此，一些学者开始从战略人力资源管理的角度提出了指导建议（Jamali et al.，2015；Strandberg，2009；Voegtlin and Greenwood，2016）。作为配置协调组织中的人力、物力、财力的专业体系，战略人力资源管理对如何将组织的责任目标纳入绩效考量，如何开发员工相关的能力，如何促进文化和组织结构的更新，如何衡量和激励员工的士气、热情具有积极的协调和推动作用。具体包含以下几点：

首先，传递责任意识，建立愿景。推动社会责任开展的首要条件是让员工理解企业开展 CSR 的重要性和必要性，唤起员工普遍认可的责任意识，最大限度地提升员工的积极性、能动性和投入度。战略人力资源管理可以通过相关培训，向员工宣讲 SRHRM 战略、目标、方法、员工自身所扮演的角色作用，培育全员的社会责任意识。其次，帮助员工掌握相关知识、技能。CSR 实践的推进需要员工由以往更多关注绩效的"经济人"转变成关注责任的"社会人"，不仅需要意识上的转变，也需要适应新的工作方式和技能。企业社会责任活动涉及多方利益相关者，除了需要专业技术外，也需要更为柔性的管理、沟通知识技能。而人力资源的培训职能可以提供有计划、全方位、多渠道的实战训练来逐步培养其员工相关技能。再次，合理配备人员，人尽其责。CSR 实践推进最核心的要素就是人才。战略人力资源管理能够根据组织需求招聘、引进相关人才，并高效配备组织的人力资源，甄选出最合适的管理人员、技术人员、咨询人员等，将其安排到最合适的岗位，实现人尽其责。最后，内外兼顾，激励员工。为了保证 CSR 实践持续有活力地开展，企业需要不断激励员工的积极性。战略人力资源管理可以通过意识、理念的激励推动员工的责任实践，也可通过晋升、绩效等物质激励推动员工行动，以保证 CSR 持续开展。简而言之，战略人力资源管理通过关键职能活动，如招聘、培训、考核等一系列环节，向公司管理者和员工传递责任意识，配备人员，提升技能，维持活力，为企业社会责任提供支撑，并实现企业社会责任的真正执行和落地，最终形成企业的竞争力。

基于以上逻辑，奥利茨基和史沃森（Orlitzky and Swanson，2006）首次提出运用人力资源管理各项职能将企业社会责任元素纳入组织目标，实现价值增值。具体包括：招聘考虑员工道德、人格特质、多样性；培训提升员工沟通和参与技能；薪酬指标涵盖经济绩效和社会绩效部分，防止薪酬差异化；绩效考核关注财务目标和社会目标。通过将 CSR 融入各项人力资源职能活动，实现价值增值。此外，斯特兰德贝里（Strandberg，2009）制定了依靠人力资源管理开展企业社会责任的十项准则，包括：①建立愿景、价值、CSR 战略；②员工行为准则；③工作分析和招聘；④定向、培训和发展；⑤薪酬绩效系统；⑥变革管理和企业文化；⑦员工参与；⑧ CSR 政策和项目发展；⑨员工沟通；⑩发布测量报告。

在一些学者关注人力资源管理对企业社会责任的意义的同时，少数学者提出人力资源管理和企业社会责任互相促进的观点。例如，贾马利等（Jamali et al.，2015）基于波特等（Porter et al.，2011）的价值共创模型提出了 CSR-HRM 价值共创模型（见图 2-6）。该模型整合了战略企业社会责任和战略人力资源管理文献中的关键要素，区分了人力资源管理在 CSR 不同生命周期中的角色作用。

1. 初始阶段

人力资源管理应该积极参与共同定义企业社会责任战略、使命和目标，最大限度地利用公司独特的优势和能力，确保企业社会责任与公司业务的一致性，实现人力资源管理专业知识和技能对企业社会责任目标的支撑作用。需要指出的是，人力资源管理作为 CSR 的战略合作伙伴具有至少三种关键支持作用：①确保自愿或自主决策；②确保 CSR 设计与企业的使命和目标密切相关；③确保在没有危机的情况下，对新兴经济、技术、社会或政治趋势的积极预期。

2. 企业社会责任实施阶段

这是人力资源管理参与 CSR 实施最核心的阶段。基于乌尔利克（Urlich，1997）关于当代人力资源管理角色的框架，人力资源管理在 CSR 开展中发挥着四种角色作用，即战略伙伴、变革代理人、员工发言人和管理专家。具体来说，首先，作为战略伙伴，人力资源管理可以帮助定义 CSR 战略；从人力资源管理的角度定义 CSR 范围，将 CSR 融入人力资源管理的使命和职能，制定计划；从利益相关者那里收集关于 CSR 相关信息。其次，作为变革代理人，人力资源管理可以帮助员工了解 CSR 政策将如何影响其他利益相关者（客户、投资者、社区），提高员工对企业社会责任变化的敏感度和应变能力，并引入促进企业社会责任目标并克服变革阻力和其他障碍的举措；通过培训和发展提升管理者对 CSR 变革的认识。再次，作为员工发言人，人力资源管理可以从早期招聘阶段到绩效管理、薪酬和奖励保留计划等方面提升员工对企业社会责任的参与度和积极性；分享和沟通企业社会责任的价值；提高员工对企业社会责任的认识水平；主动帮助员工为社区服务，例如社区志愿项目；与员工收集 / 分享与企业社会责任相关的信息；与员工一起庆祝 CSR 活动的成功；起草并实施员工行为准则。最后，作为管理专家，人力资源管理可以有效地传达企业社会责任目标，如在人力资源管理绩效管理系统中，为绩效目标设定 CSR 绩效指标和监控结果；处理与企业社会责任实践相关的社会和法律问题，一旦有适用于人力资源管理的角度，便发挥人力资源管理的专业知识和技能；通过人力资源管理设备和评估工具，衡量和报告企业社会责任绩效；衡量和报告人力资本指标，如营业额、健康和安全、员工发展和多样性，作为整个组织更广泛的社会绩效衡量的一部分。总之，这四种人力资源管理角色实现 CSR 与企业战略对接，与员工产生共鸣，并与内部工作系统和政策相辅相成。

3. 持续改进阶段

通过人力资源管理所导入的企业社会责任行动和变革文化能够加强员

工与组织之间的纽带，尤其是在规范性和情感性方面。通过人力资源管理潜在地支持和促进企业社会责任议程的内部制度化，能够强化个体对组织的承诺和身份认同。此外，人力资源管理实践与企业社会责任的系统整合能够更快速、更准确地响应员工的需求和期望，因此有助于引导出积极的员工行为和态度，如人才激励和保留，提升员工承诺、信任度和忠诚度。此外，人力资源管理促进员工对企业社会责任的沟通，会增强员工的社会责任意识和参与，并影响他们对组织的看法，塑造对组织内外的社会责任感。这些有价值的结果对人力资源管理、企业社会责任和整个企业都有意义，能够帮助组织在内部和外部利益相关者眼中获得知名度，同时也通过帮助捕捉或内化企业社会责任项目的好处来增强企业独特性。

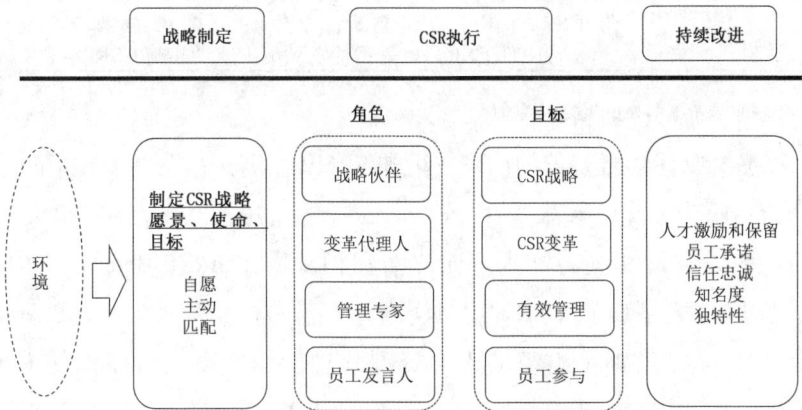

图 2-6　CSR-HRM 价值共创模型（Jamali et al.，2015）

三、社会责任型人力资源管理的定义

（一）SRHRM 定义和内涵

SRHRM 从战略人力资源管理视角阐述企业如何开展 CSR 实践。目前其定义还缺乏明晰性。本节将在回顾前人研究的基础上，参考 CSR 与战略人力资源管理以及高绩效人力资源管理的定义，重新界定 SRHRM。

表2-7　社会责任型人力资源管理内涵

作者	主要观点
奥利茨基和史沃森（Orlitzky and Swanson，2006）	通过人力资源管理职能开展CSR，实现价值协调，包括招聘考虑员工道德、人格特质、多样性；通过培训提升员工沟通和参与技能；薪酬指标涵盖经济和社会部分，防止薪酬差异化；绩效考核关注财务和社会目标
沈洁和朱久华（Shen and Zhu，2011）	首次提出SRHRM，是一种满足内外利益相关者的HRM。分三类：合规型HRM，主要是遵守法律，包括机会平等、健康安全、工作时间、最低工资、童工、强迫劳动；员工导向型HRM，超越法律要求，满足员工个人和家庭需求，例如提供组织支持、公平，提供培训、授权、工作场所民主等促进个人发展；通用型HRM，指促进CSR实施的HRM政策措施，如招聘CSR员工、评估奖励员工CSR贡献
沈洁和柏森（Shen and Benson，2016）	是一种针对员工，强调CSR执行的HRM。除了提供优厚的薪酬和良好的工作待遇，还包括招聘甄选有责任意识员工、提供CSR培训、晋升、薪酬、考核与员工的社会贡献挂钩。不仅是一种内部CSR，也是一种发动员工成功实施CSR的工具

资料来源：本书根据相关文献整理。

根据对以往学者观点的回顾，可知SRHRM定义存在以下几个问题：①目的不明确。沈洁和朱久华（Shen and Zhu，2011）认为SRHRM是为了满足内外利益相关者需求。而沈洁和柏森（Shen and Benson，2016）则认为其目标是履行CSR。②本质不明确。沈洁和朱久华（Shen and Zhu，2011）提出其是组织的人力资源管理活动，而沈洁和柏森（Shen and Benson，2016）则认为其是一种内部CSR，是实施CSR的工具。即SRHRM到底是一种针对员工的社会责任还是帮助企业开展社会责任的人力资源管理活动，研究者还未达成一致看法。

为了推进SRHRM的研究，本书基于前人研究，根据本书研究问题，重新将SRHRM定义为：充分调动组织各种资源以有效开展企业社会责任（CSR）的人力资源管理政策和实践。具体来说，它是基于组织立场，从人力资源管理视角研究CSR的实施，通过人力资源管理各项职能活动，向组织中的人植入CSR思想，使其内化为组织的核心价值，并通过动员员工开展情境化的CSR活动，实现企业和社会和谐共赢。具有以下三个特点：①其本质是战略人力资源管理。它是组织基于社会环境、企业战略、业务性质和员工特点构建起来的系统化的人力资源管理体系，是帮助组织实现CSR战略的各种人力资源部署实践，是组织战略的重要组成部分。②其目的是将企业社会责任理念转为运营实践和商业价值，以获得长期竞争优势。通过将责任理念价值融入组织，激励组织将专业优势与环境、社会问题的解决结合起来，在解决问题的同时取得良好的社会效益和经济效益，形成负责任的、可持续的竞争力。③其手段是组织员工参与。SRHRM将员工摆在突出位置，通过人力资源管理手段调动员工积极性，将员工目标与组织目标联系在一起，发挥员工在CSR中的积极性和创造性。

（二）SRHRM与相关概念的区别

1.HRM和SRHRM

虽然二者都是人力资源管理活动，但仍存在两点区别。首先，二者目标不同。HRM是为实现组织目标，对组织中的人力资源进行规划、培训、选拔录用、考核激励等活动的过程。而SRHRM则是为了实现组织与社会和谐共赢，在招聘、甄选、培训、薪酬、考核中向组织中的人植入社会责任理念的活动过程。相比普通的HRM，SRHRM具有战略意义，即SRHRM除了满足组织需要，还考虑了组织对社会、对利益相关者的长远影响和公司的可持续发展。其次，二者影响范围不同。HRM主要是对组织中的人产生影响，而SRHRM除了关注组织中的人，还关注受到组织影响的消费者、投资者、社区等主体，影响范围更广。

2.CSR和SRHRM

二者本质不同。CSR体现对社会负责态度的组织情境化政策和行动。而SRHRM则是一种融入了CSR理念的人力资源政策和实践，旨在帮助企业开展CSR政策和行动。

3. 嵌入式CSR和SRHRM

嵌入式CSR是由阿吉尼斯等（Aguinis et al., 2013）提出，是与公司主营业务相融合的CSR活动，例如，开发环境友好的产品项目，强调与公司的具体运作结合的CSR实现形式，而不包括慈善、志愿活动。SRHRM

强调的是融入了担责任思想的人力资源实践活动，其可以协助组织选择任何适合自己的 CSR 形式，可以是慈善捐赠、志愿活动，也可以是节能减排的举措，具体选择哪种形式视公司具体情况而定。

四、社会责任型人力资源管理的内容和测量

沈洁和朱久华（Shen and Zhu，2011）根据作用的对象不同将 SRHRM 分为三类：①合规型 HRM，主要是遵守法律，包括机会平等、健康安全、工作时间、最低工资、童工、强迫劳动；②员工导向型 HRM，指超越法律要求，满足员工个人和家庭需求的责任实践，例如提供组织支持、公平、提供培训、授权、工作场所民主等促进个人发展；③通用型 HRM，指促进 CSR 实施的 HRM 政策措施。SRHRM 的这三种组成部分确保组织能同时兼顾员工和外部利益相关者的利益，以实现组织的短期目标和长期可持续发展。在此基础上，沈洁和朱久华（Shen and Zhu，2011）开发了 13 个条目的三维量表。

为了进一步细化社会责任型人力资源管理的内容，在以上三维度的基础上，昆度和加拉瓦特（Kundu and Gahlawat，2015b）引入了一个四维度分类法，包括合规型 HRM，员工导向 HRM，通用 HRM 和通用 CSR 准则。其中，第四个维度通用 CSR 准则是指减少贫穷、环境保护和自然灾害救济。基于这四部分内容，研究者开发了 13 个条目的量表。

随后，沈洁和柏森（Shen and Benson，2016）将 SRHRM 整合为一个单维构念，并开发了一个 6 条目的量表，具体包括：招聘、甄选考虑个人特性 –CSR 特性匹配；培训使 CSR 思想成为组织核心价值；CSR 培训提高员工参与沟通；晋升与社会绩效挂钩；绩效考评与员工社会绩效挂钩；将员工社会绩效与报酬奖金挂钩。目前，这一单维量表被证明具有较好的信度和效度，已成为目前学者使用最多的量表。社会责任型人力资源管理维度划分见表 2-8。

表 2-8 社会责任型人力资源管理维度划分

维度	分类	测量条目
四维	合规型 HRM；员工导向 HRM； 通用 HRM；通用 CSR 准则	13
三维	合规型 HRM；员工导向型 HRM；通用型 HRM	13
一维	社会责任型人力资源管理	6

资料来源：本书根据相关文献整理。

五、社会责任型人力资源管理实证研究

尽管以往的学者对促进社会责任型人力资源管理的理论发展和组织实践具有重要贡献，但是大多的研究仅限于理论探讨，只有为数不多的学者开展了实证调研。沈洁和朱久华（Shen and Zhu，2011）在奥利茨基和史沃森（Orlitzky and Swanson，2006）研究的基础上，首次明确提出了SRHRM 这个构念，即社会责任型人力资源管理，并以两家中国铝制造企业员工为研究对象，探讨并实证检验了 SRHRM 与组织承诺的关系。研究者具体将 SRHRM 分为三类：合规型 HRM，主要是遵守法律，包括机会平等、健康安全、工作时间、最低工资、童工、强迫劳动；员工导向型 HRM，指超越法律要求，满足员工个人和家庭需求的责任实践，例如提供组织支持、公平，提供培训、授权、工作场所民主等促进个人发展；通用型HRM，指促进社会责任实施的 HRM 政策措施。即 SRHRM 不仅涉及企业的人力资源管理系统以确保其满足员工的需求，还涉及人力资源管理政策的应用和企业及其员工参与 CSR 实践，如支持社区发展，以及改善与环境、客户和供应商的关系。这项研究结果发现，除了员工导向型 HRM 与持续承诺关系不显著，合规型 HRM 与通用型 HRM 都能促进组织承诺。随后，纽曼等（Newman et al.，2016）以社会交换理论和社会认同理论为基础，研究探讨了社会责任人力资源管理的三个维度，即员工导向型 HRM、合规型 HRM 和通用型 HRM 分别对员工组织公民行为（OCB）的影响。研究发现，组织认同充分中介员工导向型 HRM 与员工组织公民行为，而通用型 HRM 对员工组织公民行为有直接影响。相比之下，合规型 HRM 对

员工的组织公民行为没有影响。

基于以上三维度划分法，昆度和加拉瓦特（Kundu and Gahlawat，2015）提出了一种四维度划分法来测量 SRHRM，并开展了一系列的实证研究，探索了印度企业中员工感知的 SRHRM 与员工离职意愿（Kundu and Gahlawat，2015b）、满意度（Kundu and Gahlawat，2015a）、信任、动机、情感承诺（Kundu and Gahlawat，2016）和角色外行为（Gahlawat and Kundu，2021）的关系。

除此之外，部分学者将社会责任型人力资源管理整合为一个复合构念来加以研究。例如，沈洁和柏森（Shen and Benson，2016）基于社会认同理论，以 35 家发布过社会责任报告的中国制造企业的员工为样本，研究 SRHRM 与员工行为的关系。结果发现，SRHRM 通过组织认同的中介作用对任务绩效和角色外帮助行为有显著正向影响。此外，员工感知组织支持强化 SRHRM 与组织认同以及组织认同与两个结果变量的正向关系。近年来，沈洁和张宏如（Shen and Zhang，2019）整合人力资源管理和组织氛围的文献，探讨了 SRHRM 与员工对外部社会责任支持（即面向外部利益相关者的 CSR）的关系及其潜在的社会心理机制。研究者通过对两组不同时期收集的数据进行多层次的分析，证实了 SRHRM 通过组织社会责任氛围的中介影响员工对组织外部社会责任倡议的支持，且这种关系受到员工感知的内部 CSR（即指向员工的 CSR）调节。同样，桑乔等（Sancho et al.，2018）基于资源基础理论，整合中小企业人力资源管理和企业社会责任的视角，探讨了 SRHRM 与中小企业的竞争绩效关系。研究结果证实了 SRHRM 通过提升员工承诺和促进关系营销来增强企业竞争力。

六、研究小结

通过回顾 SRHRM 的提出背景、内涵、相关研究可知，相比以往的 CSR 研究，SRHRM 是一种旨在帮助企业高效开展 CSR 活动以获得竞争优势的人力资源管理系统。它对于推进企业社会责任研究具有重要意义。

（一）研究视角：外部视角转为内部视角

对企业社会责任的研究主要有两种视角，一种是基于社会的外部角度探讨企业应当如何担责，另一种是基于企业自身的视角研究企业内部如何承担责任。前者是外部人视角，后者则是企业内部视角。目前关于企业社会责任的理论研究和实践发展大部分是基于外部人视角，忽视了对企业内部视角的探讨。这样的视角极易导致企业在法律规定和公众期望的压力面前处于被动地位。企业没有发言权，甚至在社会利益与企业利益发生冲突时，企业不得不牺牲自己来做出让步。而SRHRM则基于企业立场，关注企业内部的管理过程，充分考虑企业的需要和问题，对CSR的开展具有积极推动作用。

（二）研究重点：化被动为主动

以往的研究大多从制度压力、经济压力、道德压力方面约束企业行为，企业承担社会责任是一种被动接受的行为。而SRHRM则是从企业内部着手，通过将责任意识植入企业文化，塑造员工的责任意识和行为，实现可持续发展的CSR与企业战略目标管理融合，即重视履行社会责任的内在机制的建立，化外在压力为内生动力，将被动履责转化为主动承担，这样才能真正促进长久、良性的CSR实践。

（三）研究体系：零散型—系统性战略性

尽管很多企业已步入承担社会责任的行列，并开始探索适合自身发展的社会责任模式，但只有将零散的善举上升到战略行动，企业才可能真正从企业社会责任中获益，做到"行善赚钱（doing well by doing good）"。而SRHRM则更好地引导企业建立系统性、战略性责任规划，实现社会责任同当前和未来的核心业务相结合、与企业经营管理模式有效整合，以产生短期和长期的结果价值。

总之，SRHRM体系能够帮助企业由外部视角转为内部视角、由被动转为主动、由零散变为系统，真正将责任战略、规划、愿景具体落实为企业运营实践、化为员工态度行为，真正促进企业和社会双赢。

第四节　主动动机模型

随着商业环境的日益复杂和市场需求的动态变化，越来越多的企业需要不断调整组织政策，以适应快速变化的外部需求。正如《周易》所云："穷则变，变则通，通则久。"然而，组织政策变革不仅需要宏观层面的战略指导，更需要微观层面的员工积极主动调整适应。越来越多的企业意识到只有员工在工作中表现出积极性和主动性，自觉地提升自我知识、技能和能力，准确洞察识别环境中的机遇和挑战，从而适应组织不断变化发展的需求（Parker and Collins，2010），实现个人特质与工作环境相匹配，才能保持企业的活力，促进个人和组织的共同可持续发展。主动行为领域的学者将员工的这种主动性定义为一种自发主动的行为方式，即个体积极主动和自发地完成任务并超出规定的工作要求（Frese et al.，1997）。具体来说，员工的主动性共包含了五个特征：①与组织使命一致；②具有长期导向；③具有行动和目标导向；④在困境中坚持；⑤自发和主动，即员工并不是被动地适应组织环境，而是主动地采取行动，满足组织的工作要求，适应组织动态发展。大量研究发现，员工的主动性对组织和员工自身带来诸多益处。例如，员工能够主动学习人际技能以适应组织规范（Ashforth et al.，2007）、主动参与更多的信息交换建立信任关系进而提升创造力（龚亚平 等，2012），对内主动建言、担责及提升绩效（Tornau and Frese，2013），对外能主动调整情绪提升客户满意度（Brotheridge and Grandey，2002）。

鉴于此，探索员工主动性的前因及其微观心理机制对指导企业变革实践意义重大。目前关于主动行为前因的研究主要分为两大类，个体因素和情境因素（洪樱 等，2012）。其中，个体因素主要是个体稳定的人格特

质，而情境因素主要指组织的政策规范。由于组织作为现代人生活的主要
场所，对个人态度、行为的塑造具有极大影响，研究组织情境对个体主动
行为的研究更具有实践意义（Jiahui Wu and Parker，2011）。那么，组织
对个体的主动行为研究的内在机理是怎样的？目前揭示主动行为发生的内
在机制的研究中影响最广泛的是帕克（Parker）和其同事提出的主动动机
模型（proactive motivation model）（Parker et al.，2010）（见表2-9）。
该模型指出个人主动行为的产生是一个认知和激励的过程。在此基础上，
主动动机模型对个体主动行为的心理前因做了系统归类，指出影响员工个
体主动性有三种动机状态，即应该做，能够做，想要做。

首先，"能够做"动机是个体对能够改变或适应环境的信念，主要源
于个体的自我效能感，即个体相信自己在某一特定领域能取得成功。这是
制定主动性行为目标的重要前因，因为个体的主动性行为需要承担相当高
的潜在心理风险。例如，当员工主动提出改进工作流程以应对需求变化时，
容易遭到他人的怀疑和抵制，而较强的自我效能感则会增强个体克服障碍
的意志（Bandura，1977）。其次，相对于"能够做"动机，"应该做"动
机则解释个体为何会选择主动改变及适应环境。人们可能会具有改进工作
的能力，但并不一定有令人信服的理由这样做。因此个体需要施行主动性
行为的价值目标。当环境中具有较强的规则指导时，个体就很有可能去主
动达成组织期望的目标。但当情境模糊时，没有严格规定的目标，实现目
标的方法不确定，实现目标与奖励没有明确的联系，个体的主动行为则需
要强大的内力驱动。需要注意的是，时间解释水平理论（temporal construal
theory）认为，当涉及长期目标时，目标的可取性（为什么行动）比可行
性（如何行动）对个体行为更具决定性（Liberman and Trope，1998）。因
为个体行为的"为什么"方面更稳定、更能抵抗变化，从而比"如何做"
方面更抽象、与高层次的意义更相关。由此可知，当面临主动性行为抉择时，
"应该做"动机比"能够做"动机状态更重要，特别是对于长期目标。
最后，"想要做"动机则是一种激发个体积极改变环境的情感状态。相比"冷"
的"能够做""应该做"动机依靠认知、推理判断影响个体主动性行为，

"热"的"想要做"动机主要依靠情感发挥更为直接的作用。以往学者发现积极的情感会拓展认知边界、创造性解决问题、灵活地权衡利弊、设定更具挑战性的主动性行为目标并实现目标（Parker et al., 2010）。总而言之，这三种动机状态受不同的个体和情境预测因素的影响，共同促进个体改变环境的努力。

表2-9　主动动机模型

动机状态	动机路径	动机解释	代表性变量
冷	应该做（reason to do）	个体对是否值得参与主动行为的感知	内在动机
	能够做（can do）	个体对是否有参与主动行为的能力的感知	自我效能
热	想要做（energized to do）	个人是否有激发自我参与主动行为的情感经历	积极情感

资料来源：本书根据相关文献整理。

自帕克（Parker）的主动模型提出后，一些学者先后采用此理论框架来解释组织中的复杂问题。例如，洪樱等（Hong et al., 2016）整合主动性氛围文献和主动动机理论框架，建立一个综合的、多层次的模型，探讨情境因素如何塑造员工的积极动机状态，并通过这些积极动机状态影响员工后续的主动行为。作者发现，增强主动性的人力资源管理系统（initiative-enhancing human resource management systems）和授权型领导（empowering leadership）会相互作用塑造主动性氛围。紧接着，主动性氛围会激发员工"应该做"（内在动机）、"能够做"（角色宽度自我效能）、"想要做"（积极情感）三种积极的动机状态，进而影响员工后续的主动行为。

同理，SRHRM作为一种宣扬关爱、帮助精神，践行责任理念的组织政策，不同于传统以营利为目的的组织实践。相比以往的工作模式，许多规则和惯例需要调整，工作内容发生改变，它需要组织内的员工积极主动地调整其价值理念、思维模式，从根本上改变对组织、对工作、对自身的认知，适应新的结构、角色、要求和职责。这些变化会对员工工作形成挑战，需要员工积极主动更新自己的知识、技能、角色认知来不断适应组织的变化发展。因此，基于以上的主动行为文献和主动动机模型，本书提出了 SRHRM 的主动动机模型，分别从"应该做""能够做""想要做"三个方面论述了企业的 SRHRM 如何通过影响员工心理机制促进其积极主动的行为反应，进而提升其对社会的绩效和对组织的绩效。

具体来说，首先，SRHRM 通过塑造员工的关心他人，帮助他人的身份，即亲社会身份来树立员工"应该做"的动机。其次，SRHRM 通过一系列价值宣传和技能培训，提升员工的效能感，激发其主动思考在工作岗位上践行责任理念，采用新方法，提高效率，降低能耗。最后，SRHRM 通过激发员工的同理心，进一步影响员工践行责任理念的努力。在下文中，本书将基于动机模型，从以上三个方面深入探讨 SRHRM 对员工行为结果的影响，全模型框架见图 2-7。

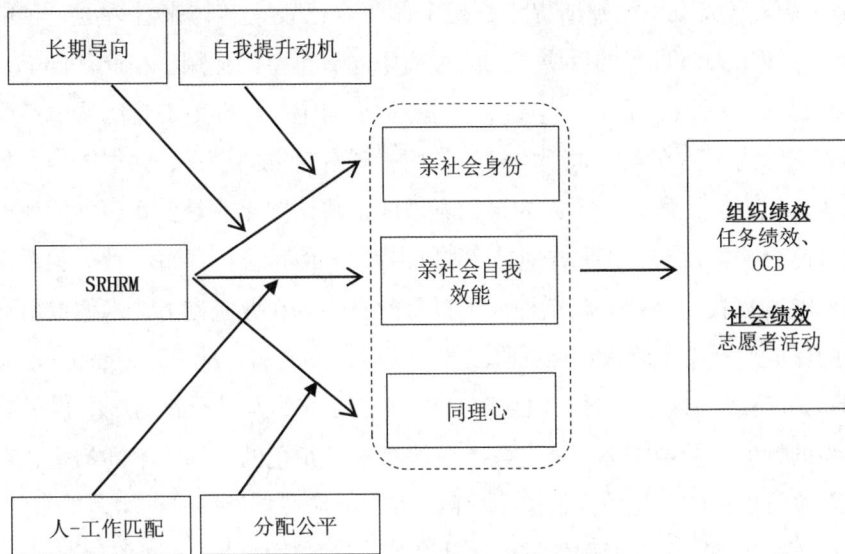

图 2-7　全模型研究图

第五节　理论基础

一、身份理论

（一）身份和自我

身份（identity）通常又被译成同一性、统一性或认同，是心理学、社会学和管理学研究的核心概念之一，是人们对"我是谁"以及"我想成为谁"等问题的回答（Schwartz，2001），体现了个体对自我深层本质的探索。

与身份息息相关的另一构念是"自我（self）"。"自我"最先由美国心理学家威廉·詹姆斯提出，是个体将自己视为客体来看待的一种能力，在塑造人对世界的反应方式的过程中起着重要的作用。在此基础上，库利进一步指出自我是一个过程，并且是在同他人的交往或互动中产生的。正因为个体在互动过程中相互作用，理解对方的姿态，并根据他人的看法认识自己，所以一个人的自我意识或自我认同无非是他意识到的他人对自己看法的反映，即每个他人都是自我的一面镜子，而每种社会关系也都反映着自我。这种反映则构成了自我的身份。在此基础上，米德提出自我的形成包括三个阶段：玩耍阶段、游戏阶段和"概化他人"（generalized others）阶段，这个"概化他人"是能够"给予个人以自我的统一性的有组织的社区或社会群体"。这三个阶段都涉及角色的扮演，不同的是，在玩耍阶段扮演的仅是他人的单一角色，在游戏阶段能够同时扮演多重角色，而在"概化他人"阶段则能够扮演社会上经过"概化的"不同角色类型。

（二）身份的特征

身份认同具有以下特征：①身份认同是由主观认同和客观认同组成的，它包括人们在主观上意识到的认同，和体现并显示人的社会认同的某些客观的特征、标识码和符号（如身份证、护照等）。②身份认同是一个复杂的心理结构，在表层上是人们显而易见的行为模式，在中层上是个体对与同类群体的共同性的认知和对自我身份的觉察，在深层上是有关身份所带来的情感体验。③身份认同是对自己所归属群体的共同性和与其他群体的差异性的认知。④身份认同具有社会属性。身份认同是社会的产物，一方面社会赋予个体身份的意义，另一方面身份认同需在社会中逐渐建构、完善。⑤身份认同具有交融性。同一时期，个体可以在不同场合产生不同的身份认同。

（三）身份相关理论

有关身份理论的研究历史源远流长。围绕身份这一核心构念，在心理学、社会学和社会心理学中形成了三种取向：源于个体心理学的自我认同理论；源于社会学的角色认同理论；源于社会心理学的社会认同理论（周晓虹，2008）。尽管这三种理论学科取向和理论重点不同，对身份概念的使用也不尽一致，但它们在某些方面是一致或相似的，即这三种理论的本质都是在回答个体是如何定义自我的。

1. 自我认同理论

埃里克森是自我认同理论的创始人，也是将认同理论引入心理学研究领域的关键性人物（张淑华 等，2012）。他认为人的一生有八个主要阶段，每个阶段都有着不同的发展任务。而自我认同的形成是青春期的核心任务。在心理社会延缓期，青少年面临着自我定义具体化的任务，也就是个体对过去连续性的主观感知。依照埃里克森所说，自我认同作为人格的本质，包含对意识形态、角色和价值观的承诺。如果在孩提时代没有充分考虑自我的定义，那么，或者会导致不成熟的承诺，或者会导致自我同一性的弥散，结果都是没有能力认识"我是谁"。

奥尔波特认为自我状态是逐步发展的，其发展过程是从生理的自我到社会的自我，再到心理的自我（张淑华 等，2012）。因此，自我意识最原始的状态是生理自我，此时自我关注的是对自己身躯的认识，包括占有感、支配感和爱护感。从三岁到青春期前是社会自我的阶段，该阶段的游戏和学习是建立自我意识的手段，个体会表现出符合社会要求的行为，成为符合社会要求的社会自我。从青春期到成年是心理的自我的发展阶段，这时的自我意识趋向于成熟。

2. 角色身份理论（身份理论）

角色（role）又称"脚本"，原意指戏剧舞台的人物。20 世纪 20 年代，由美国的社会心理学家米德首先引入社会心理学理论中，称为社会角色。社会角色是人们根据社会地位所采取的与社会期望相吻合的行为模式，它具有三种内涵：一是指一系列社会行为模式即每一种社会地位规定着相关社会行为；二是指角色行为可以反映个体社会关系中占据的社会位置；三是指与社会期望相吻合，根据社会行为要求做出个体行为。

角色认同理论作为一个中观层的社会学理论，解释了个体与微观社会环境的互动，以及在此过程中身份的构建。以斯特瑞克和伯克（Stryker and Bukke，2000）为代表的学者重点探讨了角色身份的概念。斯特瑞克认为身份是自我的一部分，是个体在不同的社会环境中与其所处的社会地位相关联的自我标定的内在化，它与社会结构中的地位及在其中所扮演的角色紧密相连，因而也是连接个体和社会结构的关键纽带。即角色认同理论是个体对在社会中所承担的身份角色的认同，即个体对社会关系中个人身份角色的认知、情感体验，并根据自身对社会期望的理解做出相应的角色行为。个体在社会生活中承担的角色不同决定了人们身份不同。个体在社会生活中所具有的每一种角色位置，决定其迥然不同的自我成分，即所谓角色认同。例如，一个人的角色认同就可能包括了他是一位父亲、一位丈夫、一位儿子、一位教授，以及一位自由主义者等多种事实。换言之，角色认同的多维性，取决于人们在社会生活中扮演的角色本身就是一个角色丛。个体在社会中扮演着多种角色，个体会对每一种角色身份按照重要性等级进行排列，选择在不同的场合做出与角色相适应的行为。斯特瑞克还将承诺引入角色认同中，认为个体对某一角色越认同，就会对这一角色产生承诺，进而促进符合角色标定的角色行为的产生（Stryker and

Bukke，2000）。

伯克认为个体通过与社会他人的互动来获取角色身份的意义，即个体的角色认同是在与社会他人沟通交流、并向他人反馈社会期待行为中形成的（Burke，1991）。自我归类和社会对比是角色认同的基本要素，人们通过把自己归类到一个群体内形成对一个角色的认同，而且他们会主动将自己与群体外的集体进行区分。此后，伯克提出了认同控制理论，在社会情景中一个角色认同形成，则一个反馈环形成，这个反馈环由四个环节形成：认同标准（自我意义）、输入、比较、输出（角色行为）（Burke，1991）。

3. 社会认同理论

社会认同理论创始人泰弗尔和特纳（Tajfel and Turner，1979）认为，一个人的社会群体成员身份和群体类别是一个人自我概念的重要组成部分，并主张人们努力地获得和维持积极的社会认同，从而提升自尊。这种积极的认同很大程度上来自内群体和相关外群体的比较。该理论还指出社会认同由三个过程组成，它包括社会类化、社会比较和积极区分。社会类化（categorization）是指将对象、事件和人进行归类，找出内群体和外群体的区别；社会比较（comparison）是指将自己所在群体和其他群体在社会地位方面进行比较；积极区分（positive distinctiveness）是指在比较的基础上找到自己群体的优势，然后与其他群体积极地进行区分，进而提升自尊水平。

由上可知，自我认同理论是个体基于自身的特质来定义自己，例如我是一个活泼的人，我是一个独立自信的女孩。角色认同理论则指个体基于自身承担的社会角色来定义自己，如我是一名老师，我是母亲的女儿，我是一个博士。社会认同理论则是个体依据自身所属群体或者组织来定义自己，例如，我是华为人，我是阿里人。比较可知，尽管三种理论视角的身份来源不同，但其核心都是自我归类、自我界定，都是在回答"我是谁"的问题。因此，一个个体有多少自我归类就有多少身份，所有身份集合构成了对自我的总体性认知，即"自我概念"。

（四）身份构建模型

身份是个体的自我定义，回答"我是谁"或"我们是谁"。身份建构则是个体定义自己的过程，即身份建构是个体在多大程度上将某个身份内化到其自身定义中。组织作为现代人生活的主要场所，会通过组织政策、措施传递组织的规范、态度、价值来形塑个体的身份。身份可以解释组织情境下的许多现象，如个体动机、自尊、企业家精神、团队合作。但是个体并非被动地被形塑，与此同时，个体也会积极主动地建立、维持或重构新的身份以适应组织不断变化的情境。基于此，阿什福斯等（Ashforth et al.，2008）提出了一个拟合个体在组织中身份建构的模型，包含身份动机、身份构建过程、结果三部分。

1. 身份动机

不管有意识还是无意识，个体身份建构过程受到身份动机驱动，即趋向某种区别于其他人的身份状态。阿什福斯等（Ashforth et al.，2008）将身份动机区分为中心动机和边缘动机。其中，中心动机包含归属感、认同需要、自我提升、自我认识、自我一致性、自我验证和自我呈现等，边缘动机包含意义感、自我效能和控制。

2. 身份建构过程

阿什福斯等（Ashforth et al.，2008）区分了身份建构的五个阶段：意义破坏、意义给予、意义建构、制定身份和身份叙述，见图2-8。

（1）意义破坏（sensebreaking），是指意义的破坏或分解，是个体的自我身份受到外界的挑战时所产生的一种不一致、原有身份瓦解的状态。自我身份发生动摇可能源于颠覆性经历、重大任务失败、社会排斥，或者是自我和组织之间的价值和信念差异，如个体新进入组织或组织政策发生重大变化时。一般来说，当个体的价值、信念、期望被认为会损害组织集体利益时，组织就使用意义破坏来剥离成员原有身份认知，以建立成员之间的统一凝聚力。

（2）意义给予（sensegiving），主要指组织引导个体以组织偏好的方式重新解读环境、定义自己。一般表现为组织为协调个体自我身份与组织身份不一致时，利用沟通等策略引导个体形成新身份的过程。通过意义给予，组织引导个体建立起与集体价值、目标相一致的员工自我认知。

（3）意义建构（sensemaking），描述个体如何解读环境线索以了解他们的环境并定位自己是谁的过程。总体上来说，组织通过意义破坏、意义给予引发个体去质疑周围环境中发生的事情，并促使他们去寻找与身份相关的信息，为员工身份的"破旧立新"奠定了基础。接着个体通过意义建构来完成身份建构过程，形成新的身份。

（4）制定身份（enacting identity）指个体如何调整感觉、行为和思考如何促进身份的构建。个体可以通过感觉（如，我喜欢并重视这种身份）、行为（如，我"实践"这种身份）和思考（如，我"是"这个身份）来构建他们的身份。也就是说，情感、行为和认知是个体自我定义的推动者。

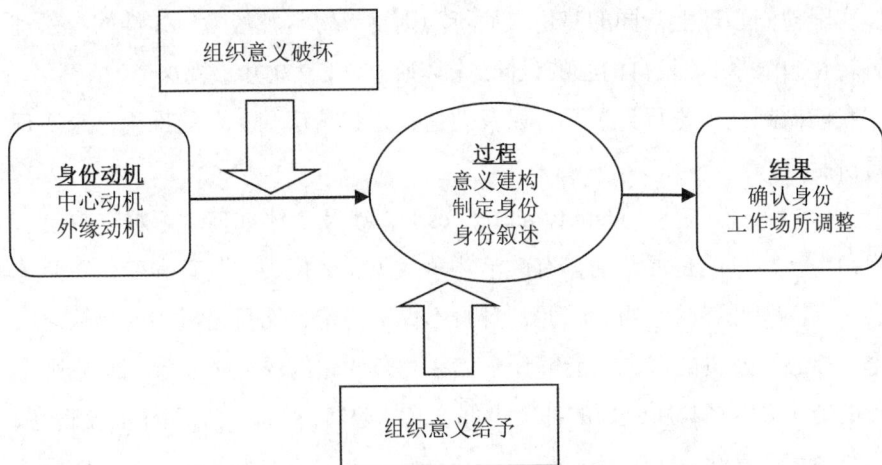

图 2-8　身份构建模型（Ashforth et al.，2008）

资料来源：本书根据相关文献整理

情感是衡量一个身份是否真正产生共鸣的标准。具体来说，对某种身份的积极情绪意味着一个人"跟随自己的心"，并将这种身份内化为自我的部分（Ashforth and Schinoff，2016）。此外，大多数身份认同都与某种特定的情感轮廓有关，也就是说，在实施身份认同时，人们期望以某种频率和强度体验到的一系列情绪。人们期望运动员经历激烈的竞争，期望护士让病人感到温暖和同情，期望销售人员为达成交易的想法而激动。因此，实际体验预期的情绪肯定了个体与身份的匹配，从而鼓励身份的内化。行为是另一种自我定义的途径。根据自我知觉理论（Bem，1972），个体经常通过观察自己在做什么来对自己做出推论——就像任何观察者一样。因此，个体越能表现出与身份相关的原型行为，他们就越有可能将该身份内化为自我的内在定义。认知是身份构建的必要条件。正如许多理论指出身份是一种精神状态。例如，"我想我在，故我在"。特别是，除非一个人发自内心地认为自己是一个集体的成员，否则这种身份就不能扎根并真正地坚持下去。

总之，虽然情感、行为和认知都可以作为身份构建的推动者，但这三者经常是紧密地交织在一起。在情感和认知方面，自我表达的动机鼓励个体实践他们心理上认同的身份。而行为则可以将一种淡薄、知性的身份理解转化为浓厚的、发自内心的认同。个体通过"我喜欢并重视这个（情感）"，"我能做到这个（行为）"，以及"这就是我（认知）"的推论，来实现身份制定。

（5）身份叙述（identity narratives），涉及个体如何"解释"自己。组织生活也可能是混乱的，有政治斗争、矛盾、模糊、复杂和变化。个体会有高潮和低谷的经历。因此，身份不仅不稳定，而且是流动的，缺乏一个"核心"连贯的叙事，能够让个体在复杂变化的环境中安定。叙述则是帮助个体去解释其所经历的冲突事件、混乱遭遇，维持前后相序的合理性、一致性和连贯性。

3. 身份建构的结果

当个体成功建构起一种身份，就能基于其所在环境明确"我是谁"。由于身份是个体工作经历的基础，在个人如何理解环境、与环境互动中处于中心地位，对理解个体的动机、行为逻辑、稳定性和变革、领导力、群体和群体间关系、组织协作、承诺和忠诚等许多问题大有裨益。身份是复杂的、多维的，并且是多变的。尽管身份并不总是能被观察到或被完全了解，但它们的力量是可以感觉到的，它们的重要性无可辩驳。

二、自我效能理论

（一）自我效能理论的提出

1. 自我效能理论和社会认知理论的关系

自我效能感是由美国心理学家班杜拉（Bandura，1986）在其社会认知理论中提出的核心概念。1986 年，班杜拉将自我效能感描述为人们对影响自己生活的事件的控制能力的信念。1997 年，班杜拉的著作《自我效能感：控制的实施》一书中，又重新将自我效能感定义为人们对其组织和实施达成特定成就目标所需行为过程的能力信念。

社会认知理论认为人具有自我反思和自我调节的能力，受环境的影响，突出人的主体性因素（认知、情感、动机）对行为的影响。自我效能理论主要关注主体性因素中的认知因素，认为个体的行为和心理改变都需通过个体的自我控制感和自我调节来实现。由此可知，自我效能理论是班杜拉在宏观的社会认知理论基础上建立和发展起来的理论体系，是社会认知理论的延续和拓展。

2. 自我效能定义及其与相关概念的区分

自我效能感是个体对自我能力的认知，以自我作为参照对象的思维方式。自我效能不是指一个人所拥有的实际技能和能力，而是指个体对自己完成某种任务或达到目标的能力的一种信心，是个体对自我能力的感知、知觉和把握。因此，当人们处于不确定的环境中，不仅需要完成任务的能力，还需要运用这些能力的自我效能信念。在自我调节系统中，自我效能可以经由对心境、认知、情绪与动机的影响而改变人们的内心想法与确定正确的行为。

自我效能、自我与自尊等概念，都具有自我评价的特征，描述自我的现象，对自身进行反思和评价，但仍存在一定的区别。自我概念是指个体对自身的心理、生理和社会功能的判断或主观的评价。自我概念是通过对自身经历的有关事件的解释来影响个体的行为，无法预测个体在特定情境中如何操纵的能力，而自我效能感是情境化的，在不同的任务、目标或情境中，个体的自我效能感是不一样的，能够预测特定的行为发生。自尊是以自身作为参照对象，对自我价值的判断，与个人的价值标准相关。自尊是个体对自身价值品质的综合评价，而自我效能是对具备完成某项任务的能力的评价，具有领域特殊性。

3. 一般自我效能和特殊自我效能

自我效能一经提出，就引起了广泛的关注，许多学者将其引入自己的研究领域中，探讨自我效能对研究结果的影响及带来的效果。也就是因为自我效能的广泛应用，张建新和施瓦泽（Zhang and Schwarzer，1995）进一步将自我效能按照一般性和特殊性划分为一般自我效能和特殊自我效能。

一般自我效能具有较强的稳定性和总括性，是人们在完成某一任务时表现出来的整体自信程度。张建新和施瓦泽（Zhang and Schwarzer，1995）认为一般自我效能是可测量的，不以任何活动为转移的。特殊自我效能是指个体在特定领域的自我效能，例如职业自我效能、学生自我效能、管理者自我效能、教师自我效能等。Bandura（1989）认为虽然自我效能属于人的心理意识，但由于环境的不同，人们各自的自我效能强弱也不同。

4. 自我效能的影响因素

班杜拉的理论指出自我效能感的产生有四方面重要影响因素。

（1）过去的成败经历

以往的成败经验对自我效能感的影响非常大。研究表明，当个体完成一些充满挑战性的任务，会形成强烈的积极效能感。这样，即使在以后的工作中遇到挫折和困难，个体仍然会保持较高的自我效能感，对完成任务有较强的信心，并会一步步克服困难，不会轻易放弃。虽然过去的经历对自我效能感的影响非常大，但这并不是说成功或者失败的经历直接改变了个体的效能感，而是员工在对之前经历进行认知加工的基础上产生了效能感的变化。

（2）模仿或替代学习

个人的精力和经历都是有限的，除了自我实践以外，很大一部分是对周围的观察学习得来的。在工作中，当员工发现上级领导所具有的某些特征自身也有的时候，自我效能感会增强，认为自己未来也会成为领导；如果发现那些和自己有共同之处的人遭遇各种坎坷不顺以及重大失败时，自我效能感就会下降。所以，对于进入一个不太熟悉环境的员工来说，他们缺乏相关的经验，这个时候，榜样就起到了非常好的指引作用，学习周围优秀的同事尤其是上级领导则不失为一种方法。

（3）言语劝说

本质上来说，通过言语劝说并不能改变个体本身的能力，但是通过对个体的评价，可以让个体产生一种对自身所拥有技能和能力的自信。例如，当员工被同事劝说他有完成这次任务的能力，在一定程度上，员工受到很大的鼓舞，会有更多的自信，同时也会更费心地来做这件事情。尤其是当人们在完成某项任务的过程中遇到挫折对自身产生动摇时，同事和领导的劝说作用就显现出来。

（4）心理和生理状态

班杜拉认为人们会把那些生理和心理上的紧张焦虑当作自身系统紊乱的消极信息进行处理，这种状态对行为表征有消极影响。相关研究表明，经常处在紧张情绪下的人常常对自我的判断偏低。当个体进入一个新的陌生环境时，很容易产生焦虑的情绪，会降低自我效能感。

5.自我效能的影响过程

自我效能感是通过选择、思维、动机和身心反应等中介过程来实现其主体作用机制的。

（1）选择过程

一般情况下，自我效能感发挥主体作用的方式有两种，分别是对环境的选择和对活动的选择。通常，个体选择的环境是他们熟悉的并且在发生突发事件时能够从容应对的环境，而不是他们比较陌生的环境。当然了，当个体面临复杂的问题并且可以用不同的方法解决时，个体就可以用自己所掌握的知识、技能和自我效能感来选择解决问题的方法。有可能个体会因为一次选择而发现或错过自己最具潜能的方面，从而影响个体的人生发展轨道。就像班杜拉所说的，"任何影响到选择行为的因素，都会对个体的发展产生深远的定向作用"。

（2）思维过程

个体活动之所以能够产生自我促进或阻碍的作用，是因为自我效能通过思维过程进行了加工。而这种促进作用会随着自我效能感的变化而变化。人类行为自我调节的主要机制是目标设定。同时，个体在想象中对活动进行实现也是自我效能感通过思维过程对行为产生影响的表现。即，自我效能在通过思维过程实现其主体作用机制的过程中，往往都通过影响个体的动机水平来影响活动的成就。如个体目标的设定、归因活动都受动机水平的影响。

（3）身心反应过程

在班杜拉等人看来，个体的身心反应过程，比如焦虑反应、应激状态和抑郁程度都是由自我效能感决定的。并且这些身心反应又会通过思维过程影响个体的行为及其功能的发挥。自我效能感强的人面对恶劣的环境不会产生焦虑和紧张的情绪，是因为他们自信地认为自己能够成功地应对环境中出现的各种不利因素。而自我效能感较弱的人，面对不利的环境因素就会产生焦虑的情绪，这时他们就会被动地采取行动来应对环境。而事实上，个体的自我效能感以及在此基础上实现的应对过程的性质和环境本身的性质决定了环境对个体是否具有威胁性。

（二）自我效能理论在组织管理领域的运用

自我效能感相关的理论和实证研究十分丰富，涉及心理学、教育学、组织行为学等各个领域，其中可以看到自我效能感与个体的心理状态、行为能力有着密切的联系。基于班杜拉的三元交互理论和自我效能理论，学界对自我效能感的研究也是从"个体—环境—行为能力"这三个维度展开。

早期的自我效能多用于对临床治疗的研究，随后多位学者将其引入管理学领域，去研究员工自我效能对企业绩效的影响，也有学者将其引入教育行业，研究对教师发展的影响。

三、情感事件理论

（一）组织管理中的情感研究

情感（affection）是一种复杂的个体体验，包括了情绪（emotion）和心境（mood）（Weiss and Cropanzano，1996）。情绪是客观情境下，由特定事件引发的较强烈、具有短暂性的个体体验及所产生的行为，通常具有明显的原因变量和认知成分，是情境与个体主观反应之间的关系；心境则是一种相对分散、较持久、低强度、较普遍的情绪状态，缺乏对行为的激发功能，未发现显著的前因变量，是一种特质性的情感。情绪和心境可互相转化。情感状态包含两个维度：效价（valence），指积极或消极状态；激活水平（activation），指兴奋或压抑（段锦云 等，2011）。

情感作为人类重要的心理与生理现象，对个体的身心健康、工作中的态度行为和生活质量都产生至关重要的影响。组织作为员工工作和生活的重要场所，组织中的情感也是影响员工工作心理和行为的重要因素。事实上，工作场所中的许多情境变量，例如组织政策和实践、领导风格、团队氛围等对员工结果的影响都须通过情感的作用，进而影响到员工的态度和行为。

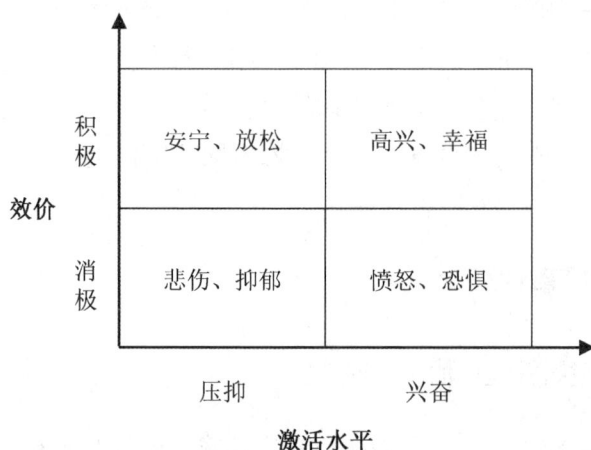

图 2-9　情感状态二维度

资料来源：本书根据相关文献整理

尽管人类的情感与生俱来，但其进入组织管理研究者的视野却经历了漫长的过程。学界关于情感的研究始于二战后期。由于泰勒的"科学管理"倡导标准化，情感作为一种非严肃科学被排斥在心理学和组织行为学之外。美国社会学家霍克希尔德（Hochschild，1983）在其著作《心灵的整饰：人类情感的商业化》中，对航空公司空服人员（主要是空姐）和男性讨债人员的情绪进行了比较研究。她发现，女性空乘服务员经过训练，能够巧妙运用微笑表情和同理心，而男性讨债人员则能表现出令人害怕恐惧的胁迫姿态和愤怒情绪来完成任务，并提出情绪劳动（emotion labor）。情绪被正式引入组织行为领域。

真正让情感研究进入主流组织管理领域的是维斯和潘泽诺（Weiss and Cropanzano，1996）。维斯和潘泽诺认为员工对工作场所中离散的"情感事件"的反应即"情绪反应会影响其后的工作态度和行为结果"，并在此基础上提出了经典的情感事件理论（affective events theory，AET）。在随后的十年中，学者们对工作场所中的情感和情绪研究产生了浓厚的兴趣。与情感相关的研究议题如情绪劳动、情绪表达、情绪智力等相继提出。例如，巴史克和费雪（Basch and Fisher，1998）通过对员工在工作场所中常体验到的情绪类型进行梳理，特别是那些与工作环境联系紧密的具体情绪，发现积极情绪发生频率下降而消极情绪频率却在上升。近年来随着积极心理学的提出，人们对员工在工作场所中的心理健康及工作生活质量日益重视，越来越多的学者开始关注组织情境下的员工情感问题（段锦云 等，2011；陈云和杜鹏程，2020；聂琦和张捷，2019）。学者发现工作场所中个体情感与多种心理和行为有千丝万缕的联系，如员工绩效、创造力、员工离职、亲社会行为、冲突处理以及团队合作等。

（二）情感事件理论的主要内容

情感事件理论指出，稳定的工作环境特征中发生的事件和情况属于情感事件，这种情感事件会直接引发员工的情绪反应，进一步影响员工的工作态度和行为，其影响路径是：工作场所情感事件——情感反应——态度行为结果，如图2-10。

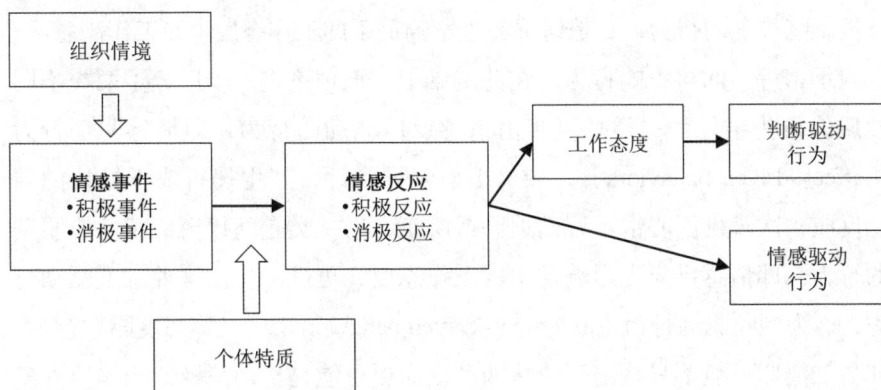

图 2-10　情感事件理论作用过程

资料来源：本书根据相关文献整理

1. 情感事件

情感事件理论首先区分了情绪和心境，并指出具体的情绪反应往往比心境对行为的预测更加准确，心境一般来源并不具体，但情绪则与工作中某个具体事件相关。此外，该理论将情感事件定义为对激发短暂的或持续的与工作相连的事情、目标和事件进行评价并做出相应的情绪反应的事件。在此基础上，情感事件理论中把个体日常工作中经历的情感事件划分为两类：一类是负面事件，也可称为消极情感事件，如被领导批评、被同事排斥和不公平待遇。另一类是令人振奋的事情，称为积极情感事件，如工作得到领导认可和奖励。

2. 情感反应

情感事件理论认为，工作中的积极或消极事件发生后，个体会对工作事件进行初级评价和次级评价。在初级评价中，员工只关注事件与自己的目标、价值是否相一致或者冲突，事件对员工自我的利害。在次级评价中，员工对事件进行更多更缜密的分析并在此过程中产生情绪反应，例如员工评估自我是否有足够的资源来处理这一事件。

3. 态度行为结果

情感事件理论区分了情感反应对态度行为影响的两条路径：一是情感直接影响员工的行为；二是情感通过影响员工的工作态度（如工作满意度、组织承诺等）间接影响行为。在此基础上，该理论进一步区分了两类不同性质的行为结果：一类是直接由情感反应驱动的行为，即情感驱动行为（affect-driven behaviors），如员工被领导批评，产生挫折或不愉快的情感反应，次日仅因心情不好而迟到或旷工；另一类是间接由情感反应驱动的行为，即情感反应先影响员工的工作态度，再进一步由这种态度驱动行为，称为判断驱动行为（judgment-driven behaviors），又称态度驱动行为，如员工离职一般不只是出于情绪冲动，而更可能是长期消极情感体验的累积而导致工作满意度、组织承诺等工作态度的变化，深思熟虑之后对工作形成总体的评价判断，最后做出决策。

（三）情感事件理论在组织管理领域中的运用

情感事件理论是研究组织情境中个体情感、态度和行为的整合框架，对工作场所中员工行为具有较高的解释力。因此，自情感事件理论提出后，许多学者对其进行了理论探讨和实证检验。

学者发现压力是影响个体情感的重要情境变量。其中，压力进一步可分为挑战性压力和阻断性压力（于坤和刘晓燕，2021）。挑战性压力能让员工产生专注的情感反应，而阻断性压力则会引发员工气愤的情感反应。此外，工作的自主性、上级支持感、参与决策、发言权等工作环境特征也是学者讨论的重要影响因素。例如，高绩效工作系统会激发员工的组织情感承诺进而影响其后的组织公民行为（赵红建 等，2019）。有学者发现，组织环境中的相对剥夺感会通过情绪耗竭的部分中介作用，正向影响个体的网络怠工行为（何伟怡和陈璐璐，2022）。另外，领导行为与风格也是影响员工情感反应的重要影响因素。例如，责任型领导可以激发团队与自然相连性这一团队积极情感体验，进而影响员工的团队绿色行为（黄亮和徐辉，2021）。

第六节　本章小结

本节对以往研究进行了系统的回顾与总结，主要包括企业社会责任概念内涵，企业社会责任在 HRM、OB 领域的研究，SRHRM 提出背景及定义内涵，主动动机模型四个方面的内容。有关企业社会责任相关研究的回顾较为清晰地揭示了其对员工的作用效果。在此基础上，SRHRM 的提出对推动企业社会责任由理论走向实践具有创新性、时代性、前瞻性的意义。然而融入了社会责任元素的人力资源管理政策对员工影响则更为复杂，它不再只是一种关爱他人、关心社会的价值，更是一种践行责任价值的政策实践，不仅涉及组织、整个社会的利益，也涉及员工自身利益。所以在探索 SRHRM 对组织内部员工影响时需要考虑个体更多复杂的心理过程，综合考虑个体和组织情境因素以及更广阔范围内的文化差异的影响。目前，推动 SRHRM 进一步发展仍然存在一些亟待解决的关键问题。

首先，缺乏对 SRHRM 影响范围更广泛深入的探索。总体来说，有关

SRHRM 对员工影响的实证研究比较缺乏。现有的研究中，主要考察其对员工绩效、承诺、角色外帮助行为的影响。而 SRHRM 本身存在的根基是组织员工有效开展企业社会责任，能否提升员工组织绩效的同时提升其社会绩效是 SRHRM 是否施行的关键。因此，未来的研究需要更多深入复杂的组织情境，深入探索 SRHRM 对员工组织绩效及社会绩效如志愿活动、慈善捐赠等的影响。

其次，缺乏对 SRHRM 对个体影响的内在机制的探索。尽管目前少量的研究结果发现 SRHRM 会通过塑造员工组织认同、提升组织承诺来激发员工积极结果，但解释机制较为单一，也缺乏对理论的拓展。未来的研究需要更具多样性、系统性的理论视角来解释和预测 SRHRM 的影响作用和内在机理。

最后，缺乏对文化差异性的考虑。近年来，企业社会责任受到中国企业界和理论界的高度重视，但由文献回顾可知，目前研究大多是西方情境的研究。这些现有的理论和实证结果能否拓展到东方文化情境是一个值得思考的问题。特别是当前，随着"一带一路"国际倡议的深入推进，中国企业面临着"走出去"、构建人类命运共同体的机遇和挑战。中国企业应该如何从传统文化中汲取价值，在"走出去"的过程中，树立正确的义利观，积极承担社会责任？中国企业如何针对本土情境开展社会责任的人力资源管理政策？又会产生怎样的影响效果？这都需要深入考量文化因素和组织情境。

第三章 基于身份理论的社会责任型
人力资源管理与员工绩效研究

第一节 问题的提出

面对当前日益紧迫的企业社会责任（CSR）问题，来自制度、公司治理、战略、财务、营销等领域的学者做了大量的研究。但以往的这些研究大多基于宏观层、组织层，企业社会责任更多的只是内外部压力驱动下协调企业与外部利益相关者利益关系的工具。如何真正将企业社会责任理念转化为企业具体的实践，如何发挥员工在企业社会责任实践中的积极作用还是一个黑箱。SRHRM是企业社会责任研究向微观OB、HRM领域拓展的尝试。作为一种有效开展企业社会责任的举措，SRHRM立足于企业内部，通过人力资源管理各项职能活动，向组织中的人植入企业社会责任思想，并能调动各种资源协助企业开展情境化的企业社会责任活动。

奥利茨基和史沃森（Orlitzky and Swanson，2006）首次提出运用人力资源管理的各项职能落实企业社会责任活动，如招聘考虑员工道德、人格特质、多样性，培训提升员工沟通和参与技能等，即将CSR融入各项人力资源职能活动，实现价值增值。此外，贾迈力等（Jamali et al.，2015）基于波特和克雷默（Porter and Kramer，2011）的价值共创模型提出了 CSR-HRM 价值共创模型。该模型企业要实现"共享价值"，需要将企业社会责任与人力资源管理衔接起来。人力资源管理知识和工具为企业社会责任提供技术支撑，而社会责任中所传递的关怀、担当元素也能被吸收到人力资源管理之中，通过相互助益最终形成企业的竞争力。基于这些理论研究，沈洁和朱久华（Shen and Zhu，2011）提出了 SRHRM 这一构念，并实证检验了 SRHRM 对组织承诺、任务绩效、角色外帮助行为的积极影响。

SRHRM 作为开展社会责任的政策实践，其存在依据关键在于能否在提升员工组织绩效的同时提升社会绩效，实现组织和社会的共赢。尽管以往研究一定程度上揭示了 SRHRM 对员工的积极影响效果，却忽视了其对员工社会绩效的考察。因此本章的第一个研究问题是选取志愿者活动为社会绩效的代理变量，同时探讨 SRHRM 对员工组织绩效和社会绩效的影响效果。

SRHRM 作为一种融入了社会责任元素的组织政策，对员工影响则更为复杂。它不再只是一种关爱他人、关心社会的价值，更是一种践行责任价值的政策实践，不仅涉及组织、整个社会利益，也涉及员工自身利益。所以在探索 SRHRM 对组织内部员工影响时需要考虑个体更多复杂的心理过程，综合考虑个体和组织情境因素。尽管目前少量的研究主要解释了 SRHRM 通过塑造组织认同、组织承诺带来积极影响，但解释机制较为单一，也缺乏对理论的拓展。因此本章的第二个问题是基于主动动机模型，从身份理论的视角，探讨 SRHRM 究竟在何时以及如何影响员工的不同绩效。

中国作为一个有着"天人合一""义利统一"传统的国家，企业社会责任所蕴含的和谐思想深深地根植于我国文化之中（任文举，2011）。但另一方面，中国正处于经济转型阶段，功利主义、物质主义甚嚣尘上，劳资冲突、产品质量问题、环境污染问题又层出不穷（肖红军 等，2014）。随着企业社会责任运动在全球范围内蓬勃发展，中国企业开展 SRHRM 政策会产生怎样不同于西方情境的效果？因此，在中国情境下 SRHRM 影响效果会出现何种特征是本章关注的第三个问题。企业社会责任体现了一种长期的、可持续的发展导向，与中国文化中的长期导向最为相关。员工长期导向越强，则对企业开展社会责任的政策实践越为敏感。因此，本章选择研究长期导向，研究中国文化对 SRHRM 影响效果的调节效应。此外，SRHRM 作为一种组织政策实践，其影响效果除了受到组织文化的影响，是否也受到个体差异影响？因此，本章的第四个研究问题是考察身份动机对 SRHRM 的影响效果是否具有边界效应。

综上所述，本章拟合主动动机模型中的第一条路径，也就是"应该做"路径，基于身份理论，实证检验了 SRHRM 通过影响员工的亲社会身份从而影响其后续的绩效结果，以及长期导向和自我提升动机的边界效应。本章研究的理论框架如图 3-1 所示。

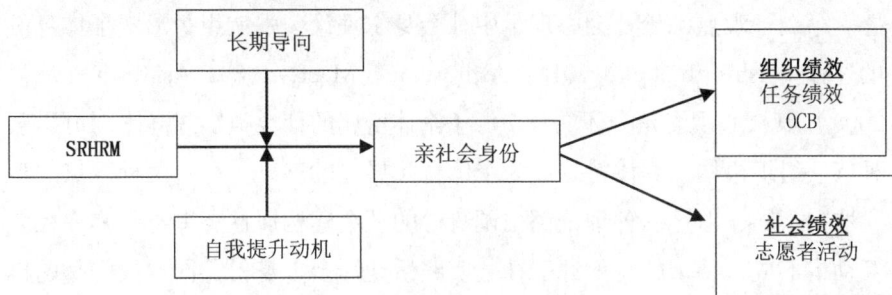

图 3-1　研究一模型图

第二节　研究假设

一、SRHRM 与亲社会身份

身份理论（identity theory）认为个体拥有多种身份，它们共同构成个体自我概念（Stryker and Burke，2000）。身份是个体的自我定义，回答"我是谁"或"我们是谁"的问题。根据形成基础不同，身份可分为社会身份和个人身份，社会身份来源于社会群体，如国家、组织、职业，而个人身份来源于个人属性，如能力、兴趣（Ashforth and Schinoff，2016；Ashforth et al.，2008）。这些身份共同构成个体的自我概念，帮助个体认识自己、了解自己，并指导行动。本书主要关注个体的社会身份，即组织情境中个体基于组织规范、价值而形成的身份。

身份具有动态性、复杂性，会随着情境变化而重构、建立（Ashforth et al.，2016；Dutton et al.，2010）。身份到底如何形成、变化呢？目前学界围绕身份的形成产生了两种主流观点。第一种观点源于社会学中的身份理论，关注个体主动建构身份的过程（Stryker et al.，2000）。其核心观点是身份源于人们在社会生活中扮演的各种角色，不同的社会角色形成不同的自我成分。例如，个体在社会交往中是一位父亲、一位教授、一位领导。这些社会角色决定个人身份，进而为个体发展提供意义感和自我界定感。第二种观点源于社会心理学中社会身份理论，强调组织形塑个体身份的过程（Ashforth et al.，2016；Ashforth and Mael，1989；Ashforth et al.，2008）。其核心观点是个体的身份源于个体所属的社会类别或群体，如民族、种族、组织机构，群体特点成为个体自我界定的基础。尽管两种观点的学科取向不同，但这两种理论都强调身份的社会建构属性，即身份是在社会互动中形成，特定的身份源于社会实践活动。多重身份共同构成完整的自我。其后的学者整合了这两种观点，认为个体身份是个体和组织在不断互动的过程中形成的，即身份建构（Alvesson and Willmott，2002）。

基于以上文献，本书认为，SRHMR 作为一种全新的、系统化的组织实践，它的推行需要员工重新解读组织情境，重新阐释其职业和工作意义。具体来说，作为一种宣扬关心他人、关心社会的组织政策，鼓励员工积极开展承担社会责任、推进社会进步的活动，会挑战员工对自身的看法，促使其形成亲社会身份。亲社会身份（prosocial identity）是自我概念中帮助他人、同情他人的部分（Grant，2007；Grant et al.，2008）。以往的研究指出，尽管个体可能持有亲社会身份，但这种身份的显著性取决于情境线索，即情境对亲社会身份的激活、强化具有重要作用（Grant，2007）。本书基于身份理论和身份建构模型，将在下文中详细阐述 SRHRM 如何塑造员工亲社会身份的过程。需要注意的是，本书中的亲社会身份是前文中所提到的社会身份，是组织成员共享的集体自我认知。

首先，SRHRM 通过意义破坏和意义给予，将关怀和责任的价值观传递到员工的自我意识中。不同于以往关注组织绩效的组织政策，SRHRM 不仅关注组织发展，更关注企业和社会共赢，不仅要求提升绩效，更表达了对人、社会的关怀。例如，组织在招聘和甄选环节会考虑求职者对企业社会责任活动的兴趣和能力，选择具有责任意识，乐于创新，愿意接受挑战以及具有较强的岗位适应力的个体。这可以使求职者了解到组织对企业社会责任的重视，从一开始就受到责任意识和文化的熏陶。此外，SRHRM 还提供系统的培训项目来培养员工与企业社会责任实践相关的知识技能。这些新的关注点会打破员工对组织、对自身的认知，引导其对组织环境重新解读，并寻求与自我身份相关的信息。除了内在价值引导，SRHRM 还通过外部激励手段，如将晋升、薪酬、考核等与员工在企业社会责任中的行为表现挂钩，进一步强化社会责任的重要地位。这将向员工清晰地传达企业社会责任对组织和其自身的意义，以及组织对他们在企业社会责任活动中的表现期望。一方面，这些政策将会挑战员工对传统组织性质、目标的认知。例如他们的工作到底是什么？他们的工作对社会有何价值和意义？他们在工作、组织以及更广大的社会中扮演何种角色？这些疑问会激励他们去重新解读组织环境信息并重新定位自己。另一方面，明确的责任价值导向会引导他们相信，他们的工作并不仅仅为了物质回报，也会对世界贡献价值、产生积极影响。在这种为社会、为他人贡献价值的工作中，他们开始以更具善意和关爱的方式解读自己。

其次，通过意义破坏、意义给予，组织为员工创造了一个整合认知、建构自己的环境。以往的学者早已证实意义建构和身份建构间的密切联系。需要注意的是，建构起一个新的身份是一个社会过程。一方面，身份构建是个体与环境不断互动的过程。例如，在 SRHRM 情境下，个体通过吸收、整合组织价值而产生新的关心、同情的身份，这种新身份反过来也会塑造个体感知环境的方式，使其更加正面、积极、包容地解读组织政策。

正是在与组织环境的不断互动中，员工最终建立了稳定的自我认知。另一方面，身份建构的过程也涉及员工之间的社会观察和互动（Weick et al.，2005），即员工对组织环境的期望需求解读也会受到其同事影响。通过不断地观察、模仿他人行为，员工逐渐建立起关于自身的显性或隐性的稳定认知。

总之，通过意义破坏、意义给予，组织打破员工以往的自我认知，并向其提供新的价值引导。接着，员工在与组织环境、与他人互动过程中，逐步建立起新身份，即同情、关心他人的亲社会身份。基于此，本书提出假设3-1：

H3-1：SRHRM正向促进员工的亲社会身份。

二、亲社会身份与员工的组织绩效

身份是个体对自我的认知评价。自我验证理论指出，个体的自我认知对生存至关重要，因为它们帮助人们预测和控制社会现实的本质（Cable and Kay，2012；Leary，2007）。即个体的这种自我认知是其感知世界和组织行为的"透视镜"，是个体定义其自身存在、解读组织经验、预测未来事件、指导社会交往的内在指导。因此，个体会不断地通过行为去验证、确认、保持其自我认知，以保持其内在自我认知系统的连贯性、稳定性、一致性。根据Leary（2007）的理论阐述，自我验证的过程至少会从以下三个方面影响个体行为。第一，自我验证动机会引导个体与那些能确认、强化其自我认知的对象互动。第二，个体倾向于从事能给予其自我认知反馈的活动，即个体会主动获取与自我认知相一致的反馈。第三，个体会去寻找并记住帮助确认其自我认知的信息。总之，身份与行为的一致性使个体产生能力和自我价值感，而身份行为不一致则会导致失调状态，进而引发负面情绪和内部问责压力（Lopez，1982），并威胁到自我。事实上，以往学者指出，保护、维持并提升个人的自我是人类行为最基本的目标（Leary，2007）。因此，当个体建构了亲社会身份，会将其自身定义为积极影响他人的人，并更愿意主动帮助他人，以行为来建立和确认自我身份

（Shamir，1991）。同样，在组织情境中，当员工将自己定义为关心他人、关怀社会的人时，会更愿意参与体现责任和关爱的活动来表达自己。基于此，本书认为，作为一种关心他人、同情他人的自我认知，亲社会身份将通过自我验证过程影响员工的任务绩效和 OCB。

我们的核心假设是，当个体认为自己是一个亲社会的人时，他倾向于积极参与具有亲社会性质的活动，以表达自我概念中关心他人、帮助他人的需求，进而提高他们的工作表现。即具有亲社会认知的个体更可能在工作中表现出关怀、帮助行为，以获得与他的亲社会身份一致的反馈。此外，在 SRHRM 的背景下，员工应该更有可能与周围的同事进行互动合作，因为他们拥有相同的集体身份，即亲社会身份。这样，组织内部就很容易建立起信任与合作氛围。总之，自我验证所引起的对组织环境的解释、行动和互动方式，会改变员工对自己工作角色、需求、期望的理解，进而隐性或显性地影响其任务绩效和 OCB。

任务绩效是指那些在工作中正式规定的，并对组织的核心技术有促进作用的行为（Borman and Motowidlo，1997）。已有大量证据表明，帮助行为，如利他导向的亲社会行为，会促进人际和谐（Brief and Motowidlo，1986），并建立和维持关系（Van Dyne and Lepine，1998），最终直接或间接地提升任务绩效（Ng and Van Dyne，2005）。此外，利他主义领域的研究表明，关心他人的价值使个体在完成任务的过程中会更加关注他人需求，更容易接受他人的社会信息和反馈，从而改善绩效（Grant，2007；Meglino and Korsgaard，2004）。与此类似，应用心理学的学者也指出，拥有利他导向价值的个体会通过有意义的工作造福他人、以服务公众（Meglino and Korsgaard，2004）。因此，拥有亲社会自我认知的员工在其工作中会更多地考虑其工作的影响，如潜在消费者、客户，因而会更好地完成自己的本职工作，从而提升任务绩效。

组织公民行为是指"那些自发的、未被组织正式报酬系统所规定，但在总体上有助于组织有效运行的行为"（Organ，1997）。例如，协助他人并与他人合作，帮助新员工了解并适应组织，参加志愿工作职能，并发表意见以提出建议并鼓励其他人参与。本书认为持有亲社会身份的员工会倾向于从事组织公民行为。首先，亲社会员工倾向于外观而非内观，对他人的需求更加敏感，这样提升了他们识别贡献他人或组织的机会（Meglino et al., 2004）。其次，具有亲社会自我认知的员工对提升他人和组织的福利更重视、更有责任感，提升了其从事 OCB 的机会（Grant, 2007）。最后，有亲社会自我认知的员工关注他人福利，所以更愿意付出而牺牲自己的利益（Bolino and Turnley, 2005；Meglino et al., 2004）。事实上，车钟锡等（Cha et al., 2014）基于 589 名医院员工（包括医生、护士等）的样本探讨了亲社会身份与人—组织匹配（PO）及相关员工绩效之间的关系。研究结果表明，员工的亲社会身份和组织亲社会身份会交互影响组织认同感的提升以及对同事、组织和患者的组织公民行为。与之类似，里乌和彭纳（Rioux and Penner, 2001）以 141 名市政雇员为样本，探讨动机因素（亲社会价值观、组织关注和印象管理）在组织公民行为中的作用。结果发现，相较于其他两种动机，亲社会价值动机与个人的组织公民行为密切相关。另外，有学者发现亲社会价值观越强的个体，越容易将人际导向的 OCB 融入工作场所的角色身份中（Finkelstein and Penner, 2004）。

基于此，本书提出以下假设：

H3-2a：亲社会身份正向促进任务绩效、OCB。

H3-2b：亲社会身份中介 SRHRM 与任务绩效、OCB。

三、志愿者活动

企业社会绩效是伴随企业社会责任内涵的发展而延伸出来的一个重要概念。广义的企业社会绩效是一个研究企业社会责任的复合框架，包含企业社会责任原则、社会响应过程、可观测的结果；狭义的社会绩效即指企业承担社会责任的外部结果（Swanson, 1999；Wood, 2010）。随着经济可持续发展的呼声高涨，许多企业开始关注除财务绩效之外的社会绩效的提升。正如波特等（Porter et al., 2011）所指出，社会绩效开始变成每个国家不可或缺的优先选择。事实上，以往的研究证明了社会绩效可以通过影响员工、消费者、投资者的决策而为企业带来诸多益处（Bhattacharya et al.，2014；Flammer，2013；Porter et al.，2011）。例如，超过70%的应届毕业生和50%的求职者倾向于选择有社会影响力的工作。大约60%的应届毕业生甚至愿意减薪以能够去体现其价值的企业工作。超过50%的消费者愿意为回馈社会的企业所提供的商品和服务支付更多费用（Net Impact，2012）。

本书主要关注狭义的社会绩效，指的是组织对为更广泛的社会所做贡献的一般评价。随着企业社会责任实践的不断推进，组织通过各种方式为社会担责，如慈善捐赠、环境保护、社区服务、志愿服务。志愿者活动是组织情境中的个人为了他人或社会利益而自愿贡献时间、精力的无偿服务（Rodell，2013；Rodell et al.，2016）。例如，员工参加灾后重建，或在公司志愿者日教移民儿童母语。志愿者活动是企业践行社会责任的重要方式与有效路径，是企业社会绩效的重要形式（Mirvis，2012）。志愿者活动是目前最为流行的企业担责形式之一，受到组织和员工的广泛欢迎。志愿者活动在西方国家发展比较成熟。例如，许多美国企业会鼓励员工在上班时间参与组织的志愿者活动项目。据统计，超过90%的《财富》500强公司已经正式赞助和资助员工在公司时间开展社区服务及拓展活动（Boccalandro，2009）。近年来，伴随着企业社会责任实践的推进，志愿者活动在我国得到了迅速发展。例如，许多企业开始推行"志愿服务带薪假""员工志愿者日"制度，为员工参与志愿活动提供相应的技术和资源。作为一种不计物质报酬而自愿参与的社会活动，志愿者活动对解决诸如留守儿童老人、教育不公、环境保护等社会问题，推动人类发展，促进社会进步具有重要意义（Grant，2012）。

四、亲社会身份与员工的社会绩效

本书选择志愿者活动作为企业社会绩效的衡量指标主要有以下三个原因：①志愿者活动是一种围绕企业文化价值观开展的战略行动，是企业责任价值和公益理念的体现，对组织发展和竞争力的提升具有重要意义。具体来说，志愿者活动需要发挥企业在人才、技术、业务专长等方面的优势，是企业专业价值的社会化延伸，更是组织能力发展的重要机会。此外，志愿者活动涉及多个利益相关方，如非政府组织（NGO）、目标受助群体、内部员工，是组织赢得良好的社会声誉和影响力，建立和谐社会关系的重要途径（Jones，2010）。②志愿者项目的实施需要员工的全员参与。在参与志愿者活动项目的过程中，员工既能够锤炼专业技能，更能够培养领导力、沟通力、组织协调力等软实力，并增强员工对工作的价值意义感，对组织的自豪感、认同感，最终促进组织内部不同部门、不同层次员工之间的沟通交流，培养平等、服务、奉献的组织文化氛围（Rodell et al.，2016）。③不同于以往由上到下的高层慈善捐赠行为（Grant，2012），志愿者活动将特定的公益事业活动、企业的战略经营目标以及员工的兴趣、专业技能知识结合起来，系统性解决社会问题，满足社会需求。企业由上而下发动全员参与，为解决社会问题奉献时间和精力。而员工基于兴趣或专业知识技能，通常组成志愿者团队，共同为特定的社会问题献计献策。正如前人研究所证实的，志愿者服务能够为组织、目标群体和员工创造三方共赢的局面，最终促进社会福祉的整体提升（Caligiuri et al.，2013）。

鉴于此，本书认为 SRHRM 会通过塑造员工的亲社会身份来影响员工的志愿者活动。首先，根据自我验证理论（Swann et al.，1989），当人们认为自己是亲社会的个体时，他们会以一种体现其自我价值的方式工作，以此验证其亲社会自我。志愿活动通过提供个体关心他人、帮助他人的机会，如组织参与社区安全项目、开发扶持贫困地区、自然环境保护，是个体表达亲社会自我的重要方式。事实上，志愿服务领域的学者发现，在各种促进志愿服务的因素中，意义满足，"价值实现"，是最为显著的影响因素（Clary et al.，1998）。正如一些学者所观察到的，当员工为需要的人提供志愿服务时，他们会觉得自己更有同情心，更有价值（Grant et al.，2008）。所以，当员工认为自己关心他人、关注社会的时候，更愿意主动实施"利他"行为。通过帮助他人，如志愿者活动，员工获得自我满足感和自豪感，从而实现维持自我身份认知的一致性。

此外，少数学者使用角色身份理论来解释员工参与志愿者活动的原因（Grube and Allyn Piliavin，2000）。他们认为自我是由多种身份组成的，这些身份来自持续的社会互动和他人的期望。其他人越认同一个人的特定角色，这个人就越能将这个角色内在化，并将其融入自我概念。随着时间的推移，其他人对个体行为所产生的影响会逐渐消失。相反，角色身份会越来越多地引导个体未来的行为与此自我概念一致。因此，随着个体志愿者身份的建立和发展，与其说它指导个体做什么，还不如说是它定义个体是谁。事实上，已有实证研究发现志愿者身份与个体参与志愿者活动的时间、慈善捐赠的金钱数额有密切关联（Finkelstein and Brannick，2007）。另外，有学者发现角色认同可以预测员工工作时间和继续做志愿者的意愿程度（Grube and Piliavin，2000）。基于以上理论依据和实证研究，本书提出以下假设：

H3-3a：亲社会身份正向促进志愿者活动。

H3-3b：亲社会身份中介 SRHRM 与志愿者活动。

五、自我提升动机的调节效应

"我是谁"是一个基本的人类问题，对这个问题的回答取决于不同的身份动机的满足。身份动机指导身份建构和维持。人们会不断建构满足其需求的身份，并弱化挫败他们的自我部分（Leary，2007）。人们会使用一系列的动机建构身份，如自我提升、自尊、归属、独特性、一致性、连续性。这些动机对个体身份建构具有重要意义，而在特定情境中某些动机更为关键。

个体具有实现、维持、增强自我的基本趋势（Hogg and Terry，2000）。自我提升动机（self-enhancement motive）是个体提升其价值感、地位感的内在心理驱动力（Leary，2007）。它是个体建立和保持积极身份的心理动机。以往学者将自我提升动机分为两种：简单的自我提升和补偿自我提升（Swann et al.，1989）。前者指个体努力提高别人对自己的评价，后者指具有消极自我概念的个体做出补偿努力来赢得他人的好感。简单自我提升假设所有人都有同样的自我提升动机，而补偿自我提升假设有消极自我观点的人比有积极自我观点的人更有自我提升动机。本书主要关注简单自我提升动机。

以往学者指出，自我提升动机的满足主要有两种方式：指向自我的能动性途径和指向他人的社交性途径（Abele and Wojciszke，2007）。也就是说，一方面，个体会根据自身的独特性品质来界定自我，从而形成独立性自我，即个体会增加或强化其自身的某种特质，来提升积极自我（Miller，1984；Morris，1994）。另一方面，个体也会通过与他人建立积极关系网，而将自我整合到更大的社会群体中，并基于这种关系来确定自我，形成关系型自我（Abele et al.，2007），即个体会通过积极融入环境，建立和谐的人际关系，进而提升积极自我。基于此，本书认为，在组织情境中自我提升动机会强化 SRHRM 与亲社会自我身份的关系。

首先，SRHRM 中传递的关心他人、帮助他人的价值能够提升员工的积极自我认知。员工自我提升动机越强，越容易积极支持组织的社会责任政策，认同组织的担责、关爱的价值。事实上，有学者发现，个体在社会中的生存和发展所需要的自我提升动机会驱动个体帮助他人的动机，引发行为主体产生更多的亲社会行为，从而提升行为主体的自我价值感、自我效能感（Weinstein and Ryan，2010）。其次，SRHRM 中的关爱、担责价值不仅促进组织外的社会关系建立，也会促进组织内和谐的关系氛围，满足员工积极的关系独立自我认知。事实上，黄光国（2006）也指出，人们倾向于将自我放置在一个人与人交往互动的社会情境中，人际关系和谐了，自我提升的需求就实现。在组织情境中，自我提升动机越高的员工，越容易通过积极响应组织政策措施来获得人际互动和谐，从而获得积极的关系自我认知。研究也发现个体的自我提升动机越强，越容易认同那些具有积极声誉形象的组织（Bartels et al.，2007；Cooper and Thatcher，2010；George and Chattopadhyay，2005）。

总之，作为一种宣扬关爱、责任、帮助等价值的组织政策，SRHRM容易吸引到自我提升动机高的员工来塑造自己关心他人的良好形象和身份。基于此，本书提出以下假设：

H3-4：自我提升动机调节 SRHRM 与亲社会身份，自我提升动机越高，SRHRM 对亲社会身份的积极作用越强。

综合假设 3-4、3-1 与假设 3-2b、3-3b 所揭示的关系，本书进一步提出被调节的中介效应模型，即亲社会身份在 SRHRM 与员工绩效之间起中介作用，但是该中介效应的大小取决于自我提升动机。因此，本书提出如下假设：

H3-6a：自我提升动机调节了亲社会身份在 SRHRM 与员工任务绩效、OCB 之间所起的中介效应。自我提升动机越强，该中介效应越强。

H3-6b：自我提升动机调节了亲社会身份在 SRHRM 与员工志愿者活动之间所起的中介效应。自我提升动机越强，该中介效应越强。

六、长期导向的调节作用

时间概念是心理学、社会心理学中重要的研究主题（Bond and Feather，1988）。时间导向，如对时间长短的感知，对过去和未来的期望，会影响个体的认知判断和情绪体验，进而影响其后的目标设置和决策过程。企业社会责任代表了一种可持续的、重视未来的视角，与时间概念有较大的联系。因此，本书基于霍夫斯泰德的文化模型中的第五个维度 – 长期导向（long–term orientation）来考察其对组织情境中 SRHRM 作用效果的影响。

霍夫斯泰德在其文化模型（Hofstede，2010）中提出，不同国家之间存在两种不同时间观念，即长期导向和短期导向。前者意味着培育和鼓励潜在的未来回报，而后者意味关注当下的、短期的结果和收益。在长期导向的国家里，人们更关注长远利益和可持续发展，会为了未来目标牺牲眼前的享受。因此，管理者更关注企业的发展前景和未来利益，会考虑其行为的未来影响效应。反之，在短期导向的国家，人们更加关注当前的生活和享受。相应地，管理者更关注企业当下的盈亏状况和短期利润。

中国文化深受儒家思想的熏陶，形成了节俭、积累、容忍、传统、追求长期稳定生活的文化倾向。这种文化进而影响其成员核心价值观、行为准则和行为模式体系。因此,受儒家文化的影响,中国企业及内部成员也相应地表现出长期导向。长期导向是优先考虑具有长期意义和影响的,经过较长一段时间才可取得成果的决策和行动倾向(Lumpkin et al.,2010)。大量的研究证明长期导向会导致长远利益的行为。例如,在组织行为领域,有学者指出员工的公民行为会创造一种社会困境,即员工的短期利益和组织的长期集体利益产生冲突(Joireman et al.,2006)。而具有长期导向的员工更愿意为了促进组织的长期福祉而付出持续的努力。此外,亲社会领域的学者发现,与那些不太关心未来的人相比,那些关注未来行为后果的人更有可能从事亲社会行为(Finkelstein et al.,2005)。此外,心理学领域的研究发现,以未来为导向的个体更倾向于采取亲密关系的行为,例如迁就伴侣的粗鲁行为(Finkel and Campbell,2001),在亲密关系中自我牺牲(Righetti et al.,2013)。

基于此,本书认为长期导向的个体对组织的 SRHRM 更加敏感,会强化 SRHRM 与亲社会自我身份的关系。首先,具有长期导向的员工会更加关注长远发展,会积极支持组织政策,通过为组织目标贡献知识和技能来实现自身价值。因此,员工更容易拥护和践行组织目标和政策。其次,长期导向的个体更加关注未来能够获得的利益,因为对 SRHRM 传递的企业、社会可持续发展的观念更为敏感,更容易在组织的引导下建构亲社会身份。例如,有研究发现个体的未来导向会弱化排斥与亲社会行为的负向关系(Balliet and Ferris,2013)。即当个体受到排斥时,其行为反应受到长期导向的调节。长期导向越强,个体越容易从事亲社会行为。基于此,本书提出以下假设:

H3-5:长期导向调节 SRHRM 与亲社会身份的关系,当长期导向越强,SRHRM 对亲社会身份的积极作用越强。

综合 3-5、3-1 与假设 3-2b、3-3b 所揭示的关系,本书继续提出被调节的中介效应模型,即亲社会身份在 SRHRM 与员工绩效之间起中介作用,但是该中介效应的大小取决于长期导向的大小。因此,本书提出如下假设:

H3-7a:长期导向调节了亲社会身份在 SRHRM 与员工任务绩效、

OCB 之间所起的中介效应。长期导向越高，该中介效应越强。

H3-7b：长期导向调节了亲社会身份在 SRHRM 与员工志愿者活动之间所起的中介效应。长期导向越高，该中介效应越强。

第三节　研究方法

一、研究样本与程序

本研究所探索的问题是 SRHRM 对员工绩效的影响。考虑到并不是每一个企业都开展了此类人力资源管理政策，因此本研究在选择被调查的企业样本时，采取了适当的控制。

通过回顾以往文献并考虑实际可用的导师资源，本研究在选取企业样本时主要考虑以下几个因素：①研究人员查看企业的网站，并与负责人进行了沟通，以确保企业开展了与 CSR 相关的人力资源管理实践。②主营业务与企业社会责任不相关的企业不予考虑。③员工少于 500 人，可能还未形成足够规模来建立与社会责任相适应的人力资源管理体系的企业不予考虑。④在与企业人员实际调查访谈中了解到，大多企业的企业社会责任政策由企业职能部门负责，职能部门管理人员及其下属对企业的社会责任政策实践了解更多。因此，本研究主要选择企业中的职能部门管理人员及其下属作为调查对象。经过仔细地考量和筛选，最终确定对来自武汉、济南的三家大型房地产、金融企业的职能部门的员工对象进行调研。

我们严格按照相同的程序从三家企业收集数据，以保证数据的有效性。首先，调研之前，研究人员事前与人力资源经理沟通了调研的目的，详细的操作流程，以及期望得到的帮助，比如确定可以参与调研的主管。然后由人力资源经理联系部门主管，向其发放主管问卷，并告知他们随机选择 1—4 名可以参与调研的下属。主管确定好下属名单后，分别给其编号 A、B、C、D，并在主管问卷中评估所选员工的绩效表现，最后向人力资源管理经理提供他们的姓名列表。之后，我们会得到所有可以参与调研的员工名单，以及来自主管对其打分的主管问卷。接下来，在人力资源经理的组织下，所有参与调研的员工都聚集在一个会议室。研究人员向所有与会成员发放已经事先与主管问卷配对的员工问卷，并提供详细的研究目的和注意事项说明。所有问卷都附有一个带有密封胶带的信封，供参与者完成问卷后密封，以确保信息保密性。所有参与者自愿完成匿名调查，并获得一份小礼物。最后，我们向 120 名部门主管发放了 400 份问卷。员工问卷主要包含人口统计学变量、SRHRM、亲社会身份、长期导向、自我提升动机信息；而主管问卷则包含任务绩效、组织公民行为和志愿者活动信息。

本次调研共发放 400 份配对问卷，剔除问题问卷后，获得有效问卷 314 份，样本有效率为 78.5%。在这 314 名被试中，男性占 51.6%，女性占 48.4%。其中，52.8% 的员工年龄在 30 及以下，40.1% 的员工年龄在 30—40，7.1% 的年龄在 40 及以上。接受过大学以上教育的占 61.5%，接受过硕士及以上教育的占 28.1%。

二、变量测量

本研究的变量测量选用了国外成熟的量表。为保证各量表在中国情境下的使用效度，本研究基于翻译—回译程序（translation and back translation procedure）对英文原始量表进行处理，以确保各题项的语义完整性。此外，本研究统一采用李克特 7 点量纲，1 表示"完全不同意"，7 表示"完全同意"。具体变量测量如下：

（一）社会责任型人力资源管理

SRHRM 的测量采用沈洁和柏森（Shen and Benson，2016）的量表，包含 6 个题项。由员工对组织感知到的 SRHRM 进行评价，如"公司在招聘和甄选环节，会考虑候选人特征—企业社会责任的匹配""公司将企业社会责任的价值观培训作为组织的核心价值"。结果显示，SRHRM 具有良好的信度，Cronbach's α 系数为 0.90。

（二）亲社会身份

亲社会身份的测量采用格朗等（Grant et al., 2008）开发的量表，包含 3 个题项，如"我觉得自己有爱心"。员工根据自我感知完成评估。结果显示，亲社会身份的信度系数为 0.84。

（三）任务绩效

任务绩效的测量采用威廉姆斯和安德森（Williams and Anderson, 1991）开发的量表，共有 5 个题项，如"该员工称职地完成所交给的职责"。由上级根据员工实际情况打分。结果显示任务绩效具有较好的信度，信度系数为 0.88。

（四）组织公民行为

组织公民行为的测量采用樊景立等（Farh et al., 2007）开发的量表，共有 9 个题项，如"该员工主动帮助同事分担工作负担"。由领导对员工行为表现进行评价打分。其中，OCB 的 Cronbach's α 系数为 0.87。

（五）志愿者活动

志愿者活动的测量采用罗德尔（Rodell, 2013）的量表，共包含 5 个题项，如"该员工投入时间参与公司组织的志愿者活动"。由领导对员工进行打分评价。结果显示志愿者活动具有非常好的信度系数，Cronbach's α 系数为 0.94。

（六）自我提升动机

自我提升动机的测量采用尤恩等（Yun et al., 2007）的量表，包含 6 个题项，如"我想要改变行为来给他人留下一个好印象"。由员工自我评价。结果显示自我提升动机的信度系数为 0.87。

（七）长期导向

长期导向的测量采用比尔登等（Bearden et al.，2006）的量表，共 5 个题项，如"我总是做长远的规划"。由员工对自我做评价。结果显示长期导向的 Cronbach's α 系数为 0.85。

三、统计分析

本研究首先采用 SPSS 20.0 软件进行描述性统计分析、相关分析与信度检验。在此基础上，本研究继续采用 Mplus 7 进行验证性因子分析，检验变量的区分效度。最后，本书使用 Mplus 7.11 软件包建立结构方程模型（Structural equation model，SEM；Preacher et al.，2010）来验证研究假设，所有的潜在变量由可观察到的条目表示。正如爱德华和兰伯特（Edwards and Lambert，2007）所建议的，这样可以在一个全模型中同时检验自变量、中介变量、调节变量的影响效应。

具体来说，我们采用由普里彻等（Preacher et al.，2010）推荐的麦金侬等（MacKinnon et al.，2004）的蒙特卡洛（Monte Carlo）方法检验中介效应，以获得间接效应的不对称百分比置信限。为了检验潜变量的交互效应，我们使用了潜变量调节结构方程法（Klein and Moosbrugger，2000）。这种方法提供了对测量误差进行校正的潜变量交互效应的无偏估计。

第四节　数据结果

一、验证性因素分析

首先，在正式的假设检验之前，本研究采用了验证性因素分析（CFA）考察了 SRHRM、亲社会身份、任务绩效、组织公民行为、志愿者活动、自我提升动机、长期导向这七个构念之间的区分效度。验证性因素分析结果如表 3-1 所示，七因子模型的数据拟合效果优于其他模型，具有良好的模型拟合指标，其中，x^2=1606.64，df=681，x^2/df=2.36，CFI=0.88，TLI=0.87，RMSEA=0.06。

表 3-1　验证性因子分析结果

模型	x^2	df	x^2/df	CFI	TLI	RMSEA
七因子模型	1606.64	681	2.36	0.88	0.87	0.06
六因子模型	1945.50	687	2.83	0.84	0.82	0.08
五因子模型	2356.77	692	3.41	0.78	0.77	0.09
四因子模型	2670.95	596	3.84	0.74	0.73	0.10
三因子模型	3622.88	699	5.18	0.62	0.60	0.12
二因子模型	4657.29	701	6.64	0.61	0.54	0.13
单因子模型	8410.27	741	11.35	0.37	0.33	0.15

注：七因子模型：SRHRM，亲社会身份，长期导向，自我提升动机，任务绩效，OCB，志愿者活动；

六因子模型：SRHRM，亲社会身份，长期导向 + 自我提升动机，任务绩效，OCB，志愿者活动；

五因子模型：SRHRM+ 长期导向 + 自我提升动机，亲社会身份，任务绩效，OCB，志愿者活动；

四因子模型：SRHRM+ 长期导向 + 自我提升动机 + 亲社会身份，任务绩效，OCB，志愿者活动；

三因子模型：SRHRM+ 长期导向 + 自我提升动机 + 亲社会身份 + 任务绩效，OCB，志愿者活动；

二因子模型：SRHRM+ 长期导向 + 自我提升动机 + 亲社会身份 + 任务绩效 +OCB，志愿者活动；

单因子模型：SRHRM+ 长期导向 + 自我提升动机 + 亲社会身份 + 任务绩效 +OCB+ 志愿者活动。

二、描述性统计分析

表 3-2 描述了本研究各变量的均值、标准差和相关系数。表 3-2 显示，SRHRM 分别与亲社会身份、组织公民行为和志愿者活动显著正相关（r = 0.40，$p < 0.01$；$r = 0.12$，$p < 0.05$；$r = 0.17$，$p < 0.05$）。亲社会身份与任务绩效、组织公民行为、志愿者活动显著正相关（$r = 0.18$，$p < 0.01$；$r = 0.17$，$p < 0.01$；$r = 0.22$，$p < 0.01$）。描述性统计分析结果为下文假设检验提供重要参考。

表 3-2　各变量的均值、标准差和相关系数

	M	SD	1	2	3	4	5	6	7	8
1 性别	1.49	0.54								
2 年龄	28.63	4.15	−0.20**							
3 SRHRM	5.22	1.09	−0.02	0.05						
4 亲社会身份	5.99	0.80	−0.08	0.08	0.40**					
5 任务绩效	5.85	0.84	−0.02	−0.05	0.07	0.18**				
6 OCB	5.57	0.86	−0.07	−0.03	0.12*	0.17**	0.68**			
7 志愿者活动	5.44	1.20	−0.12*	0.00	0.17*	0.22**	0.40**	0.60**		
8 未来导向	5.43	0.83	−0.05	0.05	0.53**	0.16**	0.16**	0.20**	0.16**	
9 自我提升动机	5.44	0.83	−0.07	0.09	0.58**	0.37**	0.18**	0.23**	0.21**	0.13*

注：*$p<0.05$；**$p<0.01$。

三、假设检验

（一）中介作用检验

表 3-3 显示了 SEM 的直接效应，根据表中结果显示，当控制了员工性别和年龄，以及领导的性别和年龄之后，SRHRM 与亲社会身份正相关（$\beta = 0.27$，$p < 0.001$），支持假设 3-1。同样，从表 3-3 中可以看出，当控制了员工性别和年龄之后，亲社会身份分别与任务绩效、组织公民行为、志愿者活动正相关（$\beta = 0.27$，$p < 0.01$；$\beta = 0.30$，$p < 0.05$；$\beta = 0.30$，$p < 0.05$），因此假设 3-2a、假设 3-3a 得到支持。

本研究采用蒙特卡洛（Monte Carlo）方法进行 2000 次拔靴法（bootstrapping）来计算间接效应（Preacher et al., 2010），间接效应结果如表 3-4 所示。SRHRM 通过亲社会身份与任务绩效的间接效应值是 0.08（95% 的置信区间从 0.03 到 0.15，不包含 0）。此外，SRHRM 通过亲社会身份与组织公民行为的间接效应值是 0.09（95% 的置信区间从 0.03 到 0.16，不包含 0）。因此，假设 3-2b 得证。最后，SRHRM 通过亲社会身份与志愿者活动的间接效应值是 0.09（95% 的置信区间从 0.04 到 0.18，不包含 0），因此假设 3-3b 得证。

表 3-3　SEM 分析结果

变量		亲社会身份	任务绩效	OCB	志愿者活动
控制变量	性别	−0.03	−0.02	−0.13	−0.22
	年龄	0.01	−0.01	−0.01	−0.01
自变量	SRHRM	0.27***	−0.04	0.01	0.12
中介变量	亲社会身份		0.27**	0.30*	0.30*
调节变量	长期导向	−0.07			
	自我提升动机	0.23*			
交互项	SRHRM × 长期导向	0.29*			
	SRHRM × 自我提升动机	−0.06			

注：*$p<0.05$，**$p<0.01$，***$p<0.001$。

表 3-4　间接效应检验结果

路径	效应值	95%CI
SRHRM →亲社会身份→任务绩效	0.08*	[0.03, 0.15]
SRHRM →亲社会身份→ OCB	0.09*	[0.03, 0.16]
SRHRM →亲社会身份→志愿者活动	0.09*	[0.04, 0.18]

注：*$p<0.05$。

（二）调节作用检验

表 3-3 显示了 SEM 的调节效应，表中结果显示，长期导向显著调节 SRHRM 与亲社会身份之间的关系（$\beta=0.29$，$p<0.05$），假设 3-5 得到验证。自我提升动机对 SRHRM 与亲社会身份之间调节作用不显著（$\beta=-0.06$，$p>0.05$），且路径系数为负，因此假设 3-4 未得到支持。此外，为了进一步揭示长期导向的调节效应，本研究参考 Aiken 和 West（1991）的建议，绘制了调节效应图（见图 3-2）。如图所示，在长期导向高的情况下，SRHRM 与亲社会身份的关系积极显著（simple slope=0.49，t=6.97，$p<0.001$）；在长期导向低的情况下，SRHRM 对亲社会身份的影响相对较小（simple slope=0.17，t=5.28，$p<0.001$）。

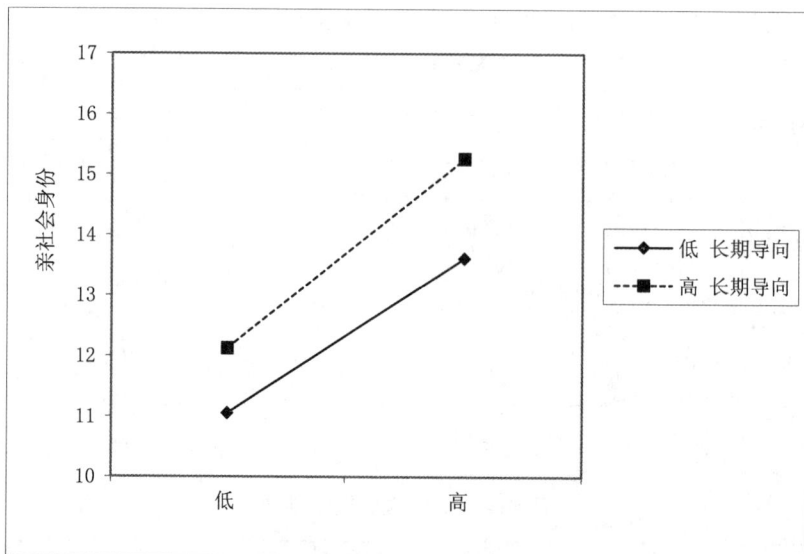

图 3-2　长期导向的调节作用

（三）被调节的中介作用检验

本研究根据普里彻等（Preacher et al., 2010）的做法，采用参数 bootstrap 方法来检验被调节的中介效应，分析结果如表 3-5 所示。由于以上的调节效应假设 3-4 不成立，在此基础上的被调节的中介效应即不存在，因此本研究只检验了假设 3-7a、3-7b。

表 3-5　被调节的中介效应检验结果

调节变量	SRHRM→亲社会身份→任务绩效	SRHRM→亲社会身份→ OCB	SRHRM→亲社会身份→志愿者活动
低长期导向	[0.009, 0.070]	[0.008, 0.069]	[0.017, 0.117]
高长期导向	[0.041, 0.155]	[0.036, 0.157]	[0.090, 0.256]
差值（Δ）	[0.027, 0.109]	[0.026, 0.107]	[0.062, 0.186]

结果表明，在低长期导向的情况下，亲社会身份在 SRHRM 和任务绩效间的间接作用不显著（$p > 0.05$，CI = [0.009, 0.070]）；在高长期导向的情况下，亲社会身份的间接作用显著（$p < 0.01$，CI= [0.041, 0.155]）；而在高低两种情况下这一间接作用的差异则显著（$p < 0.05$，CI= [0.027,

0.109]）。这进一步表明长期导向越高，SRHRM 通过亲社会身份对任务绩效的间接作用越显著。同样，在低长期导向的情况下，亲社会身份在 SRHRM 和 OCB 的间接作用不显著（$p > 0.05$，CI = [0.008，0.069]）；在高长期导向的情况下，亲社会身份的间接作用显著（$p < 0.05$，CI = [0.036，0.157]）；而在高低两种情况下这一间接作用的差异则显著（$p < 0.05$，CI = [0.026，0.107]）。这进一步表明长期导向越高，SRHRM 通过亲社会身份对 OCB 的间接作用越显著，假设 3–7a 得到验证。最后，在低长期导向的情况下，亲社会身份在 SRHRM 和志愿者活动之间的间接作用不显著（$p > 0.05$，CI = [0.017，0.117]）；在高长期导向的情况下，亲社会身份的间接作用显著（$p < 0.01$，CI = [0.090，0.256]）；而在高低两种情况下这一间接作用的差异则显著（$p < 0.01$，CI = [0.062，0.186]）。这进一步表明长期导向越高，SRHRM 通过亲社会身份对志愿者活动的间接作用越显著，假设 3–7b 得到验证。

第五节　结果讨论

一、理论意义

本研究通过整合企业社会责任和战略人力资源管理，进一步丰富和拓展 SRHRM 的内涵和理论，并实证探讨了 SRHRM 对组织绩效和社会绩效的积极影响及其作用机制。相关的研究结果对 SRHRM、企业社会责任、战略人力资源管理领域的理论研究均有一定的启示。

（一）丰富拓展了 SRHRM 的影响效果及作用机理

本研究首先探索了 SRHRM 是否能够促进组织和社会的双赢，即企业 SRHRM 能否同时提升对组织的绩效和对社会的绩效。不同于以往仅仅是为了促进组织利益的人力资源管理系统，如高绩效人力资源管理系统，SRHRM 作为一种为社会担责，促进社会福利的组织政策实践，其存在的依据便是促进社会利益。然而，目前学者仅仅探讨了 SRHRM 对组织员工的积极影响，如任务绩效，角色外帮助行为（Jie Shen and Benson, 2016），承诺（沈洁、朱久华，2011），OCB（Newman et al., 2016），但尚无研究探索 SRHRM 是否能带来社会效益。基于一个平衡视角，本研究打破了 SRHRM 的影响效果仅关注组织绩效的局限，并实证检验了其针对组织的任务绩效、OCB 和针对社会的志愿者活动的影响。结果发现，SRHRM 能同时带来组织绩效和社会绩效，进一步丰富和充实了 SRHRM 影响效应的研究成果。

（二）挖掘了 SRHRM 的影响机制

目前关于 SRHRM 的影响尚不太多，已有的研究主要从社会交换、组织认同的角度来解释其在组织内的微观影响机制。本研究则从社会身份理论视角，考察了亲社会身份在 SRHRM 和任务绩效、组织公民行为、志愿者活动之间的中介作用。此外，本研究基于身份建构模型，从意义破坏和意义给予两个阶段论述了亲社会身份建立的过程。研究结果发现，SRHRM 能够通过塑造员工的新的身份，从而影响到员工后续的行为绩效。本研究不仅进一步丰富了 SRHRM 影响效果的解释视角和理论基础，也进一步拓展了身份建构理论在组织情境中的应用。

（三）从文化和个体两方面探讨了 SRHRM 作用的边界条件

一方面，作为一个有着重视长期目标和未来回报导向的国家，这种民族文化价值是否会对组织中员工的态度行为产生影响？本研究探索了中国情境下长期导向这种文化价值对 SRHRM 影响效果的边界效应。研究结果发现，长期导向越强的员工对 SRHRM 政策越敏感，越容易受其影响从而建构新的亲社会身份，因而从长期导向这一文化因素拓展了 SRHRM 的边界条件。另一方面，除了情境因素，个体因素也是影响组织政策实践作用效果的重要边界。以往的研究发现，身份建立的重要个体因素是动机，其中自我提升动机是最显著的影响要素。因此，本研究探讨并证实了自我提升动机在 SRHRM 与亲社会身份间的调节效应。然而本研究发现，自我提升动机的调节效应并不显著，其可能的原因是：①在中国情境下，员工对企业社会责任的理解不够深入，更多的是一种组织政策和要求，而不是主动提升自己的机会。②在中国组织情境下，员工对组织需求的满足大于对自我需求的满足。同样是做企业社会责任，员工更有可能是为了满足组织的要求去参与，而不是为了满足自身动机参与。关于这一检验结果，未来的研究者可以继续做更深入的探讨。

（四）推进企业社会责任研究向微观的 OB、HRM 领域拓展

企业社会责任作为一个亘古常新的话题，从其诞生起的一百多年来一直备受各大领域学者和实践者的关注。迄今为止，来自战略、公司治理、制度、财务、伦理、营销等领域的学者对企业社会责任的定义内涵、前因、影响结果、影响机理进行了广泛深入而又争论不休的探索。然而这些观点和建议仍难以指导企业社会责任实践的落实，因此，少数学者提出从人力资源管理的角度开展企业社会责任，将企业社会责任元素整合到组织内部的人力资源管理职能，将责任理念实践落实与企业运营结合。因此本研究沿着前人思路，继续深入探讨这种整合的方式是否对企业、对社会均有助益。一方面，本研究将关注点从宏观转为微观。在本研究中，企业社会责任不再仅仅是企业层的政策实践，更是员工层感知的政策实践。员工感知进而影响其微观心理机制，以及最后的态度、行为、绩效结果。对企业社会责任的微观心理机制的考量进一步促进其和人的联结，进而引出第二个贡献，即从另一方面来说，本研究推进企业社会责任从理论向具体实践的开展。SRHRM 尝试将企业社会责任理念真正渗透到企业文化和运营中，是将企业社会责任从理论转化为实践的一种探索。

（五）深化战略人力资源管理内涵

长期以来，战略人力资源管理一直被认为是除了为组织增加价值之外

还应当思考更广泛的人文社会问题。正如一些学者所呼吁的，战略人力资源管理应通过更好地与组织的使命和战略方向相一致，为组织及其利益相关者创造双赢的结果（Wright and Mcmahan，2011）。SRHRM 正是将社会责任价值纳入战略性人力资源管理来实现企业和社会的双赢，回应了以往学者关于将可持续发展理念整合到战略人力资源管理中的呼吁（Jie Shen and Benson，2016；沈洁，2011）。

二、实践意义

本研究的研究表明，企业积极开展企业社会责任实践不仅能造福社会，更能促进自身的可持续发展，是一项互利共赢的举措。

首先，企业应当积极发挥人力资源管理各项职能的作用，推进企业社会责任活动的开展和落实。一方面，企业的人力资源管理需要把员工放在第一位，积极履行对员工的各项职责，保障好员工的福利。另一方面，企业可以通过人力资源管理的各项职能活动把社会责任的价值和理念融入员工的思维和目标，引导员工建立责任意识和认同。即，企业可以通过人力资源管理政策培育组织的责任文化和战略，并通过组织广大员工的积极参与，采用新的技术、经营方法和管理方式，最终推进企业社会责任理念和组织运营发展的完美融合，实现企业、社会的共同受益，多方共赢。

其次，随着经济的可持续发展，企业社会责任为新时期人力资源管理职能转变带来了新的机遇。人力资源管理在为企业社会责任提供资源和技术支持的同时也受到社会责任实践带来的挑战。一方面，人力资源管理需要融入更人性化的元素，例如，关注员工福利，关注企业对外部利益相关者，如消费者、环境、社区的影响。另一方面，人力资源管理模式需要建立更高效的管理模式，如建立组织责任文化匹配的招聘机制，建立起精神激励和物质激励结合的薪酬体系。因此，企业社会责任实践开展会推进企业人力资源管理价值和模式的创新。

最后，赠人玫瑰，手有余香。作为新时代的员工，积极主动参与组织的社会责任活动，不仅能够运用自己的知识技能为社会做贡献，更能获得有意义的成长经验。个体参与企业的社会责任实践，不仅能够提升绩效，还能获得更多的满足感、价值感。

三、研究的不足与未来研究方向

尽管本研究证实 SRHRM 对组织绩效和社会绩效都具有积极影响，但 SRHRM 作为一种可持续的、系统的贯彻责任理念、落实责任行动的组织政策，在实践中并非每个企业都会开展。在当前中国情境下，规模大、实力强的企业更容易采取这种政策，因此这类企业是研究 SRHRM 更为合适的样本选择。然而，由于研究者资源有限，难以获得较多的大型企业的数据资源，在研究设计、样本选择和数据收集方面存在一些局限性。

（一）跨层影响

从研究设计来说，SRHRM 作为组织的一种宏观的政策实践，其影响效果从上到下传递到员工，是否存在跨层影响效应呢？同样，由于研究者资源有限，难以收集到多个企业层的数据，仅仅探索了单一层面的研究。此外，由于本研究中选取的调研企业较少，一定程度上影响研究结果的外部效度。因此，未来的研究在样本的选择上尽可能选择更多的大型企业，设计跨层模型，以全面、清晰地揭示 SRHRM 的作用机制。

（二）纵向数据

从数据收集方面来说，尽管本研究采取了员工—主管配对数据，在一定程度上可以避免共同方法偏差问题，但是横截面的研究设计难以保证变量之间的因果关系。因此，未来的研究可以考虑采用纵向研究设计考察 SRHRM 的影响效应。

（三）影响结果

从研究问题上来说，当前对 SRHRM 的研究还较为基础。例如，尽管本研究选取了志愿者活动拟合社会绩效，而企业社会责任对社会福利的促进和对人的价值行为塑造远远不止于此。未来的学者可以尝试检验更为丰富的社会绩效变量，如亲社会行为。

（四）边界条件

此外，尽管本研究探讨了长期导向的边界条件，但中国特有的文化背景和组织情境还会有很多深层次的因素需要去挖掘，如权力距离、集体主义。

第六节　本章小结

本章基于主动动机模型中"应该做"的视角探讨了 SRHRM 对员工绩效的影响及其作用机制。具体来说，本章整合社会身份理论和自我验证理论，以 314 组领导—员工配对数据为样本，探讨了 SRHRM 通过塑造员工的亲社会身份来同时提升其对组织的绩效（任务绩效和组织公民行为）和对社会的绩效（志愿者活动）。此外，本章分别从个体因素的自我提升动机和文化因素的长期导向探索了 SRHRM 的边界效应。研究结果发现：

（一）SRHRM 会提升员工的组织绩效，即任务绩效和组织公民行为，以及社会绩效，即志愿者活动。

（二）SRHRM 会通过塑造员工的亲社会身份来影响员工后续的绩效。

（三）自我提升动机对 SRHRM 作用效果的调节效应不显著。

（四）长期导向会显著地调节 SRHRM 与结果变量之间的关系，员工的长期导向越强，SRHRM 与亲社会身份的正向关系越强。

第四章 基于自我效能理论的社会责任型 人力资源管理与员工绩效研究

第一节 问题的提出

企业社会责任是组织在发展的过程中承担的对社会的经济、法律和环境的责任。早在20世纪初期的美国，随着企业兴起，学者就开始关注这个问题，即企业是否应当承担社会责任。从20世纪30年代到60年代，围绕企业是否应当承担社会责任发生了三次大的争论，直到20世纪60年代，这个时候研究焦点转移到探索企业社会责任的定义、内容、特点。最负盛名的是卡罗尔（Carroll，1979）提出的金字塔模型。到20世纪90年代，随着跨国公司的全球扩张，企业的不担责行为层出不穷，引起公众呼声高涨，要求企业承担对内部员工的责任和对外部消费者、投资者、政府等的责任。越来越多的实证研究也证明企业开展社会责任能够提升组织的声誉、竞争力、财务绩效。此时，学界和企业界纷纷开始关注企业到底应该如何开展社会责任。不管是出于被动的社会压力，还是主动的提升绩效、竞争力的考量，越来越多的企业开始认可并纷纷投入开展社会责任的实践中。

然而，在近20年的发展中，企业的责任实践仍然存在诸多困难和挑战（Heli et al.，2016）。①企业应该对谁负责？在资源有限的情况下，企业难以满足众多利益相关者的期望，特别是小企业自身发展就存在压力。②企业应该负什么样的责任？企业社会责任的内容比较复杂，会因国家文化、产业和企业发展阶段的不同而不同。许多企业在执行过程中对社会责任的内涵缺乏清晰认识，以为承担责任是简单的做公益、做好事、做无偿奉献，如慈善捐赠、志愿者活动。这种社会责任虽然短期内为企业带来声誉，但长期来看会加重企业负担，也不可持续。更有一些企业把企业社会责任当作面子工程，对外一掷千金，对内克扣员工工资。③企业的负责行为是否有回报？企业社会责任作为一种投资会增加运营成本，进而会削弱企业竞争力，其投资收入难以量化，甚至短期之内对企业经营造成压力。这也增加了企业开展社会责任的阻力。

面对如此多的困难和挑战，企业如何平衡社会目标和商业运营，探索适合自身的可持续发展路径？一些学者纷纷提出建议，例如，迈克尔·波特（Porter et al.，2011）从战略的角度提出，首先，企业应当选取和自己的业务有交叉的社会问题来解决，而忽视那些和自己企业专业能力和竞争优势没有太大关系的社会问题。其次，企业承担社会责任不一定会增加成本。相反，企业可以通过改进技术、开发高质量的产品和服务来提升效率，降低成本。例如，汽车公司可以开发节能环保车型，提高汽车运输的便捷性能；石油公司可以开发清洁能源，降低对能源的消耗。企业要做的就是创造"共享价值"——同时让社会和企业从中获益。

尽管这些建议非常有建设性，但如何落地仍然困扰着实践者。近年来，一部分学者（Jamali et al.，2015；Jie Shen and Benson，2016；Voegtlin et al.，2016）从人力资源的角度提出建议，即通过人力资源管理各项职能，将企业社会责任理念植入企业，帮助企业开展情境化的 CSR 活动。一方面，企业有效开展社会责任实践离不开员工的支持和参与。没有员工的积极参与和全力投入，公司无法开发有用而环保的产品服务，也无法实现与消费者、社区、环境等的良性互动。另一方面，企业开展有效社会责任实践，可以提升组织声誉，鼓舞员工以积极态度行为投身组织发展中，进而提升企业的竞争力。因此，检验这种责任型的人力资源管理政策实践是否对绩效具有积极影响及内在机理对推进理论和实践发展具有重要意义。

第三章论述了企业可以通过 SRHRM 来塑造员工的亲社会身份，从而提升员工的任务绩效、组织公民行为、志愿者活动，同时实现了对组织和对社会的绩效。在第三章的基础上，本章继续拟合主动动机模型的第二条路径——"能够做"的问题，即 SRHRM 怎样促使员工在应该做的情况下，同时也能够参与社会责任实践，进而提升组织绩效和社会绩效？在组织行为学和人力资源管理领域，与员工对自己能够完成某件事的信念最相关的就是自我效能理论。因此，本章基于社会认知理论，提出了亲社会自我效能，并实证检验亲社会自我效能对 SRHRM 和绩效间关系的中介作用。此外，本章考察了人—工作匹配对 SRHRM 影响效果的调剂效应。本章研究的理论框架如图 4-1 所示。

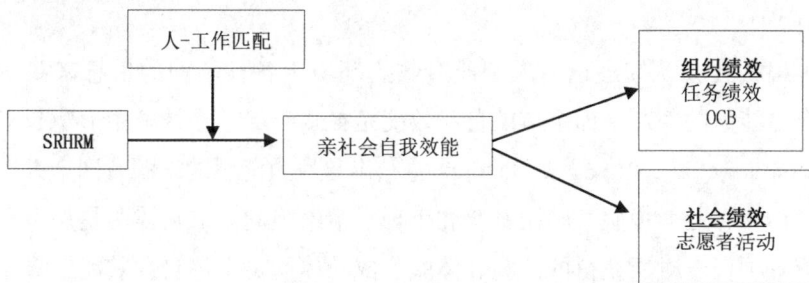

图 4-1　研究二模型图

第 二 节　研 究 假 设

一、SRHRM 与亲社会自我效能

自我效能感是指个体对完成某项特定行为或产生某种结果所需行动的能力的信念（Bandura，1977），即自我效能感就是人们对成功实现特定结果所需能力的预期或信念，体现为个体对自身的自信心和对环境的控制感。此外，不同领域自我效能具有差异性，即所需个体完成任务不同，对自身完成任务的信念也会有差异，因此可分为一般自我效能和特殊自我效能（Bandura and Bandura，1986）。一般自我效能是个体对自己在各种情境下有能力完成某项任务的信念，适用于解释更广泛的社会背景下个体行为。特殊自我效能是个体在某种情境中对自己能力的信心，仅用于预测特定情境下个体心理行为变化。例如创造力自我效能（creative self-efficacy；Tierney and Farmer，2011）能够解释个体在工作情境中的创造力行为表现；建言效能感（voice efficacy；Kish-Gephart et al.，2009）则是预测个体在组织中的建言行为有效变量。Bandura 等（1986）指出特殊活动领域的自我效能对促进此领域的绩效最有帮助。此外，学界还纷纷提出其他类型效能感，如角色宽度自我效能（role breadth self-efficacy；Parker，1998），情绪调节自我效能（Bandura et al.，2003），管理自我效能感（陆昌勤 等，2001）等。

根据社会认知理论，人们通过收集环境中各种不同的信息来获得关于自己能力的判断，即个体的自我效能是在复杂的社会情境中形塑起来的（Bandura et al.，1986）。Bandura 总结出自我效能感的来源有四个方面：成功体验，社会说服，间接经验和生理、情绪唤起。成功体验是一个人在完成一项任务时所获得的经验和体验。成功体验是个体自我效能最强大的信息来源，对自我效能的影响最大。社会说服（social persuasion）是指通过他人的口头劝说（如鼓励、赞扬、认可、奖励等），确认个人完成任务的能力。当一个人试图克服困难，对自己的能力产生怀疑时，如果一个重要的他人表达了他或她的信任或认可，会比较容易地提高个体的自我效能感。社会说服是增强自我效能的有效手段。间接经验是指通过观察他人的行为和行为结果来形成对自身行为和结果的期望，并获得对自身能力的评估，特别是看到与自己地位、经历相似的人获得成功可以增加观察者的自我效能感。生理和情绪唤起是指人们通过生理和情绪等信息来判断自身的能力。积极的情绪和生理状态可以增强个人的能力信念；相反，消极的情绪唤起和负面的生理状态，如情绪压力、焦虑、身体疲劳等会降低个体对自身能力的判断，降低自我效能感。

　　值得注意的是，自我效能是个体对反映自身能力的各种信息进行处理和权衡的基础上建立起来的，即无论使用何种信息源，信息本身并不影响个体的自我效能感，这些信息只有在个体评估判断之后才可能产生影响（Gist and Mitchell，1992）。基于此，本书提出 SRHRM 政策实践作为员工工作重要的社会情境，对员工的亲社会自我效能具有形塑作用。参考以往学者关于自我效能的定义，本书将亲社会自我效能定义为可以习得的、个体对能够帮助他人的信心。下面从社会说服、心理唤起、间接经验、成功体验四个方面详细论述 SRHRM 塑造员工亲社会自我效能的过程。

　　首先，在社会说服方面，SRHRM 通过一系列企业社会责任知识、价值培训，向员工揭示其工作对他人生活的重要意义，提升员工参与 SRHRM 实践的兴趣。在此基础上，相关知识技能培训会极大提升员工参与 SRHRM 的能力，从而提升员工的信念。其次，在心理唤起方面，SRHRM 宣扬一种关爱氛围，引导员工对他人需求的关注，有利于塑造和谐友善的员工关系氛围，有利于其积极情绪的唤起，进而提升其能够帮助他人的信念。在心理唤起方面，向员工传递关心他人、关注社会的理念。再次，在间接经验方面，在 SRHRM 实践方面表现优秀的个体，即榜样会得到更多晋升、薪酬等物质报酬机会。在一个互相影响的工作环境里，这类榜样会极大地鼓舞、影响其他个体对帮助他人的自我信念。最后，组织直接将个体参与社会活动的表现与绩效、薪酬、晋升挂钩，对个体良好的表现予以奖励，会强化员工的成功体验，进而提升其帮助他人、关心他人的自信心。总之，当一个组织为员工提供一个支持性的环境时，员工会有一种被尊重和被重视的感知。这些积极的感觉有助于员工形成对自己能力的积极判断和信念。例如，以往学者马自香（Ma et al.，2017）基于能力—动机—机会的框架，开发了一个多层模型探讨高绩效工作系统（high-performance work system）与团队创造力的关系。作者使用来自 16 家中国企业的 80 个团队数据，发现高绩效工作系统能够塑造团队效能感，进而影响其后续的员工结果。与之类似，有学者（Beltranmartin et al.，2017）使用

102 家西班牙专业服务公司的经理和员工配对数据探讨了人力资源管理体系与员工主动性行为的关系。结果发现，人力资源管理会通过角色宽度自我效能和角色灵活度提升员工主动性。因此，本书最终提出以下假设：

H4-1：SRHRM 正向促进员工亲社会自我效能。

二、亲社会自我效能与员工绩效

自我效能感是影响人类心理和行为选择的重要因素。具体来说，人们首先会对某些行为和结果做出解释和归纳，并产生实现这些行为结果的信念，然后再根据这些信念选择相应的目标和行为。以往的学者总结出自我效能对个体心理过程的影响主要有：认知过程、动机努力、行为选择和情绪过程。

（一）自我效能影响认知过程，即自我效能感的高低会影响个体对情境信息的认知判断。具体来说，高自我效能的个体对环境的认知更加积极，更愿意积极主动地行动来解决问题；相反，低自我效能者对问题的解读更加负面消极，夸大问题和困难，从而降低努力程度。

（二）自我效能影响动机努力。自我效能信念不仅会影响个体的目标设定，也会影响其后的动机努力。即自我效能决定个体在实现目标过程中付出多少努力，他们在面对困难时能坚持多久。一般来说，当遇到困难和失败时，那些自我怀疑的个体会减少他们的努力，过早地放弃尝试，而那些对自己能力有强烈信心的人会投入更多的努力去迎接挑战。

（三）自我效能感会影响个体的行为选择，即自我效能会影响个体对目标和环境的选择。自我效能越高的个体，越容易被挑战性的目标和环境激发出动力、潜能，而自我效能感较低的个体则会回避超越自己能力的目标和环境。

（四）自我效能会影响个体的情绪过程。具体来说，高自我效能感的个体具有更强的情绪掌控力，能够让自己以平静、温和的方式应对环境中的不确定性、威胁和困难，从而冷静地解决问题。而低自我效能感的个体则容易被环境中的挑战激发出恐惧、焦虑等负面情绪，扰乱其正常的活动。

　　基于上述理论描述可知，自我效能在人类行为塑造中具有特别重要的作用。也有学者指出效能感是个体能动性发挥的重要驱动力（Gist，1987）。此外，相比一般性自我效能，特定领域的自我效能具有更准确的预测作用（龚亚平 等，2009；Tierney et al.，2011）。在组织情境中，大量实证研究发现，自我效能感会显著影响个体行为及绩效。基于上述理论框架，本书认为员工的亲社会自我效能会提升员工的组织绩效和社会绩效。

　　1. 亲社会自我效能会影响员工的认知过程来影响其绩效。

　　一般来说，员工的亲社会自我效能越高，对组织的社会责任政策解读得越积极，则更愿意积极主动地参与相关实践；相反，低自我效能者对社会责任活动的解读负面消极，夸大问题和困难，从而降低努力程度。

　　2. 亲社会自我效能会通过影响员工的动机性努力影响其绩效。

　　具备较高亲社会自我效能的员工，不管在面对角色内的任务工作或者角色外的助人行为，如组织公民行为、志愿者活动，都对自己更有信心，遇到困难和挫折，更愿意坚持并付出更多努力。正如学者强调（Seo and Ilies，2009），个体感知自我效能越高，则所付出的努力与持续力也越高，成功的概率自然增加，更容易高效完成某项工作从而提高绩效。

　　3. 亲社会自我效能会影响员工行为选择，进而影响员工态度行为结果。

　　学者认为，相比挑战的、困难的任务，个体更愿意选择其能够承担、实现的目标。而自我效能较高的个体对完成挑战性目标和任务具有更强的信心，因为更愿意超越以往的目标，挑战更高的目标（Bandura，1977）。基于此，在 SRHRM 情境下，员工的亲社会自我效能水平较高，除了完成好本职工作，更会对他人的需求给予回应和帮助，如工作中的组织公民行为或者工作场所外的志愿者活动。

　　4. 亲社会自我效能会通过影响员工的情绪过程来影响其绩效。

　　亲社会自我效能高的员工始终能保持积极的情绪和态度，在工作和组织公民行为、志愿者活动中，他们的关注焦点是如何解决问题并积极付诸实践。因此，SRHRM 所塑造的亲社会自我效能会提升员工的任务绩效、组织公民行为和志愿者活动。一项元分析中发现，一般自我效能感与工作满意度和工作绩效有正向关系（Judge and Bono，2001）。另外一些学者则发现自我效能感会促进角色内绩效、OCB（Cohen and Abedallah，2015）。此外，在一项以台湾一线警察为研究对象的研究中，学者发现工作的知识特征会影响警务人员的自我效能感，而自我效能感反过来又会影响其OCB（陳春希、高瑞新，2011）。最后，大量的实证研究也发现自我效能对促进志愿者活动具有积极影响（Eden and Kinnar，1991；Lindenmeier，2008；Muller et al.，2014）。基于以上理论论据和实证研究，本书提出以下假设：

H4-2a：亲社会自我效能正向影响任务绩效、OCB、志愿者活动。

H4-2b：亲社会自我效能中介SRHRM与任务绩效、OCB、志愿者活动的关系。

三、人—工作匹配的调节作用

人—环境匹配（person-environment fit）理论认为，当个体特征适应或匹配环境时，就会产生积极的反应。在组织行为领域，学者关注较多的人—环境匹配形式主要有两种：人—工作匹配（person-job fit），即个人与特定工作需求之间的匹配；个人—组织匹配（person-organization fit），即个人与更广泛的组织属性（价值观、目标、使命）之间的匹配。具体来说，人—工作匹配是指个体的知识、技能和能力与工作需求相匹配，或者个人需求与工作特征相匹配（Edwards，1991）。人—组织匹配是指个体与组织之间的兼容性，二者具有相似的基本特征，至少有一方满足了另一方的需求（Kristof，1996）。以往学者指出，个体可以拥有胜任一份工作的技能，但并不一定能认同组织的价值观，反之，员工可能会认同组织的价值观，但并不一定具备完成其所在岗位工作的技能（Lauver and Kristofbrown，2001）。本书主要考察员工的人—工作匹配对SRHRM作用的边界效应。主要是因为，相比其他的政策实践，SRHRM不仅体现了组织目标的实现，也体现了对社会目标的达成，不仅期望员工在价值观上去接受这种和谐共赢的发展理念，更需要员工在实际的工作中去落实。由此可知，当组织推行 SRHRM 政策时，与自己的工作更匹配、有更高胜任力的员工会更好地响应这种组织政策，应对挑战。即在 SRHRM 情境下，相比人—组织匹配，人—工作匹配对员工行为反应的影响更为突出。

人—工作匹配领域的学者指出，组织内个体与工作是否匹配关系到其对组织政策的认知与态度（Kristof et al.，2005）。基于自我效能理论，自我效能是个体能够完成某种任务的信念，来源于组织情境中的成功体验、社会说服、间接经验和生理情绪唤起的复杂判断。而人—工作匹配会影响个体对这些信息的认知评估，进而影响其自我效能的形成。基于上文自我效能理论，本书认为员工的人—工作匹配会通过影响社会说服和生理情绪唤起强化 SRHRM 对员工自我效能的积极作用。

首先，当个体与工作的匹配度越高，员工则可能拥有更多的职位所需知识和技能，因此更有可能得到领导者和同事的鼓励和支持，是非常有效的社会说服。因而，在 SRHRM 情境中，员工对岗位工作的胜任力越强，越有可能获得来自领导、同事的鼓励，从而相信自己能够发挥主观能动性，将责任理念融入其工作中。其次，个体与工作岗位越匹配，表明其知识、技能和能力与工作岗位的要求越相称，其情绪体验越积极。事实上，以往的研究发现，与工作高度匹配的员工更加积极、热情、开放、自信。相反，当员工与工作需求或特征不匹配时，员工往往容易情绪低落、自卑、冷漠、认知失调（Edwards and Van Harrison，1993）。例如，组织行为领域的学者发现，较低的人—工作匹配会降低员工的满意度、增加压力（Kristofbrown et al.，2005）。另外，职业选择领域的学者发现，当人与环境之间存在良好的匹配时，就会有更高的满意度和更好的身心健康状态（Holland，1997）。因此，面对组织开展社会责任活动的政策要求，人与工作高度匹配的员工更容易体会到积极的情绪唤醒，有利于激发其亲社会自我效能。最后，高的人—工作匹配意味着个体拥有更多完成任务所具有的资源，更容易取得工作上的成功，从而获得成功体验，达到增强亲社会自我效能的效果。基于此，本书提出以下假设：

H4-3：人—工作匹配调节 SRHRM 与亲社会自我效能的关系，人—工作匹配越高，SRHRM 对亲社会自我效能的正向影响越强。

假设 4-1、4-2a、4-2b 所揭示的关系进一步表现为被调节的中介效应模型。即，亲社会自我效能在 SRHRM 与员工绩效之间起中介作用，但是该中介效应的大小取决于人—工作匹配的大小。因此，本书提出如下假设：

H4-4：人—工作匹配调节了亲社会自我效能在 SRHRM 与员工任务绩效、OCB、志愿者活动之间所起的中介效应。人—工作匹配越强，该中介效应越强。

第三节　研究方法

一、研究样本与程序

本研究样本选择和数据收集程序与第三章的研究相同，具体操作细节不再赘述，详见第三章的"研究样本与程序"。同样，本书采用员工和部门主管两个来源获取数据。员工主要负责填写人口统计学变量、SRHRM、亲社会自我效能、人—工作匹配，而主管则负责填写任务绩效、组织公民行为和志愿者活动。本次调研共发放 400 份配对问卷，剔除问题问卷后，获得有效问卷 314 份，样本有效率为 78.5%。在 314 名被试中，男性占51.6%，女性占 48.4%。其中，52.8% 的员工年龄在 30 及以下，40.1% 的员工年龄在 30—40，7.1% 的年龄在 40 及以上。接受过大学以上教育的占61.5%，接受过硕士及以上教育的占 28.1%。

二、变量测量

同第三章，本研究统一采用李克特 7 点量纲测量各个变量，1 表示"完全不同意"，7 表示"完全同意"。具体测量结果如下所示。

（一）社会责任型人力资源管理

SRHRM 的测量采用沈洁和柏森（Shen and Benson，2016）的量表，

包含 6 个题项。员工对组织感知到的 SRHRM 进行评价，如 "公司在招聘和甄选环节，会考虑候选人特征—企业社会责任的匹配" "公司将企业社会责任的价值观培训作为组织的核心价值"。在本研究中，SRHRM 的 Cronbach's α 系数为 0.90。

（二）亲社会自我效能

亲社会自我效能的量表根据自我效能量表改编，包含 3 个题项，包括 "我自信能帮助他人" "帮助他人时，我自信能够解决出现的各种问题" "对于帮助他人，我信心十足"。员工采用 Likert-7 点量表进行自我评价。结果显示，亲社会自我效能的 Cronbach's α 系数为 0.86。

（三）任务绩效

同第三章，任务绩效采用 Williams 等（1991）开发的量表，包含 5 个题项。领导采用 Likert-7 点量表对员工进行评价，如 "该员工称职地完成所交给的职责"。结果显示，任务绩效的 Cronbach's α 系数为 0.88。

（四）组织公民行为

组织公民行为的测量采用樊景立等（Farh et al., 2007）的量表，共有 9 个题项。部门主管采用 Likert-7 点量表对员工表现进行评价，如 "该员工主动帮助同事分担工作负担"。在本研究中，组织公民行为的 Cronbach's α 系数为 0.87。

（五）志愿者活动

志愿者活动的测量采用罗德尔（Rodell, 2013）的量表，包含 5 个题项。部门主管采用 Likert-7 点量表对员工进行评价，如 "该员工投入时间参与公司组织的志愿者活动"。在本研究中，志愿者活动的 Cronbach's α 系数为 0.94。

（六）人—工作匹配

人—工作匹配的测量采用辛格和格林豪斯（Singh and Greenhaus，2004）的量表，包含3个题项。员工采用Likert-7点量表进行自我评价，如"我感觉自己和现在的工作很匹配"。在本研究中，人—工作匹配的Cronbach's α系数为0.80。

三、统计分析

同第三章，本研究仍采用SPSS 20.0进行描述性统计分析、相关分析与信度检验，采用Mplus 7进行验证性因子分析。最后，本书使用Mplus 7.11软件包建立结构方程模型（structural equation model，SEM；Preacher et al.，2010）来验证研究假设，所有的潜在变量由可观察到的条目表示。正如爱德华和兰伯特（Edwards and Lambert，2007）所建议的，这样可以在一个全模型中同时检验自变量、中介变量、调节变量的影响效应。

其中，我们采用麦金侬等（MacKinnon et al.，2004）的蒙特卡洛（Monte Carlo）方法，以获得间接效应的不对称百分比置信限。为了检验潜变量的交互效应，我们使用了潜变量调节结构方程法（Klein and Moosbrugger，2000）。这种方法提供了对测量误差进行校正的潜变量交互效应的无偏估计。

第四节　数据结果

一、验证性因素分析

首先，本研究采用了验证性因素分析（CFA）考察了SRHRM、亲社会自我效能、任务绩效、组织公民行为、志愿者活动、人—工作匹配这六个构念之间的区分效度。验证性因素分析结果如表4-1所示，与其他模型相比，六因子模型对数据的拟合效果最好，$x^2 = 1014.47$，$df = 419$，$x^2/df = 2.42$，$CFI = 0.90$，$TLI = 0.89$，$RMSEA = 0.07$。

表 4-1　验证性因子分析结果

模型	x^2	df	x^2/df	CFI	TLI	RMSEA
六因子模型	1014.47	419	2.42	0.90	0.89	0.07
五因子模型	1280.04	424	3.02	0.86	0.85	0.08
四因子模型	1671.50	428	3.91	0.80	0.78	0.10
三因子模型	2648.72	431	6.15	0.64	0.60	0.13
二因子模型	3183.34	433	7.35	0.55	0.51	0.14
单因子模型	3858.90	434	8.90	0.44	0.40	0.16

注：六因子模型：SRHRM，亲社会自我效能，人—工作匹配，任务绩效，OCB，志愿者活动；

五因子模型：SRHRM，亲社会自我效能＋人—工作匹配，任务绩效，OCB，志愿者活动；

四因子模型：SRHRM＋亲社会自我效能＋人—工作匹配，任务绩效，OCB，志愿者活动；

三因子模型：SRHRM＋亲社会自我效能＋人—工作匹配＋任务绩效，OCB，志愿者活动；

二因子模型：SRHRM＋亲社会自我效能＋人—工作匹配＋任务绩效＋OCB，志愿者活动；

一因子模型：SRHRM＋亲社会自我效能＋人—工作匹配＋任务绩效＋OCB＋志愿者活动。

二、描述性统计分析

表 4-2 描述了本研究各变量的均值、标准差和相关系数。从表 4-2 可以看出，SRHRM 分别与亲社会自我效能、组织公民行为和志愿者活动显著正相关（$r = 0.37$，$p < 0.01$；$r = 0.12$，$p < 0.05$；$r = 0.17$，$p < 0.05$）。亲社会自我效能与任务绩效、组织公民行为、志愿者活动显著正相关（$r = 0.12$，$p < 0.05$；$r = 0.14$，$p < 0.05$；$r = 0.26$，$p < 0.01$）。这些结果为本研究假设提供重要依据。

表 4-2　各变量的均值、标准差和相关系数

	M	SD	1	2	3	4	5	6	7
1 性别	1.49	0.54							
2 年龄	28.63	4.15	-0.20**						
3 SRHRM	5.22	1.09	-0.02	0.05					
4 亲社会自我效能	5.99	0.87	-0.18*	0.05	0.37**				
5 任务绩效	5.85	0.84	-0.02	-0.05	0.07	0.12*			
6 OCB	5.57	0.86	-0.07	-0.03	0.12*	0.14*	0.68**		
7 志愿者活动	5.44	1.20	-0.12*	0.00	0.17*	0.26**	0.40**	0.60**	
8 人—工作匹配	5.43	0.98	-0.09	0.10	0.53**	0.38**	0.04	0.09	0.20**

注：*$p<0.05$，**$p<0.01$。

三、假设检验

（一）中介作用检验

表 4-3 显示了 SEM 的直接效应，根据表中结果显示，当控制了员工性别和年龄之后，以及领导的性别和年龄之后，SRHRM 与亲社会自我效能正相关（$\beta = 0.18$，$p < 0.01$），支持假设 4-1。同样，从表 4-3 中可以看出，当控制了员工性别和年龄之后，亲社会自我效能分别与组织公民行为、志愿者活动正相关（$\beta = 0.25$，$p < 0.01$；$\beta = 0.35$，$p < 0.001$），与任务绩效不相关（$\beta = 0.17$，$p > 0.05$），因此假设 4-2a 部分支持。

同第三章，本研究采用蒙特卡洛（Monte Carlo）方法进行 2000 次拔靴法（bootstrapping）来计算间接效应（Preacher et al.，2010），间接效应结果如表 4-4 所示。SRHRM 通过亲社会自我效能与组织公民行为的间接效应值是 0.08（95% 的置信区间从 0.041 到 0.141，不包含 0）。SRHRM 通过亲社会自我效能与志愿者活动的间接效应值是 0.11（95% 的置信区间从 0.063 到 0.172，不包含 0），因此假设 4-2b 部分得证。

表 4-3　SEM 分析结果

变量		亲社会自我效能	任务绩效	OCB	志愿者活动
控制变量	性别	−0.20**	0.00	−0.10	−0.17
	年龄	0.00	−0.01	−0.01	−0.01
自变量	SRHRM	0.18**	−0.02	0.01	0.11
中介变量	亲社会自我效能		0.17	0.25**	0.35***
调节变量	人—工作匹配	0.21***			
交互项	SRHRM × 人—工作匹配	0.10*			

注：*$p<0.05$，**$p<0.01$，***$p<0.001$。

表 4-4　间接效应检验结果

路径	效应值	95%CI
SRHRM →亲社会自我效能→ OCB	0.08**	[0.041, 0.141]
SRHRM →亲社会自我效能→志愿者活动	0.11**	[0.063, 0.172]

注：**$p<0.01$。

（二）调节作用检验

表 4-3 显示了 SEM 的调节效应，根据表中结果显示，人—工作匹配显著调节了 SRHRM 与亲社会自我效能之间的正向关系（β =0.10，$p < 0.05$），支持了假设 4-3。此外，参考 Aiken 和 West（1991）程序，本研究绘制了调节效应图（见图 4-2）。结果显示，在人—工作匹配高的情况下，SRHRM 与亲社会自我效能的关系积极显著（simple slope = 0.28，t =0.38，$p < 0.001$）；在人—工作匹配低的情况下，SRHRM 对亲社会自我效能的影响不显著（simple slope = 0.12，t = 1.94，$p > 0.05$）；具体如图 4-2 所示。

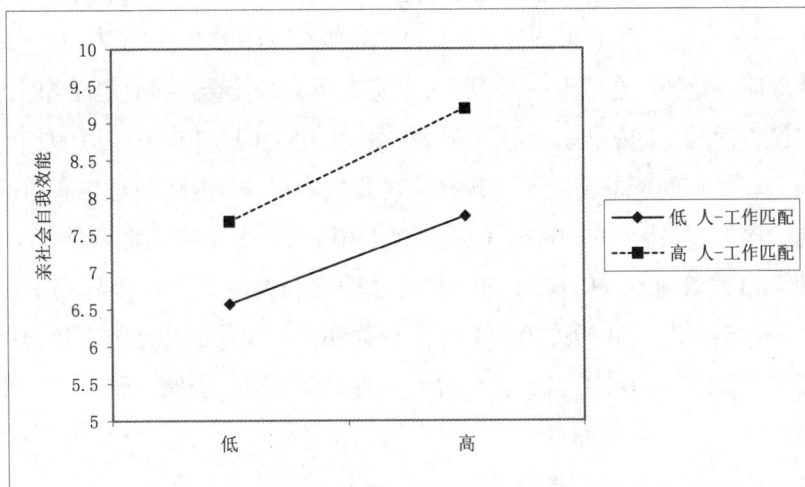

图 4-2　人—工作匹配的调节作用

（三）被调节的中介作用检验

同第三章，本研究根据 Preacher 等（2010）的做法，采用参数 bootstrap 方法来检验被调节的中介效应的显著性，分析结果如表 4-5 所示。由于本节中 SRHRM 通过亲社会自我效能与任务绩效的间接效应不显著，故不存在被中介的调节效应。因此，本研究只检验人—工作匹配对亲社会自我效能对 SRHRM 与 OCB、志愿者活动的中介作用的调节效应。

表 4-5　被调节的中介效应检验结果

调节变量	SRHRM→亲社会自我效能→OCB	SRHRM→亲社会自我效能→志愿者活动
低人—工作匹配	[0.002，0.047]	[0.003，0.092]
高人—工作匹配	[0.014，0.079]	[0.054，0.158]
差值（Δ）	[0.004，0.058]	[0.008，0.114]

结果表明，在低人—工作匹配的情况下，亲社会自我效能在 SRHRM 和 OCB 之间的间接作用不显著（$p > 0.05$，CI = [0.002，0.047]）；在高人—工作匹配的情况下，SRHRM 通过亲社会自我效能对 OCB 的影响显著（$p < 0.05$，CI = [0.014，0.079]）；而在高低两种情况下，亲社会自我效能在 SRHRM 与 OCB 之间的间接作用差异则不显著（$p > 0.05$，CI = [0.004，0.058]），因此，人—工作匹配并未调节亲社会自我效能在 SRHRM 与员工 OCB 之间的中介效应。此外，在低人—工作匹配的情况下，亲社会自我效能在 SRHRM 和志愿者活动之间的间接作用不显著（$p > 0.05$，CI = [0.003，0.092]）；在高人—工作匹配的情况下，亲社会自我效能在 SRHRM 与志愿者活动之间的间接作用显著（$p < 0.05$，CI =[0.054，0.158]）；而在高低两种情况下，亲社会自我效能在 SRHRM 与志愿者活动之间的间接作用差异则不显著（$p > 0.05$，CI = [0.008，0.114]）。这表明人—工作匹配调节亲社会自我效能在 SRHRM 与员工志愿者活动之间的中介效应。因此，假设 4-4 部分得到验证。

第五节　结果讨论

一、理论意义

本研究探讨了 SRHRM 通过员工亲社会自我效能的中介作用影响员工的组织绩效，即任务绩效和组织公民行为，以及员工的社会绩效，即志愿者活动。

（一）深入探讨了 SRHRM 的影响效应及内在机理

1. 本书扩展了 SRHRM 的影响效果。

企业 SRHRM 作为一种开展社会责任的人力资源管理实践，其是否能够促进企业社会责任的有效开展并为组织和社会带来积极效果对决定其是否具有价值，是否被企业采纳具有关键意义。然而，以往研究仅仅关注其与组织绩效如任务绩效、角色外帮助行为、员工组织承诺的关系。本研究在以往研究的基础上，同时探讨并检验了 SRHRM 对组织和社会的影响，更为全面地考察了企业 SRHRM 的影响效应。

2. 本研究基于社会认知理论，检验并证明了亲社会自我效能是 SRHRM 影响绩效的重要中介变量。

目前关于解释企业社会责任型人力资源管理的影响机制的研究尚不多，少有的研究主要从社会认同、社会交换理论的视角解释其影响机制。本研究选择员工效能的视角来解释 SRHRM 的影响作用，为后续研究提供了新的解释视角。

3. 本研究从人—工作匹配角度拓展了 SRHRM 影响效应的边界条件。

以往少数关于 SRHRM 的研究仅仅局限于组织文化或个体特征，少有研究设计工作任务的影响，而人—工作匹配是影响组织政策发挥作用的重要因素。本研究发现人—工作匹配会显著地调节 SRHRM 与亲社会自我效能之间的关系，即人—工作越匹配，SRHRM 对亲社会自我效能的作用效果越强。

（二）推进企业社会责任研究向微观的 OB、HRM 领域拓展

本研究响应以往学者的呼吁（De Roeck and Maon，2018），将企业社会责任引入微观的 OB、HRM 领域。本研究超越以往由外向内的视角，将组织内部员工摆在突出位置，强调将责任理念植入组织中的人，将各项活动落实到组织的运营实践中，促进了企业社会责任由宏观向微观、由理论向实践的过渡。

二、实践意义

本研究实证检验了SRHRM可以通过塑造员工的亲社会自我效能来提升员工组织绩效和社会绩效，并检验了人—工作匹配的调节效应。本研究的结论对实践具有以下指导意义。

（一）对组织管理者的意义

首先，企业可以通过人力资源管理的各项职能，如招聘对企业社会责任感兴趣的求职者、培养企业社会责任文化理念、提供相关的技能培训，塑造员工对自我帮助他人、承担责任的信心，进而发挥员工积极性和主动性，使其参与到组织社会责任活动的执行中。其次，人力资源管理政策的效果发挥受到人—工作匹配的影响。管理者应努力通过各项措施，例如严格的招聘与选拔、完善的培训、形式多样的薪酬奖励等，实现员工与其工作岗位的最佳匹配程度。本研究表明，合理的员工—工作匹配能够强化SRHRM对员工效能感的塑造。因此，合理的人—工作匹配有利于充分发挥组织政策实践的效果。

（二）对员工的意义

积极参与组织的人力资源管理实践，参与企业的社会责任活动，不仅能更好地完成本职工作，也能够实现对社会的积极影响，对满足新生代员工自我提升发展、自我实现的多元化需求大有助益。

三、研究的不足与未来研究方向

本研究基于自我效能理论，实证检验了SRHRM对员工绩效的影响效应和作用机制。研究结果基本上证实了研究假设，为社会责任型人力资源管理理论和实践发展提供了有价值的结论。但由于自身局限，本研究仍存在一些局限，有待未来学者进一步探讨改进。

（一）SRHRM 的测量局限

本研究要求员工对其组织中 SRHRM 的实施程度进行评估。值得注意的是，这种方法评估的是对 SRHRM 感知，而不是具体的 SRHRM 实践。虽然员工的人力资源管理感知与实际的人力资源管理实践密切相关，但我们鼓励未来的研究测量实际的 SRHRM 实践，以更好地体现人力资源管理实践有效性。

（二）结果变量选用局限

本研究选用志愿服务作为社会绩效的拟合变量，主要是因为它是组织中最被接受的 CSR 形式。然而，在企业实践中，员工可以做很多事情来提升社会绩效，比如开发环保技术，开发更健康的产品。未来的研究可以探讨、检验其他形式的社会绩效，来进一步扩展研究范畴。

（三）研究机制

从理论基础来看，由于当前对 SRHRM 的研究不够丰富，因而影响机制也较为单薄。大多学者围绕社会交换、社会认同理论来解释研究问题。后续研究可以借鉴社会责任领域的研究，探索更丰富的解释机制。此外，边界条件有待丰富化，如领导因素、工作任务因素以及文化因素，都是需要考量的因素。

第六节　本章小结

本章基于主动动机模型中"能够做"的角度探讨了 SRHRM 对员工绩效的影响及其作用机制。具体来说，本章基于社会认知理论中的自我效能理论，提出了 SRHRM 情境下的亲社会自我效能，并以 314 组领导—员工配对数据为样本，探讨了 SRHRM 通过塑造员工亲社会自我效能来同时提升其对组织的绩效和对社会的绩效。研究结果发现：

（一）SRHRM 会提升员工的组织绩效，即任务绩效和组织公民行为，以及社会绩效，即志愿者活动。

（二）SRHRM 会通过塑造员工的亲社会自我效能来影响员工后续的绩效。

（三）人—工作匹配会显著地调节 SRHRM 与结果变量之间的关系，员工的人—工作匹配越高，SRHRM 对员工亲社会自我效能感的影响越强。

第五章 基于情感事件理论的社会责任型
人力资源管理与员工绩效研究

第一节 问题的提出

第三章、第四章分别拟合了主动动机模型中的"应该做"（reason to do）、"能够做"（can do）两条机制来探索 SRHRM 在组织中的影响结果。本章将拟合第三条机制"想要做"（energized to do）路径来分析 SRHRM 的影响效应。以往学者将主动动机模型做了区分，指出"应该做""能够做"路径是冷的认知性动机过程，"想要做"路径是热的情绪性动机过程。这种冷热加工模式的区分源于心理学中自我调节的认知—情感加工系统（cognitive-affective processing system，CAPS）（Fox and Spector，2010；Mischel and Shoda，1995；Steinberg，2005）。该模型认为个体的态度行为受到冷、热两种信息处理系统的影响，即理性的认知系统和感性的情绪系统。认知系统意味着个体行为受到期望结果的指导，更加关注成本和收益。相比之下，情感系统则表示个体是由情感状态驱动的，其行为更加具有自发性。这两种不同的信息处理模型共同影响个体的行为。

以往的许多 OB 和 HRM 研究都是从认知的视角来解释组织政策的影

响效应，如经典的社会认知理论、社会身份理论、社会交换理论。事实上，情感也是组织情境中影响个体态度行为和绩效的重要因素。工作场所中的情感产生和影响，如激情、妒忌、生气、焦虑等都深深地交织在角色演绎、决策的制定中，并以显性或隐性的方式影响着组织中个体的认知、动机、行为。

企业社会责任是企业在发展经济的同时，关注全人类的福利，体现了对他人、对更广泛社会的人文主义关怀。这种理念价值不仅会引发个体的理性认知，更会引发个体情感反应。例如，当灾难性事件发生后，企业员工第一时间赶往现场抗震救灾。其中涌现出来的许多感人事迹，会唤起许多人的爱心、向善力和社会责任感。而当百度"魏则西"、长春长生"假疫苗"等恶性的企业不负责行为暴露出来，则往往会引发大众强烈的愤怒、抨击。事实上，许多企业，例如阿里巴巴、联想、华为都会在其企业社会责任网页信息中，展示相关视频和图片，唤起员工对社会责任的关注和对社会问题的情感共鸣（如悲伤、解脱、欣喜、骄傲）（Lyons and Kuron, 2014）。此外，由于长期受到注重"仁义"的儒家文化的熏陶，中国社会极为重视人情，讲求人际和谐。相比西方的理性精神，情感因素是影响中国企业员工的重要因素。因此，在中国的组织情境下，研究员工情感在企业社会责任政策开展中的作用具有现实意义。

鉴于此，本书将这种冷热二元框架扩展到 SRHRM 文献中，并提出 SRHRM 通过冷的认知路径和热的情感路径影响员工的组织绩效和社会绩效。在第三章、第四章，本书分别基于身份理论和自我效能理论，从冷的认知路径解释了员工对 SRHRM 的反应。而本章则从情感路径考察员工对 SRHRM 的反应。具体来说，在组织情境中，SRHRM 的开展对企业内部的员工具有何种情感反应？当组织宣扬这种责任和关心理念，是否激发出员工关注他人的处境并想要帮助他人的情感，即同理心？这是本章关注的第一个问题。

此外，企业社会责任意味着对组织外的个体的投入，涉及资源的分配问题。如何公平合理地分配对内对外的资源是企业在开展社会责任实践中所要面对的一个基本问题。只有当组织成员认为组织的资源分配是合理的，他们才能对组织的政策表现出积极的态度行为反应，并努力提高工作效率。反之，资源的分配不合理时会引发个体负面反应，如降低组织认同、承诺等。

迄今为止，学者们已经区分了四种类型的组织公平：分配公平（涉及资源、角色和责任的公平分配）、程序公平（决策中的公平）、信息公平（信息传递过程中个体是否受到公平对待）和人际公平（人际关系中个体是否受到上级有尊严的对待）。这四种公平在 SRHRM 实践的实现中普遍存在，例如，对社会问题进行合理投资（分配公平）的决策应该在公平程序过程（程序公平）中进行，在此过程中，信息应该公平地传递给每个人（信息公平、人际公平）。但比较而言，企业社会责任涉及资源的分配投入，与分配公平密切相关。员工是否受到组织公平合理的待遇，会影响到他们对组织政策的认知判断，特别是表达关心和责任的政策实践。因此，员工的分配公平感是否会影响其对 SRHRM 的反应是本章关注的第二个问题。

本章研究的理论框架如图 5-1 所示。

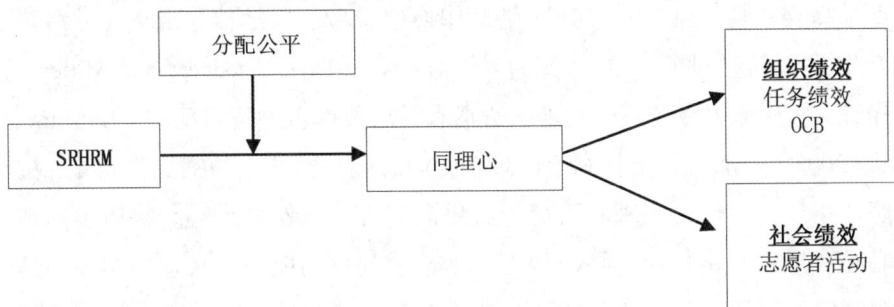

图 5-1　研究三模型图

第二节　研究假设

一、SRHRM 与同理心

同理心（empathy）是心理学中的重要概念，它首次由美国心理学家铁钦纳提出，用以描述"个体进入到别的东西内部"的过程（Titchener）。此后，不同领域学者纷纷对其内涵进行解释，具体来说，分为三种视角：（1）认知视角，例如，同理心是设身处地地理解他人的想法和观点（Hogan，1969）。同理心是站在他人立场上理解他人内部状态并由此产生的情绪反应（Hoffman，1977）。（2）情感视角，如同理心是体验他人情绪和感受的能力（Stotland，1969），是理解他人情绪状态以及分享他人情绪状态的能力（Cohen and Strayer，1996）。（3）复合视角，持此种观点的代表学者是戴维斯（Davis），他认为同理心具有复杂的内部结构，包含认知、情感和其他成分。

目前比较主流的观点是将同理心分为认知和情感两类，分别对应观点采择和移情关注。观点采择是个体换位思考、采纳他人观点，并可能产生关心和帮助行为的认知过程（Davis，1996；Eisenberg and Miller，1987）。移情关注是感受到他人遭遇和需求及产生的情绪反应（Batson et al，2007）。前者偏重认知上的理解，后者侧重情绪上的感受。此外，按照产生机制不同，同理心可分为特质同理心和状态同理心。特质类同理心是稳定的人格特质，是与他人产生情感共鸣的能力。状态类同理心是由特定情境诱发的、想象或观察他人所处情境或情绪而产生的情感反应（Hoffman，2001）。

本书主要关注由组织情境诱发的状态类的移情关注。它是个体由于理解了真实的或想象的他人的情绪而引发的与之一致或相似的情绪体验（Lazarus，1991，1999）。具备同理心的个体不仅善于判断他人的情绪，而且倾向于分享这些情绪，并以间接的方式体验它们。主要包含三个特点：

①对他人情感状态的高度敏感；②理解他人想法和感受；③采取某种行为反应改变他人状况。

此外，有必要区分一下同理心（empathy）和同情（sympathy、compassion）的概念。两者都是由他人经历引发自身的情感反应。二者区别在于：①从内容上来说，同情更多是对他人情感上的感受，同理心则不仅包含情感感受，还具有认知上的理解；②从反应结果来说，同情是对某人遭遇感到悲伤、怜悯，而同理心则具有采取行动改变他人状况的倾向。因此，相比之下，同理心对个体行为的预测更有解释力。

情感事件理论是解释情感在组织中作用的强有力的框架，描述了人体内情感状态的变化，它们的事件根源，以及它们对后续行为的影响（Weiss and Cropanzano，1996）。其核心观点是工作场所中特定的情感事件会引发员工特定情感反应，这些情感反应继而会影响员工在工作中的态度与行为。理解情感事件理论需要明确以下要点。

（一）情感是一个内涵较丰富的概念，包括两种不同的现象：情绪和心境。心境是一种持续时间较长，没有确定来源，程度较弱的情感状态。而情绪往往更激烈，更短暂，并有明确的对象或原因。例如，一个人可能会毫无任何原因的整个周日都心情不好，或者因为上级的批评而突然感到非常生气。尽管情绪和心境对组织中个体的态度行为都具有重要影响，但具体的情绪反应往往比心境更能准确预测特定的行为。因为情绪有不同的结构，指向特定的目标，源于不同事件并产生不同的结果。由此学者呼吁更多关注特定情绪的起因和后果的研究，例如生气、焦虑、感恩、同理心等。

（二）情感事件是情感的前因。情感事件是能够激发与工作相关的情绪反应事件。情感事件理论认为稳定的工作环境特征可以解释和预测变化的情感状态。例如，受到领导的批评、奖励，或者受到同事排斥，或者受到组织不公平对待等都会引发个体特定的情感反应。这些工作事件可以通过触发个体的情绪反应进一步影响个体的态度和行为。需要注意的是，特定事件会产生特定的情绪，例如，当员工受到表扬、奖励时就会产生快乐，受到批评、指责就会产生悲伤。

（三）在组织情境中，个体的情感反应源于对工作环境中情感事件的评估，即事件本身不会引起情感，对事情的评估才会引起个体情感反应。与之类似，情绪评价理论也指出，个体会密切关注环境动态，并对与自身利益相关的事件产生情绪反应（Scherer，1984；Scherer，2018；Scherer et al.，2001）。具体来说，学者从进化心理学的角度提出人们在产生同理心的情境中会进行成本—收益计算（Goetz et al.，2010）。在收益方面，人们会评价目标事件是否与自己有关，是否值得付出努力。而在成本方面，人们会评估他们自身资源、能力是否足以应对。在此基础上，阿特金斯和帕克（Atkins and Parker，2011）接着提出了一个综合评估模型，识别了同理心形成过程的三个关键评估要素。第一种评价是事件是否与自身相关。第二个评价是这个事件是否值得自己提供帮助。最后一种评估是个体是否有能力应对这个事件及其带来的结果。这三种评估共同决定个体的同理心是否产生。

基于情感事件理论和评估模型，本书提出员工对组织中 SRHRM 的感知会影响到其状态类的同理心。首先，SRHRM 通过向员工揭示其工作的社会影响，使员工能够理解企业社会责任与自身的关联性。例如，食品行业的员工会了解其工作质量与他人健康息息相关，而汽车行业的员工会知道其工作对他人的人身安全和能源消耗有重要影响。通过 SRHRM 知识培训，组织内的员工将与组织外的受其产品或服务影响的他人联系在一起。当员工意识到他们的工作对他人的广泛影响，便更有可能激发起做出积极的反应（Grant，2007，2012）。其次，SRHRM 能够让员工相信其在企业社会活动中的努力是值得的。一方面，SRHRM 宣扬了关心他人、关心社会的价值观，引导员工关注他人的需求和利益，促使员工感他人之所感，激发员工帮助他人的需求。通过关爱、责任理念，SRHRM 可以增强员工作为一个负责任的组织成员的自豪感和意义感。另一方面，企业社会责任对员工在社会责任活动中的物质激励也可以激发员工对企业人力资源管理实践的积极响应。例如，将员工的薪酬、绩效评估、晋升与员工关怀他人行为与物质激励挂钩。通过价值满足和物质激励，SRHRM 会直接影响到员工一系列心理需求和实际利益的有效满足，进而激活员工同理心。最后，SRHRM还通过提供一系列的知识、技能培训，如开发更环保的产品，与利益相关者沟通，来提升员工参与社会责任活动的能力。经过以上三种人力资源管理实践评估后，员工可能会支持、信任和接受人力资源管理实践所宣扬的关怀价值，然后对需要帮助的人产生同理心。事实上，一些学者（Muller et al.，2014）认为组织的慈善捐赠决策既可能取决于经理由上而下的理性决策，也可能受到员工由下而上的情感力量推动。他们整合了情感事件理论、群际情绪理论（intergroup emotions theory）、情绪渗透理论（affect infusion theory），提出了一个系统的理论框架，即组织成员对他人未知需求的集体同理心会影响经理的决策，进而影响企业慈善捐赠的可能性。因此，本书提出以下假设：

H5-1：SRHRM正向促进员工的同理心。

二、同理心与员工的组织绩效

在描述了特定事件如何产生特定的情绪反应后，情感事件理论继续指出，这些情绪反过来会引发工作中自发的、情感驱动的行为（Weiss et al.，1996；Weiss et al.，1999）。此外，韦斯等（Weiss et al.，1996）指出"情感驱动行为"与情感状态是密切相关的。而同理心是一种他人导向的情感反应，它会引发个体减少他人痛苦的愿望，推动人们做出有益他人的行为，因而会产生一种帮助他人的驱力。事实上，大量社会心理学研究已发现同理心是亲社会行为尤其是利他性行为的重要动机源。例如，有学者指出，富有同理心的个体倾向于"捕捉"他人的需求，并导致修复性的行为倾向，如利他主义和帮助（Omdahl and O'Donnell，1999）。同理，另外一些学者（Kamdar et al.，2006；Kidder and Parks，2001；Penner，2002）则发现，具有较高同理心的个体更倾向于把利他主义和礼貌看作是OCB的内在需求，并将OCB定义为角色内行为。反之，如果一个人对他人的需求不那么敏感，也不那么容易被观察到的需求所激发（缺乏同理心），那么他就更容易拒绝承担建设性的个人责任，从而不那么倾向于将OCB定义为一种角色要求。

基于此，本书预测，在工作场所，被同理心驱使的个体可能会对周围人的需求更敏感，能设身处地地去理解他人的想法，也更愿意施以援手，主动开展组织公民行为（OCB）。事实上，组织领域的学者已经开始注意同理心在预测 OCB 中的作用。例如，有学者预测并发现，情感性同理心在人际关系质量和关系性 OCB 之间起到中介作用（Settoon and Mossholder，2002）。而乔尔曼等（Joireman et al.，2006）则注意到那些具有较高同理心和长期视野的人更倾向于开展组织公民行为。此外，有学者（Pohl et al.，2015）以来自意大利北部的 222 名护士为样本，调查发现护士的认知同理心和情感同理心都对其 OCB 具有较大影响。此外，除了对 OCB 的促进作用外，SRHRM 所激发的同理心也可以直接或间接地促进任务绩效。因为这类他人导向的情感，如同理心，使人们更容易从他人的角度看问题，更容易合作，对信息更开放，更容易分享信息，对他人更友善。例如，有研究调查了来自 38 个国家的 37095 位中层领导。通过比较下属对目标领导者的同理心评价和上级对目标领导者绩效表现的评价，作者发现，拥有较高同理心的领导表现出更好的绩效水平（Sadri et al.，2011）。因此，我们假设：

H5-2a：员工同理心正向促进员工任务绩效、OCB。

H5-2b：员工同理心中介 SRHRM 与员工任务绩效、OCB。

三、同理心和员工的社会绩效

如在第三、第四章所述，志愿者活动是一种对组织外的他人表现出同情和关心的活动。志愿者活动作为一种主流的企业对社会承担责任的方式，对环境保护、缩小贫富差距、解决教育不公、改进社区服务等都具有较好的促进作用。此外，研究表明志愿者活动在保持企业良好声誉（Marquis et al.，2007），吸引和招募高质量求职者（Jones，1995），培养员工技能（Caligiuri et al.，2013），增强员工工作意义，提升组织内部自豪感（Boezeman and Ellemers，2007）、留职意愿和工作绩效（Craig-Lees et al.，2008；

Rodell et al.，2016）等方面具有显著作用。

正因为志愿者活动的诸多益处，学界一直对探索激发和维持个体长期参与志愿者活动的前因具有极大兴趣。目前关于志愿者活动前因的研究比较丰富，从个人、文化到情景因素，基本上可以分为两大类：利他主义因素和利己主义因素（Clary and Snyder，1999；Cornelis et al.，2013）。志愿者活动背后的利他动机通常被称作一种类似于"温暖的光辉"的感觉（Andreoni，1990），它是与亲社会帮助行为相关的情感，这种感觉本身就是一种激励。相比之下，利己主义因素主要是关心物质报酬。同理心，作为一种表达对组织之外的个体的关心的情绪，是一种利他导向的情感，很可能会促使员工参与志愿服务。事实上，长期以来的研究表明，具有同理心的个体很可能会参与组织内部的利他行为，比如公民行为（Kamdar et al.，2006）和组织外的志愿者活动（Craig-Lees et al.，2008）。同样，一些学者已经证明，具有较高同理心、情绪稳定性的人更容易参与志愿者活动（Stolinski et al.，2007）。与此观点一致，另一项实证研究表明，同理心是激励和维持志愿者长期积极参与的一个重要因素（Craig-Lees et al.，2008）。在此，我们假设同理心作为一种更直接的帮助和关心的方式，会激励员工参与志愿者活动。因此，我们提出如下假设：

H5-3a：员工同理心正向促进员工的志愿者活动。

H5-3b：员工同理心中介 SRHRM 与员工志愿者活动的关系。

四、分配公平的调节作用

长久以来，企业社会责任（CSR）和组织公平被学者认为具有共同的伦理规范基础，即公平合理地对待他人（Aguilera et al.，2007；Duane et al.，2016；Rupp and Mallory，2015）。企业社会责任是关于公平合理地对待组织外的个体或环境的规范，而公平是关于合理对待组织内部个体的准则。正如阿奎莱拉和她的同事（Aguilera et al.，2007）所描述的，"企业社会责任可以被视为一种社会公平"。因此，本书将企业社会责任与组织公平联系起来，解释 SRHRM 实践在组织中的影响效应。

公平是影响组织行为的重要因素（Folger and Cropanzano，1998）。以往学者主要将公平分为三类：程序公平、互动公平、分配公平（Skarlicki and Folger，1997）。其中，程序公平偏重于程序过程，互动公平则关注互动过程，而分配公平则关注资源、责任的分配。这三种公平在组织的SRHRM 实践中都会涉及。例如，对社会问题的资源投入（分配公平），需要公平的程序（程序公平），在此过程中信息应该公平地传递给每个人（互动公平）。本书主要关注分配公平，即员工对结果公平的评价（Adams，1963），主要原因在于，分配公平使组织内成员对资源、成本和投资更加敏感（Monin et al.，2013）。而 SRHRM 涉及对组织外个体的投资，涉及成本和资源问题，更可能会引起员工的关注。也就是说，分配公平的观念可能会放大 SRHRM 的效果。因此，本书预测分配公平会调节 SRHRM 的影响效果。

（一）员工的分配公平感越高，越会积极地接受和信任组织的 SRHRM 政策，更容易引发员工的情绪反应。

首先，分配公平向组织成员发出所有成员都受到组织重视的信号（Roberson and Colquitt，2005）。其次，分配公平感使管理政策更可信、更公正、更合理。最后，公平的待遇使员工能够以积极的工作态度和行为回报组织，为组织目标做出贡献（Cropanzano and Mitchell，2005）。事实上，以往学者也指出，公平感使员工更容易接受组织的政策和价值观，而不公平感会引发消极的认知、情绪、态度和行为（Monin et al.，2013）。

（二）当组织中的分配公平较低时，员工很可能对 SRHRM 实践产生消极反应。

学者指出，分配公平感较低时，员工不太可能信任组织政策（Aryee et al.，2002；Colquitt and Rodell，2011）。因此，他们可能认为 SRHRM 不那么值得信赖和可靠。事实上，学者表明，低公平感会带来许多不利的反应，如工作不满意，离职意愿（Daileyl and Kirk，1992），盗窃（Greenberg，1993），甚至组织报复行为（Christian et al.，2012）。此外，企业社会责任领域的学者发现，公平感是影响员工对企业社会责任真实性判断的重要因素（McShane and Cunningham，2012）。也就是说，是否公平对待员工可能会影响到员工对组织政策实践的评估和反应，特别是，当员工自身并未受到组织公平合理的待遇时，却被要求对他人传递关爱和帮助。因此，当员工自身正有低的分配公平感时，他们很有可能怀疑企业 SRHRM 实践的真实性，弱化其后续反应。因此，本书假设：

H5-4：分配公平调节 SRHRM 与同理心的关系，当分配公平越高，SRHRM 对同理心的积极作用越强。

假设 5-1、5-2a、5-2b、5-3a、5-3b 所揭示的关系进一步表现为被调节的中介效应模型。即，同理心在 SRHRM 与员工绩效之间起中介作用，但是该中介效应的大小取决于分配公平的大小。因此，本书提出如下假设：

H5-5a：分配公平调节了亲社会身份在 SRHRM 与员工任务绩效、OCB 之间所起的中介效应。分配公平越高，该中介效应越强。

H5-5b：分配公平调节了亲社会身份在 SRHRM 与志愿者活动之间所起的中介效应。分配公平越高，该中介效应越强。

第三节　研究方法

一、研究样本与程序

为了进一步增强本书实证模型的外部效度，本研究使用与前两章相同的问卷，重新发放收集数据。数据来源分为两种。第一种，导师的 MBA、EMBA 班级学员，大多为企业中高层管理者，且大多数是职能部门的管理人员。研究者在导师的帮助下，直接在课堂上向各个 MBA、EMBA 学员现场发放纸质问卷。第二种，通过问卷星网络问卷的方式，直接向研究者在企业工作的管理层校友和亲戚朋友收集电子数据。同样，为了保证研究样本的有效性，研究者在发放问卷之前，会有一个简短的沟通筛选过程。满足以下条件的研究对象才能被纳入样本中：①企业建立了与 CSR 相关的人力资源管理实践；②企业的主营业务与企业社会责任相关；③企业员工多于 500 人，已经具备足够规模来建立与社会责任相适应的人力资源管理体系；④问卷发放对象是企业的主管，至少具有 3 名以上的下属。只有满足以上条件的管理者才参与后续调研流程。经过仔细筛选，最终确定符合要求的调研主管有 110 人。其中，MBA 班级发放 70 套（包含 1 份主管问卷，3 份员工问卷），问卷星网络问卷发 40 套（包含 1 份主管问卷，3 份员工问卷），共 440 份问卷。

无论是线上还是线下的方式，数据收集过程都遵循严格的程序以保证数据的真实性。首先，研究者需要与各位符合要求的主管沟通本次调研目标和详细的操作流程，并向其发放主管问卷。然后，各主管人员选取 1—3 名下属，对其绩效表现打分，并将员工问卷分别发放其对应的下属填写。最后，由主管打包各组数据，以纸质或电子版的方式上交给研究者。具体来说，员工主要负责填写人口统计学变量、SRHRM、同理心、分配公平，而主管则负责填写任务绩效、组织公民行为和志愿者活动。

本次调研，剔除信息不一致、信息矛盾等问题问卷后，最终获得有效的主管—员工配对数据 269 份，样本有效率为 82%。在 269 名员工中，男性占 52%，女性占 48%。其中，67.1% 的员工年龄在 30 及以下，30.6% 的员工年龄在 30—40，2.3% 的年龄在 40 及以上。接受过大学以上教育的人数占 62.5%，接受过硕士及以上教育的占 33.1%。

二、变量测量

同第三、第四章，本节所有变量统一采用李克特 7 点量纲，1 表示"完全不同意"，7 表示"完全同意"。具体变量测量如下：

（一）社会责任型人力资源管理

SRHRM 的测量采用沈洁和柏森（Shen and Benson，2016）的量表，包含 6 个题项。由员工对组织感知到的 SRHRM 进行评价，如"公司在招聘和甄选环节，会考虑候选人特征—企业社会责任的匹配""公司将企业社会责任的价值观培训作为组织的核心价值"。在本研究中，SRHRM 的 Cronbach's α 系数为 0.89。

（二）同理心

同理心的测量采用摘自 Davis 的人际反应指标问卷（Davis，1996）中的共情关心（empathy concern）内容，包含 6 个题项。员工进行自我评价，如"对那些比我不幸的人，我经常有心软和关怀的感觉"。结果显示，同理心的 Cronbach's α 系数为 0.80。

（三）任务绩效

任务绩效的测量采用威廉姆斯等（Williams et al.，1991）开发的量表，包含 5 个题项。由领导直接对下属评估打分，如"该员工称职地完成所交给的职责"。结果显示任务绩效的 Cronbach's α 系数为 0.89。

（四）组织公民行为

组织公民行为的测量采用樊景立等（Farh et al.，2007）的量表，共有 9 个题项。由领导对员工表现进行评价，如"该员工主动帮助同事分担工作负担"。结果显示，组织公民行为的 Cronbach's α 系数为 0.89。

（五）志愿者活动

志愿者活动的测量采用罗德尔（Rodell，2013）的量表，包含 5 个题项。由领导对员工进行评价，如"该员工投入时间参与公司组织的志愿者活动"。在本研究中，志愿者活动的 Cronbach's α 系数为 0.94。

（六）分配公平

分配公平的测量采用科尔奎特（Colquitt，2001）的量表，包含 4 个题项。员工进行自我评价，分配公平的 Cronbach's α 系数为 0.92。

三、统计分析

本研究采用同前两章相同的数据处理程序，即本研究首先采用 SPSS 20.0 进行描述性统计分析、相关分析与信度检验，接着采用 Mplus 7 进行验证性因子分析，最后使用 Mplus 7.11 软件包建立结构方程模型（structural equation model，SEM；Preacher et al.，2010）来验证研究假设，所有的潜在变量由可观察到的条目表示。正如爱德华和兰伯特（Edwards and Lambert，2007）所建议的，这样可以在一个全模型中同时检验自变量、中介变量、调节变量的影响效应。

其中，我们采用麦金侬等（MacKinnon et al.，2004）的蒙特卡洛（Monte Carlo）方法，以获得间接效应的不对称百分比置信限。为了检验潜变量的交互效应，我们使用了潜变量调节结构方程法（Klein et al.，2000）。这种方法提供了对测量误差进行校正的潜变量交互效应的无偏估计。

第四节　数据结果

一、验证性因素分析

首先，本研究采用了验证性因素分析（CFA）考察了 SRHRM、同理心、任务绩效、组织公民行为、志愿者活动、分配公平这六个构念之间的区分效度。分析结果如表 5-1 所示，与其他模型相比，六因子模型对数据的拟合效果最好，$x^2 = 1331.61$，$df = 545$，$x^2/df = 2.44$，CFI $= 0.87$，TLI $= 0.86$，RMSEA $= 0.07$。

表 5-1　验证性因子分析结果

模型	x^2	df	$x^2/$ df	CFI	TLI	RMSEA
六因子模型	1331.61	545	2.44	0.87	0.86	0.07
五因子模型	1849.07	550	3.36	0.78	0.77	0.09
四因子模型	2441.94	554	4.41	0.70	0.67	0.11
三因子模型	2614.19	557	4.69	0.67	0.64	0.12
二因子模型	3658.57	559	6.55	0.50	0.46	0.14
单因子模型	4263.66	560	7.61	0.40	0.36	0.15

注：六因子模型：SRHRM，同理心，分配公平，任务绩效，OCB，志愿者活动；

五因子模型：SRHRM，同理心 + 分配公平，任务绩效，OCB，志愿者活动；

四因子模型：SRHRM+ 同理心 + 分配公平，任务绩效，OCB，志愿者活动；

三因子模型：SRHRM+ 同理心 + 分配公平，任务绩效 +OCB，志愿者活动；

二因子模型：SRHRM+ 同理心 + 分配公平 + 任务绩效，OCB+ 志愿者活动；

单因子模型：SRHRM+ 同理心 + 分配公平 + 任务绩效 +OCB+ 志愿者活动。

二、描述性统计分析

表 5-2 描述了本研究各变量的均值、标准差和相关系数。从表 5-2 可以看出，SRHRM 分别与同理心、组织公民行为和志愿者活动显著正相关（$r = 0.33$，$p < 0.01$；$r = 0.13$，$p < 0.05$；$r = 0.19$，$p < 0.05$）。同理心与任务绩效、组织公民行为、志愿者活动显著正相关（$r = 0.32$，$p < 0.01$；$r = 0.24$，$p < 0.01$；$r = 0.23$，$p < 0.01$）。这些结果为本研究假设提供重要依据。

表 5-2　各变量的均值、标准差和相关系数

	M	SD	1	2	3	4	5	6	7
1 性别	1.48	0.50							
2 年龄	31.11	5.16	0.04						
3 SRHRM	5.10	1.06	−0.41	0.01					
4 同理心	5.56	0.72	−0.06	0.08	0.33**				
5 任务绩效	5.82	0.87	−0.06	−0.01	0.07	0.32**			
6 OCB	5.54	0.89	−0.08	−0.04	0.13*	0.24**	0.69**		
7 志愿者活动	5.04	1.22	−0.13*	0.00	0.19*	0.23**	0.40**	0.59**	
8 分配公平	4.89	1.20	−0.11	−0.08	0.43**	0.16**	0.15**	0.26**	0.23**

注：*$p<0.05$，**$p<0.01$。

三、假设检验

（一）中介作用检验

表 5-3 显示了 SEM 的直接效应，根据表中结果显示，当控制了员工性别和年龄之后，SRHRM 与同理心正相关（$\beta = 0.21$，$p < 0.01$），支持假设 5-1。同样，从表 5-3 中可以看出，当控制了员工性别和年龄之后，同理心分别与任务绩效、组织公民行为、志愿者活动正相关（$\beta = 0.54$，$p < 0.001$；$\beta = 0.38$，$p < 0.01$；$\beta = 0.32$，$p < 0.01$），因此假设 5-2a、假设 5-3a 得到支持。

同样，本研究采用第三章、第四章的方法，即采用蒙特卡洛（Monte Carlo）方法进行 2000 次拔靴法（bootstrapping）来计算间接效应（Preacher et al.，2010），间接效应结果如表 5-4 所示。根据表中显示，SRHRM 通过同理心与任务绩效的间接效应值是 0.11（95% 的置信区间从 0.026 到 0.305，不包含 0）。此外，SRHRM 通过同理心与组织公民行为的间接效应值是 0.08（95% 的置信区间从 0.002 到 0.241，不包含 0）。因此，假设 5-2b 得证。最后，SRHRM 通过同理心与志愿者活动的间接效应值是 0.07（95% 的置信区间从 0.006 到 0.188，不包含 0），因此假设 5-3b 得证。

表 5-3　SEM 分析结果

	变量	同理心	任务绩效	OCB	志愿者活动
控制变量	性别	−0.06	−0.06	−0.17	−0.26
	年龄	0.01	−0.02	−0.02	−0.01
自变量	SRHRM	0.21**	−0.09	0.05	0.19*
中介变量	同理心		0.54***	0.38**	0.32**
调节变量	分配公平	0.04			
交互项	SRHRM × 分配公平	0.12*			

注：*$p<0.05$，**$p<0.01$，***$p<0.001$。

表 5-4　间接效应检验结果

路径	效应值	95%CI
SRHRM →同理心→任务绩效	0.11*	[0.026，0.305]
SRHRM →同理心→ OCB	0.08	[0.002，0.241]
SRHRM →同理心→志愿者活动	0.07*	[0.006，0.188]

注：*$p<0.05$。

（二）调节作用检验

表 5-3 显示了 SEM 的调节效应，根据表中结果显示，分配公平调节 SRHRM 与同理心之间的关系（$\beta = 0.12$，$p < 0.05$），支持了假设 5-4。此外，参考 Aiken 和 West（1991）的建议，本研究绘制了调节效应图（见图 5-2）。结果所示，在分配公平高的情况下，SRHRM 与同理心的关系积极显著（simple slope = 0.33，$t = 5.17$，$p < 0.000$）；在分配公平低的情况下，SRHRM 对同理心的影响不显著（simple slope = 0.10，$t = 1.63$，$p >0.05$）；具体如图 5-2 所示。

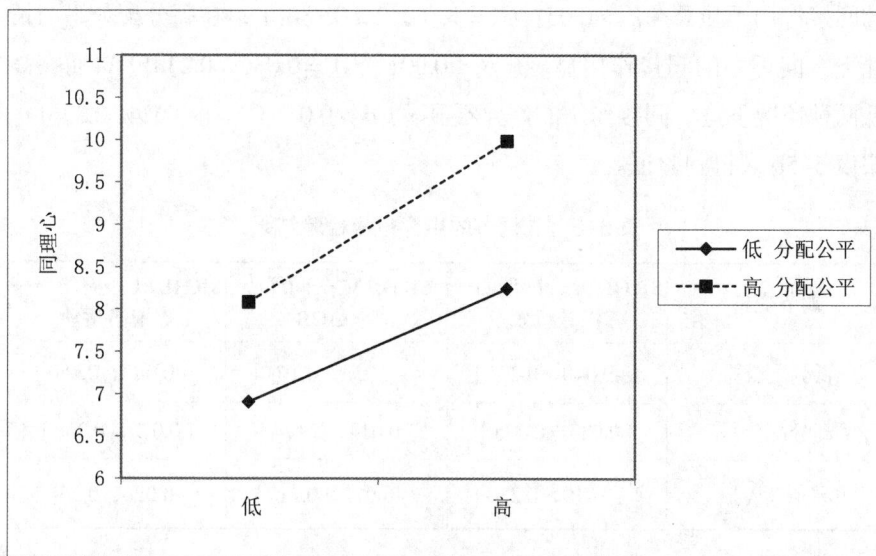

图 5-2　分配公平的调节作用

（三）被调节的中介作用检验

同第三章、第四章，本研究根据 Preacher 等（2010）的做法，采用参数 bootstrap 方法来检验被调节的中介效应的显著性，分析结果如表 5-5 所示。结果表明，在低分配公平的情况下，同理心在 SRHRM 和任务绩效之间的间接作用不显著（$p > 0.05$，CI =[−0.040，0.205]）；当分配公平较高的时候，同理心在 SRHRM 和任务绩效之间的间接作用显著（$p < 0.001$，CI =[0.043，0.235]）；而在高低两种情况下这一间接效应具有显著的差异（$p > 0.05$，CI =[−0.019，0.230]）。此外，在低分配公平的情况下，同理心在 SRHRM 和 OCB 之间的间接作用不显著（$p > 0.05$，CI = [−0.033，0.164]）；在高分配公平的情况下，同理心的间接作用显著（$p < 0.001$，CI =[0.014，0.194]）；而在高低两种情况下这一间接效应则不存在显著的差异（$p > 0.05$，CI = [−0.012，0.217]）。假设 5-5a 未得到验证。

最后，在低分配公平的情况下，同理心在 SRHRM 和志愿者活动之间的间接作用不显著（$p > 0.05$，CI = [−0.042，0.180]）；在高分配公平的情况下，同理心的间接作用显著（$p < 0.001$，CI =[0.036，0.238]）；而在高低两种情况下这一间接作用的差异不显著（$p > 0.05$，CI = [−0.024，0.236]）。假设 5-5b 未得到验证。

表 5-5　被调节的中介效应检验结果

调节变量	SRHRM →同理心→任务绩效	SRHRM →同理心→ OCB	SRHRM →同理心→志愿者活动
低分配公平	[−0.040，0.205]	[−0.033，0.164]	[−0.042，0.180]
高分配公平	[0.043，0.235]	[0.014，0.194]	[0.036，0.238]
差值（Δ）	[−0.019，0.230]	[−0.012，0.217]	[−0.024，0.236]

第五节　结果讨论

一、理论意义

本研究基于情感事件理论，检验了主动模型第三条路径，即"想要做"，探索了 SRHRM 如何塑造员工同理心进而影响员工任务绩效、组织公民行为和志愿者活动。本研究结果对 SRHRM、企业社会责任、战略人力资源管理领域的理论研究均有一定的启示。

（一）丰富拓展了 SRHRM 的影响效果及作用机理

1. 本研究基于情感事件理论，探索了 SRHRM 是否能够促进组织和社会的双赢，即企业 SRHRM 能否同时提升组织绩效和社会绩效。

少数以往对 SRHRM 的研究主要从认知的视角来探讨其影响机制。然而，除了认知、动机，情感也是组织情境中的重要解释机制。近年来，许多研究者已认识到组织中的许多前因变量正是通过情感来影响员工的态度、行为和工作绩效（Barsade and Gibson，2007；Elfenbein，2008；Miner and Glomb，2010）。因此，除了认知视角，本节从情感视角出发，基于情感事件理论，探讨并实证检验了同理心在 SRHRM 对员工绩效关系中的中介作用，为 SRHRM 研究提供了新的解释视角。此外，本研究将情感链接到企业社会责任领域，从而拓展了情感事件理论的应用范围。

2. 本研究挖掘了 SRHRM 作用效果的边界条件。

企业社会责任作为一种对企业外部利益相关者的资源投入，是否会受到组织内成员待遇的影响？基于公平领域中相关理论和文献，本研究考察了员工的分配公平对 SRHRM 与同理心关系的调节作用。本研究发现分配公平越高，SRHRM 对同理心的积极关系越强，进一步揭示了 SRHRM 产生作用效果的边界条件。

（二）推进企业社会责任研究向 OB、HRM 领域拓展

一直以来，企业社会责任就受到来自财务、金融、公司治理、营销等领域学者的关注。近三十年来，学者围绕企业是否应当承担社会责任提出不同的建议，但由于这些建议大多基于外部人视角，无法为企业开展社会责任提供系统性、可操作性的指导。本研究响应前人呼吁（Aguinis et al.，2012；De Roeck et al.，2018），从微观的 OB、HRM 视角研究企业如何有效开展企业社会责任，进一步推动企业社会责任向纵深方向发展。

二、实践意义

（一）企业应当积极发挥员工在开展企业社会责任中的积极作用，不仅应该从认知上塑造员工，也应从情感方面去感染、影响员工。

中国传统文化是一种伦理型文化，伦理型文化往往要依赖情感的纽带来维系，如"士皆悦而愿立于朝""感人心者，莫先乎情"。关注员工的情感需求，以情动人的管理方式，不仅符合中国传统文化理念，也是组织中重要的管理方式。同理心是一种把自己代入他人的位置，感同身受地理解，也设身处地地行动。培养其员工对社会建立同理心、对世界建立责任感对企业开展社会责任有积极意义。

（二）管理者在开展企业社会责任时要注意做好组织的分配公平。

分配公平会影响到员工对组织政策合理性的判断。当员工自身受到合理公平待遇时，其对组织的社会责任活动政策实践才会积极支持。

三、研究的不足与未来研究方向

如上两章，本研究也存在一些局限，需要在未来研究中加以改进：

（一）数据收集

尽管本研究重新收集了数据，但数据主要来源于 MBA、EMBA 课堂和问卷星数据。未来研究应尽可能选择线下数据，以增强本书结论的有效性。

（二）影响结果

从研究结果上来说，当前对 SRHRM 的研究还较为基础。尽管本研究弥补以往研究仅探讨组织内结果的局限，但全面揭示 SRHRM 的影响效应需要学者进一步的探索和努力。例如，有关 SRHRM 结果变量的研究可以拓展到更广泛的员工行为变量，如主动行为、创造力、变革行为，或者更广泛的员工意义感之类的变量，如幸福感、价值感。此外，全面把握 SRHRM 的负面效应，检验 SRHRM 对压力、耗竭、角色模糊、角色冲突的关系也是未来研究的方向。

（三）前因变量

本研究主要关注 SRHRM 影响结果和作用机制的探讨，并未对 SRHRM 的前因做进一步的挖掘。未来的学者可以从制度压力、组织目标、领导风格等方面探讨 SRHRM 的前因变量。

第六节　本章小结

本章基于情感事件理论，从热的情感机制视角检验了主动动机模型中"想要做"的路径。具体来说，本章探讨了 SRHRM 对员工组织绩效（任务绩效和 OCB）和社会绩效（志愿者活动）的影响及其作用机制。通过 269 组领导—员工配对数据为样本，本章检验并证实了 SRHRM 能够激发员工的同理心，进而提升其对组织的绩效和对社会的绩效。研究结果发现：

（一）SRHRM 能够同时提升员工的组织绩效，即任务绩效和组织公民行为，以及社会绩效，即志愿者活动。

（二）SRHRM 会通过激活员工的同理心来影响员工后续的绩效。

（三）分配公平会显著地调节 SRHRM 与结果变量之间的关系。

其中，员工的分配公平越强，SRHRM 对同理心的正向影响越强。

第六章　实证研究总结与展望

　　企业社会责任是企业在发展经济的同时，促进社会进步，推进社会福利。企业主动承担社会责任，一方面会促进社会的整体进步，另一方面又能为组织自身发展创造机遇，在激烈的国际、国内竞争中获得可持续发展。特别是在新时代，伴随着"一带一路"的国际倡议蓬勃发展，企业社会责任已被赋予全球视野，成为社会共识。主动承担社会责任是企业赢得竞争，获得基业长青的必由之路。而 SRHRM 就是一种将企业社会责任转化为具体实践的人力资源管理政策实践。SRHRM 能否有效促进企业开展社会责任，企业能否在促进社会效益的同时带来积极的组织绩效，即鱼和熊掌能否兼得？这个问题的解答关乎企业社会责任价值是否落到实处，关乎新的历史时期中国特色社会主义文明的推进，关乎中国能否在激烈的国际化竞争中做到大国崛起并施展积极的国际影响力。因此，研究 SRHRM 的影响效果和作用机理便具有重要的理论意义和实践意义。

　　本书将帕克（Parker）的主动动机模型引入 SRHRM 领域，提出了 SRHRM 主动模型，探索企业的 SRHRM 能否发动员工参与，有效开展企业社会责任实践，以带来积极的组织绩效和社会绩效，实现企业和社会的双赢。模型包含三条路径，即 SRHRM 如何通过影响员工"应该做""能够做""想要做"三种心理动机状态，提升其后续的行为绩效结果。围绕这一思路，本书分别针对主动模型的三条路径设计了三个子研究，细致深入地探索 SRHRM 如何调动员工参与来实现积极的组织绩效和社会绩效。具体研究过程如下：（1）研究一对应"应该做"路径，整合了身份理论和一致性理论，探讨了 SRHRM 通过亲社会身份的中介作用对员工的组织绩效，即任务绩效和组织公民行为，以及社会绩效，即志愿者活动的影响，并检验了文化层面的长期导向和个体层面的自我提升动机的调节效应。（2）研究二拟合"能够做"路径，基于社会认知理论，检验了 SRHRM 通过亲社会自我效能的中介作用对绩效的影响，以及人—工作匹配的调节作用。（3）前两个研究主要从认知视角来解释 SRHRM 的影响机制，研究三则从情感视角来解释其影响机制，即研究三拟合"想要做"，基于情感事件理论，探索了 SRHRM 通过同理心这一情感中介对绩效的影响，以及分配公平的边界效应。总之，本书通过三个子研究层层递进地探索了中国情境下 SRHRM 是否能够实现企业和社会的双赢的问题（研究结论如表6-1所示），回答了"鱼和熊掌能否兼得"的两难抉择。这对企业开展互利共生的社会责任、赢得可持续发展，推进广大人民的社会福祉，建立和谐社会都具有理论意义和实践意义。

表 6-1　研究假设验证结果汇总

假设	内容	支持与否
H3-1	SRHRM 正向促进员工的亲社会身份	支持
H3-2a	亲社会身份正向促进任务绩效、OCB	支持
H3-2b	亲社会身份中介 SRHRM 与任务绩效、OCB	支持
H3-3a	亲社会身份正向促进志愿者活动	支持
H3-3b	亲社会身份中介 SRHRM 与志愿者活动	支持
H3-4	自我提升动机调节 SRHRM 与亲社会身份，自我提升动机越高，SRHRM 对亲社会身份的积极作用越强	不支持
H3-5	长期导向调节 SRHRM 与亲社会身份的关系，当长期导向越高，SRHRM 对亲社会身份的积极作用越强	支持
H3-6a	自我提升动机调节了亲社会身份在 SRHRM 与员工任务绩效、OCB 之间所起的中介效应。自我提升动机越强，该中介效应越强	不支持
H3-6b	自我提升动机调节了亲社会身份在 SRHRM 与员工志愿者活动之间所起的中介效应。自我提升动机越强，该中介效应越强	不支持

续表

假设	内容	支持与否
H3-7a	长期导向调节了亲社会身份在 SRHRM 与员工任务绩效、OCB 之间所起的中介效应。长期导向越高，该中介效应越强	支持
H3-7b	长期导向调节了亲社会身份在 SRHRM 与员工志愿者活动之间所起的中介效应。长期导向越高，该中介效应越强	支持
H4-1	SRHRM 正向促进员工亲社会自我效能	支持
H4-2a	亲社会自我效能正向影响任务绩效、OCB、志愿者活动	部分支持
H4-2b	亲社会自我效能中介 SRHRM 与任务绩效、OCB、志愿者活动的关系	部分支持
H4-3	人—工作匹配调节 SRHRM 与亲社会自我效能的关系，人—工作匹配越高，SRHRM 对亲社会自我效能的正向影响越强	支持
H4-4	人—工作匹配调节了亲社会自我效能在 SRHRM 与员工任务绩效、OCB、志愿者活动之间所起的中介效应。人—工作匹配越强，该中介效应越强	部分支持
H5-1	SRHRM 正向促进员工的同理心	支持
H5-2a	员工同理心正向促进员工任务绩效、OCB	支持
H5-2b	员工同理心中介 SRHRM 与员工任务绩效、OCB	支持
H5-3a	员工同理心正向促进员工的志愿者活动	支持
H5-3b	员工同理心中介 SRHRM 与员工志愿者活动的关系	支持
H5-4	分配公平调节 SRHRM 与同理心的关系，当分配公平越高，SRHRM 对同理心的积极作用越强	支持
H5-5a	分配公平调节了亲社会身份在 SRHRM 与员工任务绩效、OCB 之间所起的中介效应。分配公平越高，该中介效应越强	不支持
H5-5b	分配公平调节了亲社会身份在 SRHRM 与志愿者活动之间所起的中介效应。分配公平越高，该中介效应越强	不支持

第一节 总体研究结论

（一）组织推行开展企业社会责任实践的人力资源管理政策能够消融"鱼和熊掌不可兼得"的社会困境。

SRHRM 能够同时提升员工的组织绩效和社会绩效，在促进社会长远福利的同时，带来组织发展的积极结果，实现企业和社会的和谐共赢。具体来说，企业可以同时提升员工对组织的任务绩效、OCB 和对社会的志愿者活动行为。

（二）SRHRM 能够通过塑造员工的亲社会身份提升员工对组织的绩效，即任务绩效和组织公民行为，以及员工对社会的绩效，即志愿者活动。

作为中国传统文化特征的长期导向，会显著地调节 SRHRM 与亲社会身份之间的关系，长期导向越高，SRHRM 对亲社会身份的积极作用越强。然而，作为个体动机的自我提升动机则对 SRHRM 与亲社会身份关系的调节效应不显著。

（三）组织推行企业社会责任实践的人力资源管理政策会通过塑造员工的亲社会自我效能提升员工对组织和社会的绩效。

具体来说，社会责任型人力资源管理会通过提升员工的亲社会自我效能提升员工后续的组织公民行为、志愿者活动。然而，社会责任型人力资源管理对员工的任务绩效无显著影响。此外，人—工作匹配这一工作特征会显著地调节 SRHRM 与亲社会自我效能的关系，人—工作匹配越高，SRHRM 对亲社会自我效能的积极作用越强。

（四）除了影响员工的"冷"的认知反应，SRHRM 还能通过影响员工的"热"的情感体验来影响其后的绩效结果。

具体来说，SRHRM 会通过激发员工的同理心提升员工对组织和社会的绩效。此外，作为体现员工待遇合理性的分配公平会显著地调节 SRHRM 与同理心的关系，分配公平越高，SRHRM 对同理心的积极作用越强。

第二节　研究局限和展望

尽管本书在推进企业社会责任和人力资源管理跨领域结合的研究中做了探索性的尝试，为企业社会责任由理念转为实践，以及推进可持续战略人力资源管理发展提供一些启示，仍然有以下几方面的局限性：

（一）概念和定义的模糊性

SRHRM 定义和内容的清晰界定是 SRHRM 理论推进和实践发展的基础。尽管沈洁和柏森（Shen and Benson，2016）做出了有价值的探索，但 SRHRM 还没有统一的定义。此外，SRHRM 的测量还比较粗放，仅仅包含招聘、甄选、培训、绩效、晋升、考核等项目，可能并不能涵盖企业中更具体、更有特色的实践形式。定义和测量的限制会制约未来 SRHRM 研究的进一步推进，因此目前首先面临的问题是厘清 SRHRM 的定义内涵和精细测量方式。

（二）研究设计的局限性

SRHRM 作为企业社会责任和人力资源管理的交叉研究主题，近年来引起学者的广泛关注，但实证研究还为数不多。现有的少数研究设计也仅仅回答最基础的问题，如 SRHRM 对组织员工态度、行为有何积极的影响，缺乏对其影响效果和机制更深入的探索，具体表现在以下四个方面：

1. 影响结果的单一性

目前有关 SRHRM 的研究尚不太多，对其结果变量的探讨非常有限，如对组织内的变量的考察仅仅局限于任务绩效和组织公民行为。SRHRM 融入了责任理念，具有道德色彩，当企业为了促进社会利益，满足公众期望，承担对社区、环境、消费者及员工的责任，是否会对员工意义感、价值感、幸福感产生影响呢？此外，不同于单纯提升组织利益的政策实践，SRHRM 是将社会问题化为商业机遇的组织政策实践，它是否会带来积极的社会效益呢？如果能，到底会促进哪些方面的社会绩效提升？本书仅仅考察了志愿者活动这一变量来拟合社会绩效，是否还有其他更具代表性的变量，如慈善捐赠或其他实现企业和组织利益双赢的员工创新行为？未来的研究可以思考这些问题。

2. 解释机制的匮乏

目前关于 SRHRM 的影响效果的机理主要局限于社会认同和组织承诺，

未来的研究可以尝试使用更多样化的理论视角。此外，有关企业社会责任对员工影响的边界条件研究还较为零散，忽略了很多重要影响因素，如领导。作为组织的代理人，领导的特征、风格、态度和行为都对员工的反应有不容忽视的影响。此外，文化作为一种意识形态，对组织员工的价值观和行为方式有着潜移默化的影响。中国文化自古以来就蕴含社会责任思想，其核心——儒家思想中的"仁政""重义轻利""天人合一"体现了人与环境的和谐相处。未来研究可以尝试探索中国文化因素、领导特征及它们之间的交互作用对企业社会责任与员工关系的影响。

3. 缺少中国文化情境的研究

目前有些关于企业社会责任的研究是在中国情境下展开的，但是并未体现中国情境的实践背景。改革开放四十年来，越来越多的中国企业开始接受社会责任理念，并将企业社会责任由以往单一的慈善捐赠扩展到对社会和环境有影响的决策和行动中。如何在巨大的经济压力和发展挑战下，通过组织的人力资源管理体系，开展适合自身的社会责任实践，从而发挥企业在稳定增长、促进创新、增加就业、改善民生、促进慈善等方面的重要作用，是中国企业当前面临的重要难题。因此，扎根中国企业现实，深入剖析 SRHRM 在中国情境下的影响效应和作用机理，将是未来研究的重要方向。

4. 实证调研的局限性

SRHRM 作为一种可持续的、系统的贯彻责任理念、落实责任行动的组织政策，并非每个企业在实践中都会开展。在当前中国情境下，规模大、实力强的企业更容易采取这种政策，是研究 SRHRM 更为合适的样本选择。然而，由于研究者资源有限，难以获得较多的大型企业的数据资源，因此，本书的研究设计也受到实证调研局限性的影响。首先，本书中选取的调研企业较少，一定程度上影响研究结果的外部效度。其次，SRHRM 政策实践作为组织的一种宏观的政策实践，其影响效果从上到下地传递到员工，是否存在跨层影响效应呢？同样，由于研究者资源有限，难以收集到多个企业层的数据。最后，尽管本书采用主管—员工配对数据，仍然不能严格考察变量之间的因果关系。因此，未来的研究在样本的选择上尽可能选择更多的大型企业，在数据收集上尽量采用分时间点测量或者纵向追踪的方式设计跨层研究，收集多个企业层的数据，从而，更为全面、清晰地揭示SRHRM 的作用机制。

　　总之，时代在进步，社会在发展，企业在成长，企业社会责任理论和实践也要与时俱进。作为新时代背景下应运而生的研究主题，SRHRM 研究仍是一个需要更多关注和深入探索的领域。

第七章 社会责任型人力资源管理
实践发展

近年来，随着责任价值和理念的深入人心，企业社会责任运动也开始蓬勃发展。企业履行社会责任已成为企业回馈社会的重要举措之一。越来越多的企业开始将企业社会责任与商业模式相结合，探索开创性的责任实践来实现企业和社会的共赢。在十余年的探索历程中，国内也涌现出一些优秀社会责任实践。

第一节 阿里巴巴社会责任型人力资源管理实践

阿里作为全球最大的电子商务平台，在其发展壮大过程中，探索出许多融会社会责任理念的商业模式和发展战略。阿里巴巴社会责任专家陈卓表示，"只有内生于商业模式的企业社会责任实践，才能实现可持续发展"。近几年，阿里巴巴基于自身商业模式和业务专长打造了囊括网商、消费者、公益组织等在内的公益平台，如支付宝捐赠平台、公益宝贝，用于环境保护、扶贫帮困、行业发展等。此外，阿里的线上平台还衍生出免费午餐、爱心林、救助好猫好狗、孤儿保障大行动、魔豆宝宝爱心工程等多样化形式。此外，在线下，阿里巴巴通过最新的电子商务技术，围绕商业生态圈建设，拉动了快递行业、导购、装修、美工、客服等工作岗位就业，为个人和企业提供更多创业就业的可能。同时，阿里通过技术扶持和引导，将偏远地区海量的农副产品输送给更多的消费者，为当地注入了经济活力，改善当地落后的经济状况。据统计，2020—2021 年间，阿里巴巴为 300 家县级医院的 7000 名医生提供了相关专业培训；通过提供电商专家下乡服务，阿里为 100 万基层电商从业者提供信息化培训课程；此外，阿里在欠发达地区建立 10 个数字产业基地，并优先照顾贫困妇女，为其提供约 10 万人次的就业岗位，极大地促进了乡村振兴。[①] 随着中国经济数字化转型，阿里巴巴持续推动上下游产业发展，丰富了社会就业生态，为稳定就业提供了重要支撑。事实上，在我国，由于缺乏数字化转型的能力，很多中小企业都陷入了困境。而阿里巴巴利用自己的数据优势构建了一个商业生态，通过创新的模式、应用和技术，帮助中小企业实现数字化转型升级。因此，阿里巴巴的社会责任不仅仅是示范，更是对数字化时代"授人以鱼不如授人以渔"的诠释和践行。

第二节　联想集团社会责任型人力资源管理实践

作为全球最大的个人电脑厂商、超级计算机供应商以及 IT 解决方案与服务的提供者，联想集团一直以来都是社会责任实践领域的探路者和引导者，并在节能减排、科技惠民、行业发展等方面做出了突出贡献。

近年来，随着全球气候变化，改善生态文明、推进绿色发展逐渐成为企业面临的重要机遇和挑战。联想集团积极响应国家"双碳"战略，不断通过科技创新，降低销售产品、采购商品和服务以及上级物流运输的碳排放，实现绿色可持续发展。据统计，2019—2020 年，联想集团减排 92% 的温室气体，超过了 2010 年度预定目标的 40%。在此基础上，联想制定

---

① 数据来源：2020—2021 阿里巴巴集团社会责任报告。

了 2030 年的减排目标：公司运营碳排放减少 50%，达到温室气体排放净零水平。①

除了加速自身节能减排，联想集团也致力于带动供应链上下游供应商进行绿色生产、科学减碳。联想集团建立了一个包含绿色生产、供应商管理、绿色物流、绿色回收和绿色包装的供应链体系。通过在有害物质减排、温室气体排放、再生资源循环使用等方面制定标准化程序，联想集团极大强化供应商的绿色生产规范。与此同时，通过供应链体系管理，联想集团将最新的责任理念和实践经验传递给上下游供应商，进一步推动整个行业的转型升级和可持续发展。

另外，近年来，联想集团积极践行"科技惠民"理念，通过开展 STEM② 来大力改善贫困地区师生的教育水平。其中包括：为西藏、云南等不发达地区捐赠 170 万美元的商品和智能装备；组织 286 位志愿者在乡村开展志愿活动，传授"萤火虫"STEM 教学，为内蒙古 20 个孩子举办"萤火虫"科学夏令营；为 23 个边远地区的 1358 个孩子提供了 16572 册科学图书；资助四所高校的毕业生，培养优秀人才；对西部地区 12 位科技老师进行了培训，并向他们介绍了先进的 STEM 教学方式。2019 年，联想参与中国扶贫基金会"爱心义工"徒步活动。公司主席和首席执行官杨元庆与联想的员工、客户、合作伙伴和媒体共同组建了 35 个团队，进行了 50 公里的徒步旅行，为我国的 3500 个贫困儿童筹集了近 13 万美元的援助，助他们温暖过冬天。

除此之外，还有许多其他优秀的社会责任实践者。作为国内最大的互联网综合服务商之一，腾讯有着深厚的网络安全技术积累。腾讯将微信、移动支付、小程序等数字技术推广到贫困地区，让落后地区的人们能够享受数字化带来的红利，同时推进当地产业扶贫、助力乡村振兴战略。华能

---

① 数据来源：联想集团《2020/21 财年环境、社会和公司治理报告》。

② STEM 是科学（science）、技术（technology）、工程（engineering）、数学（mathematics）四门学科英文首字母的缩写。

集团在水电开发过程中坚持可持续发展，保护鱼类繁殖，促进人与自然和谐发展。中国黄金集团通过矿山避险系统建设、尾矿复垦、关注社区发展，践行价值黄金、环保节能、安全健康、和谐共赢等核心理念。华润集团自2008年在广西、四川、河北等地建立多个具有生机、活力、绿色的华润希望小镇，通过发挥自身的产业和资源优势解决"三农"问题。

这些在社会责任前行路上的先驱为中国企业开展情境化的社会责任活动提供了宝贵经验。它们具有以下几个共同点：①将企业社会责任理念融入企业战略规划中，将企业的目标、远景、核心价值观与企业社会责任相结合；②建立与企业社会责任相匹配的人力资源管理体系，确保责任理念和战略落地；③切实把社会责任融入生产经营的日常工作中，使各部门、各岗位充分考虑工作对社会环境的影响，并关注重要利益相关者的期望；④紧密结合自身业务优势和社会责任议题，长期致力于解决社会环境问题；⑤持续创新社会责任实践模式，为企业和社会创造共享价值。

第八章　新时代社会责任型人力资源管理研究议题和实践发展

　　2020 年，以习近平总书记为核心的党中央谋划发布了指导国民经济和社会发展第十四个五年规划。十四五规划标志着中国特色社会主义进入新时代，开启了全面建设社会主义现代化国家新征程。在新时代的背景下，"双碳"理念、"共同富裕"等时代命题，深刻影响和改变着企业社会责任形式与内涵。与此同时，当前世界正处于百年未有之大变局，积极践行社会责任成为中国企业应对不确定商业环境、实现逆势生长的重要路径和选择。新时代新要求进一步推动了社会责任型人力资源管理理论和实践的变革发展。

第一节　社会责任型人力资源管理对员工韧性的影响研究

一、研究依据

　　古人云，疾风知劲草。危机之下，有些企业难以为继、岌岌可危，而有些企业却能因势利导、转危为安，展现出良好的"劲草"属性——"韧性（resilience）"。曹仰锋在其案例研究中发现，韧性是企业成功抵御风险、走出逆境的关键因素（曹仰峰，2020）。员工韧性作为组织韧性的重要来源，近年来也逐渐引发学者关注（诸彦含 等，2019）。员工韧性是指在充满挑战和威胁的情境中个人也能够成功适应的过程、能力或结果（诸彦含，2020）。已有研究表明高韧性员工具有更高满意度（Youssef and Luthans，2007）、创新绩效（姚莹莹、葛玉辉，2020），也能更好地适应组织变革（Williams and Shepherd，2016）。而遭遇意外变化与危机时，员工韧性所带来的积极结果尤为显著（Stoverink et al.，2020）。尽管员工韧性的重要意义已得到认可，但是企业应如何有意识地构建相关的管理体系以培育员工韧性、应对不确定情境，即挖掘员工韧性的前因变量，则尚未得到应有的关注。因此，笔者拟以社会责任型人力资源管理理论为基础，研究员工韧性的驱动因素及提升路径。

以往学者发现人力资源管理体系是预测员工韧性的重要变量（Cooke et al.，2019；Nadeem et al.，2019）。作为人力资源管理实践的重要类型，社会责任型人力资源管理（socially responsible human resource management，SRHRM）是组织员工参与以有效开展企业社会责任的人力资源管理体系，致力于实现企业和社会长远可持续发展（沈洁、柏森，2016）。相比传统人力资源管理，SRHRM 更关注人文关怀、员工关系、组织长期可持续发展，对员工韧性塑造具有独到作用。这种独到的作用体现在，一方面，SRHRM 对内关注员工身体健康和心理安全，并注重将员工打造为责任共同体成员，更能激发员工的凝聚力和认同感，使员工能够共同应对各种风险。另一方面，SRHRM 对外关注企业和社会的可持续发展，致力于塑造员工的开放心态和多元化视角，提升员工的社会责任感，引导其从社会责任的角度应对风险事件。尽管 SRHRM 实践对员工韧性的积极作用可见一斑，但学界尚未有研究对二者关系进行深入系统的理论探讨和实证检验。鉴于此，本课题整合社会责任型人力资源管理和员工韧性理论知识，引入 Parker（2009）的主动动机框架（proactive motivation model），分别从"应该做""能够做""想要做"三条路径探索社会责任型人力资源管理（SRHRM）对员工韧性的驱动过程，并考察环境不确定性的调节效应，进而形成了本课题的研究主题：基于主动动机视角的社会责任型人力资源管理对员工韧性的影响研究。

1. 理论价值

（1）以往韧性研究大多关注宏观层面的组织韧性、社区韧性，而本课题聚焦微观层面的员工韧性视角，探索员工韧性构建策略，拓展了韧性研究视角。（2）相比以往单一、零散的解释机制，本课题基于主动动机视角，分别从身份理论、自我效能理论和情感事件理论三条路径系统构建并实证检验员工韧性的驱动路径，进一步丰富了员工韧性的解释机制。（3）以往研究较多关注 SRHRM 对员工绩效影响，本课题则进一步将 SRHRM 的影响范围拓展到员工韧性，并从环境不确定性视角考察其作用的边界条件，丰富和拓展了 SRHRM 的结果变量研究。

2. 实践价值

（1）全球经济环境复杂不确定性日渐成为常态，积极培育员工韧性，增强员工认同感和凝聚力，有助于员工和企业共渡难关，实现反弹生存，转危为机。（2）企业应积极承担社会责任实践，通过建立更广泛的利益相关者联结机制，增强企业抵御风险的能力。（3）SRHRM 实践不仅能够推动社会责任活动的开展，也能够培育员工的内部人身份，提升其角色宽度自我效能，培养员工与组织上下同欲的同理心，帮助组织和员工更有效地应对内外部挑战。

二、国内外研究的现状

（一）员工韧性相关研究

1. 员工韧性的起源、定义和内涵

韧性也叫作复原力、弹性，最早源自 20 世纪初的物理学领域，指物体柔软坚实，不易折断破裂的性质。韧性早期应用于生态学、工程学、社会学、心理学，直到"9·11 事件"、卡特里娜飓风等风险性与危机性事件的暴发，才逐渐被引入到组织管理领域（诸彦含 等，2019；诸彦含 等，

2020）。目前学界对韧性的研究分为两条路径：一是以系统为载体的物理学发展路径，主要强调个体系统的恢复能力，并在恢复过程中衍生新的能力，如城市韧性、家庭韧性、组织韧性等；二是以个体为载体的心理学路径，关注个体在面对逆境时心理状态的变化和适应过程，并在此过程中获得成长发展，例如心理韧性。目前心理路径的韧性研究主要集中在积极心理学，研究对象涵盖教师职业韧性、青少年心理韧性、医患人员心理韧性和员工韧性等。其中，员工韧性是在心理韧性的基础上发展而来。本项目主要聚焦心理路径的员工韧性研究。

鉴于韧性是一个多维度、跨学科的复杂概念，以往研究对员工韧性的定义分三种（张公一 等，2020）（见表8-1）。（1）特质论，指个体自身的品质或者能力，即心理韧性是帮助个体积极适应动态环境的能力。（2）结果论，主张员工韧性是个体面对逆境和挫折积极应对，良好发展最后逐渐适应环境变化的结果。（3）过程论，认为员工韧性是一个动态的过程，强调员工在逆境中审视自我、不断调整、有效整合组织和自身资源，达到抵御风险、迅速复原并实现自身成长的过程。综上所述，三种类型的定义都能说明员工韧性的本质，即个体在压力、挫折情境下灵活处理问题、持续适应和发展，是个体特质和环境因素共同作用的结果。本项目拟采取过程论视角，将员工韧性定义为员工在遭受逆境时，能够积极适应、迅速恢复和作出反应的动态平衡过程（Rutter，1999）。

表8-1　员工韧性定义汇总

研究视角	定义
特质论	个体面对高危情境，表现出良好的适应力和恢复力（Garmezy，1991）
	是一种积极的心理能力，能够帮助个体面对逆境、冲突、失败等消极事件的不利影响并迅速恢复原始状态甚至实现自身成长（Naswall et al.，2015）
结果论	个体处于逆势或高压中依然能够主动地适应变化环境的结果（Masten and Ann，2001）
过程论	动态情境下应激事件与保护因素相互作用的产生过程（Richardson et al.，1990）

续表

研究视角	定义
过程论	在环境剧变、高危或高压之下呈现良好适应力并包含着消极因子与保护性因子之间相互作用的过程（Luthar，2000） 员工利用个体和组织等保护性资源与环境动态交互，克服逆境并实现自身成长的动态过程（Conley et al.，2016） 员工在遭受逆境时，能够积极适应、迅速恢复和作出反应的动态平衡过程（Rutter，1999）

资料来源：本书根据相关文献整理。

需要指出的是，积极心理学中的心理资本与员工韧性存在相似之处。心理资本是个体在成长和发展过程中表现出来的一种积极心理状态（Luthans et al.，2007），包含四种核心要素：①自我效能，即个体在面对具有挑战性工作时，自信且具有通过努力获得成功的信念；②乐观，即个体在面对目前或未来的挫折与成功时具有积极的态度；③希望，即个体对目标锲而不舍地追求和具有实现目标的信念；④心理韧性，即个体身处逆境不畏惧、不退缩，能够迎难而上逆势成长。由心理资本的构成要素可知，心理韧性是心理资本的组成部分，都是个体的积极心理能力。学者指出，在这四种组成要素中，自我效能和乐观的研究相对成熟，希望和心理韧性研究则相对较少，是未来人力资源管理和组织行为研究和实践的方向和重点（卢坦斯 等，2008）。

2. 员工韧性的内容和测量

随着越来越多来自不同领域的学者对心理韧性的关注，有关心理韧性的内容表现出多维性。目前有关心理韧性的内容划分有四维、五维、七维，如表8-2所示。例如，Robertson 和 Cooper（2011）的心理韧性衡量工具选取了信心、适应性、目的性及对社会支持需要程度四个维度；Davda（2011）的研究选择了挑战、控制情绪、目的、平衡、评定、自我意识、对他人的意识七个维度；Mowbray（2014）的心理韧性问卷包含个人愿景、人际互动、目的性、社会人际关系、计划组织能力、问题解决能力、自信心，共七个维度。尽管对于心理韧性的构成维度，学者们尚未达成一致意见，但大部分研究强调自信心、灵活性、人际关系或社会关系是重要组成部分。

员工韧性的研究近年来才引起学界的关注，其测量量表较为有限，其中以 Näswall 等编制的量表为代表。Näswall 等（2013）把员工韧性理解为一种个人能力且这种能力受到组织环境的影响，在此情境下编制了一个包含学习取向（learning orientation）、积极姿态（proactive posture）、积极观点（positive outlook）、网络关系利用（network leveraging）和适应能力（adaptive capacity）共计五个维度，18 个条目。随后，Näswall 等（2015）进一步把员工韧性定义为一种行为能力，并在原来量表的基础上剔除了与行为能力无关的条目，最终修订为 9 个条目，如"我能够有效地与他人合作以掌控工作中意想不到的挑战"。

表 8-2　员工韧性内容维度划分

类别	研究者	维度构成要素
四维	Robertson 和 cooper（2011）	信心；适应性；目的性；对社会支持的需求程度
五维	Näswall 等（2013）	学习取向；积极姿态；积极观点；网络关系利用；适应能力
七维	Davda（2011）	目的；挑战；情绪控制；平衡；评定；自我意识；对他人的意识
	Mowbray（2012）	个人愿景；目的性；人际互动；社会人际关系；问题解决能力；计划组织能力；自信心

资料来源：本书根据相关文献整理。

3. 员工韧性的前因变量研究

以往学者大多依托资源保存理论，将员工韧性视为一种有价值的心理资源，是个体保护性因子与环境刺激因子（如逆境）相互作用的结果（Kuntz et al.，2017）。因此，员工韧性的影响因素分为两类：①个体资源，包含个体本身所具备的心理资源，如个体的认知、情绪和思想理念因素会通过一系列的心理行为过程诱发员工韧性的产生。在组织情境中，个体自身所具有的希望、乐观、自信等积极情绪会帮助个体积极正向地解读消极负面情境信息，引发个体应对环境的积极行为。②组织资源，即组织文化、经营理念、领导风格、政策实践等组织资源能有效帮助补给员工逐渐消耗的个体资源，并再次激发韧性形成。例如，员工在工作遇到挫折时可以通过与领导、同事沟通和交流，获取组织帮助，从而获得乐观的态度以及自信心等积极情绪以丰富个体心理资源。与之类似，组织通过管理政策为员工发展提供社会支持、促进工作—家庭平衡、弹性工作制、职业卫生与安全、危机管理训练等激发员工应对非常态的韧性反应（Cooke et al.，2019；Cooper et al.，2019）。

4.员工韧性的形成机制研究

目前针对个体心理韧性形成过程有三种主流的理论模型。

（1）动态过程模型（Rutter，1987）。该模型主要关注不同情境下个体如何克服危机而获得积极发展的过程。此模型归纳了四种保护性过程：①降低面对危险事件的频率或在危险刺激后减少对个体的不良影响；②减少个体经历危险事件后的一系列连锁不良影响；③通过取得某一方面的成功来增强个体自信心和提高自我效能；④为个体获得成功或在个体人生的重要转折期提供积极的社会资源。

（2）心理韧性框架模型（Kumpfer，2002）（如图 8-1 所示）。该模型将心理韧性的形成分为四部分：第一部分是应激状况下，个人调动各方面资源，包括危险因素和保护因素应对挑战。若在这个过程中，保护性因素更多时，产生缓冲效应，个体往往能够比较好地度过危机；相反，容易被困难打败，导致适应不良。第二部分是人和环境的相互作用过程，更强调人的主观能动性。指个体对环境的感知以及有意无意改变环境，从而进行积极重构的过程。第三部分是个体心理韧性的相关因素，比如行为认知、精神、情感等。第四部分描绘了心理韧性的作用过程以及可能导致的三种结果（心理韧性重组、适应和适应不良重组），在巨大的应激情境下，个体通过充分调动内部心理韧性机制抵抗压力和逆境影响。其中，心理韧性重组是指个体在经历逆境和完成挑战后，心理韧性水平有所提升；适应是指刺激过后，心理韧性回归到一般状态；适应不良重组是指压力和逆境事件过后个体心理韧性低于一般水平，并导致适应不良。Kumpfer 理论模型综合了个体、环境、交互过程三者的相互作用，较为全面和综合地展示了韧性效应的发挥以及整个过程的发生和发展。

（3）过程模型（Richardson，2002）。该模型认为韧性形成的心理过程具体包含应激、瓦解、重组三个阶段。具体来说，个体在受到外界刺激时，如挫折、失败等不利因素，会调动各种保护性因素与危险刺激进行抗衡，产生应激行为。如果刺激影响过大，抗衡就会失效，平衡受到破坏。此时，个体原有的心理认知模式会被刺激瓦解，同时感受到惊恐、失望、悲观等消极情绪。之后，个体会自我重新整合，这种整合随个体的差异呈现出四种结果：①达到更高水平的平衡状态，个体的韧性可以发展到新的阶段；②回到初始平衡状态，个体韧性保持原来的一般水平；③因失败而建立起更低于原来水平的韧性，这是由于个体不得不放弃原来生活中的追求、希望和动力；④因功能紊乱而出现的失衡状态，个体会产生消极的态度和情绪。

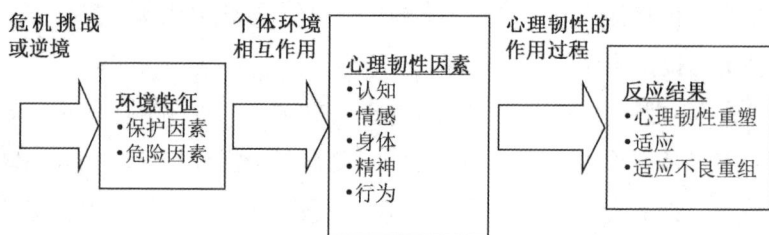

图 8-1 心理韧性框架

（二）社会责任型人力资源管理影响效果研究

社会责任型人力资源管理（SRHRM）是针对员工实施的、能够影响员工社会责任理念及行为的、提升组织绩效并有利于组织可持续发展的人力资源管理实践（郑强国、洪欣慧，2019；赵红丹、周琼瑶，2018）。SRHRM 重视员工的利益诉求，不仅积极履行对员工的责任，也激励员工将企业所倡导的责任感和使命感融入工作中，使员工能够积极地支持组织工作，因而成为预测员工认知特征、情感特征的重要前因变量。例如，王娟等（2019）基于情绪事件理论和归因理论，发现社会责任型人力资源管理实践能激发员工的积极情绪，降低员工的反生产行为。与之类似，昆度和加拉瓦特（Kundu and Gahlawat，2015b）的研究证明了 SRHRM 对提升员工信任、动机、情感承诺具有积极影响。

（三）主动动机模型

1. 主动动机模型内涵

动机是激活个体心理、行为的重要内驱力。主动动机则是促使个体聚焦某一特定的对象，并实施某一特定行为的内在驱动力。Parker（2010）等的主动动机模型（proactive motivation model）理论强调，在工作场所中，促使个体产生自发性、前瞻性和变革性等行为环境适应行为的动机状态有三种："应该做"（reason to do），"能够做"（can do），"愿意做"（energized to do）。在此基础上，Mitchell 和 Daniels（2003）将个体的认知动机过程定义为冷动机，将与情感有关的动机过程定义为热动机，即 Parker 等的能力和意愿动机路径属于冷动机过程，情感动机路径属于热动机过程。

首先，"应该做"动机解释个体为何会选择主动改变适应环境。人们可能会具有改进工作的能力，但并不一定有令人信服的理由这样做。因此个体需要施行主动性行为的价值目标。当环境中具有较强的规则指导时，个体就很有可能去主动达成组织期望的目标。但当情境模糊时，没有严格规定的目标，实现目标的方法不确定，实现目标与奖励没有明确的联系，个体的主动行为则需要强大的内力驱动。

其次，"能够做"动机是个体对能够改变或适应环境的信念，主要源于个体的自我效能感，即个体相信自己在某一特定领域能取得成功是制定主动性行为目标的重要前因。因为个体的主动性行为需要承担相当高的潜在心理风险。例如，当员工主动提出改进工作流程以应对需求变化时，容易遭到他人的怀疑和抵制，而较强的自我效能感则会增强个体克服障碍的意志（Bandura，1977）。

最后，"愿意做"动机则是一种激发个体积极改变环境的情感状态。相比冷的"能够做""应该做"动机依靠认知、推理判断影响个体主动性行为，热的"愿意做"动机主要依靠情感发挥更为直接的作用。学者发现积极的情感会拓展认知边界、创造性解决问题、灵活地权衡利弊、设定更具挑战性的目标并最终实现目标（Staw et al.，1994）。总而言之，这三种动机状态受不同的个体和情境预测因素的影响，共同促进个体改变环境的努力。

2. 主动动机模型在本项目中的运用

本书引入主动动机模型作为社会责任型人力资源管理对员工韧性影响的解释模型。主动动机是促使个体聚焦某一特定的对象，并实施某一特定行为的内在驱动力。Parker 等（2010）的主动动机模型（proactive motivation model）发现，在工作场所中，促使个体产生自发性、前瞻性和变革性等行为环境适应行为的动机状态有三种："应该做"（reason to do），"能够做"（can do），"想要做"（energized to do）。由于员工韧性是个体在逆境危机中积极适应、迅速恢复和做出反应的动态平衡过程，因此本课题引入主动动机模型作为 SRHRM 对员工韧性影响的解释视角。

（四）文献评述

综上可知，首先，从驱动因素来看，人力资源管理作为组织情境的重要组成部分，能够有效预测员工韧性，但以往研究仅关注高绩效工作系统的影响，却忽略与员工韧性关联更为密切的 SRHRM。其次，从形成机理来看，以往的研究主要基于资源保存理论解释员工韧性形成的内在机理，缺乏多元化理论视角和系统整合的解释框架。再次，从研究方法看，员工韧性作为韧性在组织管理领域的延伸，在不确定危机下，受到学界和实践界的广泛关注。然而，以往有关员工韧性的研究大多处于描述性和定性研究的阶段，亟待新的实证检验和突破。最后，从研究情境来看，以往大多研究关注了常态情境下的组织因素对员工韧性的激发作用，一定程度上缺乏危机不确定性情境下的研究。

三、研究目标

本课题的研究目标如下：

1. 建立社会责任型人力资源管理与员工韧性之间的关系，即从人力资源的研究角度出发，探索社会责任型人力资源管理对员工韧性的影响机制和培育方式。

2.构建基于社会责任型人力资源管理视角的员工韧性培育机制，即引入 Parker 的主动动机视角，分别从"应该做""能够做""想要做"三条路径拟合内部人身份、角色宽度自我效能、同理心在 SRHRM 和员工韧性之间的中介作用机制。

3.提出在不确定环境下组织中员工韧性培育的管理对策和实践路径。

四、研究内容

本课题研究的框架模型如图 8-2 所示。围绕研究目标，本课题将重点展开以下几方面的研究内容。

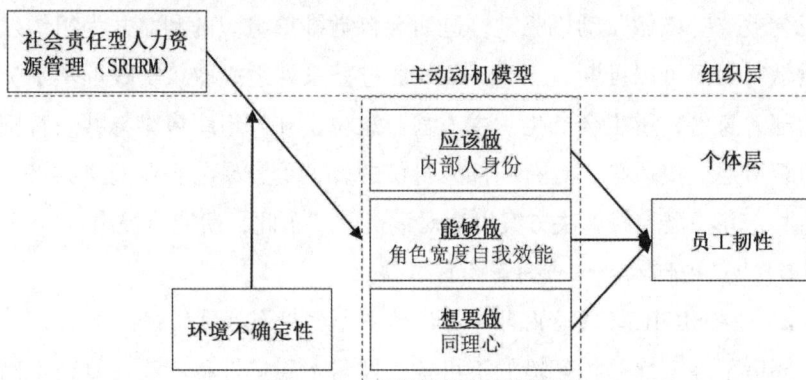

图 8-2　研究框架模型

1.研究一：基于身份理论的 SRHRM 对员工韧性影响机制研究

内部人身份（perceived insider status，PIS）是指个体在组织中感受到自己为组织"内部人"身份的程度（Stamper and Masterson，2002），体现个体自我概念的反映。身份理论认为组织作为现代人生活的主要场所，会通过组织政策、措施传递组织的规范、态度、价值来形塑个体的身份（Ashforth and Schinoff，2016）。因此，SRHRM 作为重要的组织情境，对员工的内部人身份会具有形塑作用。一方面，SRHRM 关注员工健康安全和人文关怀，充分表达了对员工的关爱和重视，有利于促进员工信任和归属感，进而产生内部人身份。另一方面，SRHRM 不仅关注员工责任，也注重将这种责任理念、人文关怀泛化到组织外的社会，并通过一系列的激励手段，如将晋升、薪酬、考核等与员工在企业社会责任中的行为表现挂勾，引导员工积极参与企业社会责任实践，实现组织和社会的长远可持续发展。这些政策不仅向员工传递了组织对责任价值和理念的重视，也有利于构建员工—组织命运共同体关系，形塑员工的内部人身份。

身份理论进一步指出，个体的自我认知会指导其后续行为，即个体倾向于根据自我的内在认知来指导其在工作、学习和生活中的外部行为，实现其内在自我认知系统的连贯性、稳定性、一致性（Ashforth et al., 2008）。故而，受到"内部人"身份认知因素的影响，具备内部人身份的员工会被"应该做"动机驱动，进而会自觉维护组织的利益并为组织发展作贡献。因而可以推断，当 SRHRM 通过一系列组织政策实践形塑了员工的内部人身份，员工会产生"主人翁"意识，并与组织患难与共。特别是当组织遭遇危机风险，具有内部人身份的员工更容易与企业同舟共济，患难与共，并积极寻找解决方案以应对危机。基于此，研究一提出：

H1-1：内部人身份正向影响员工韧性。

H1-2：SRHRM 通过内部人身份的中介作用影响员工韧性。

环境不确定性是指环境的不可预测性与不稳定性程度。在复杂不确定性的环境中，SRHRM 对内关心员工利益、对外关注更广泛的社会责任，会提升员工的认同感和组织自豪感，强化其内部人身份。因此，研究一推断环境不确定性会强化 SRHRM 与内部人身份的关系，并提出：

H1-3：环境不确定性会正向调节 SRHRM 与内部人身份的关系。

2. 研究二：基于自我效能理论的 SRHRM 对员工韧性影响机制研究

角色宽度自我效能感（role breadth self-efficacy）指员工对自己执行范围更广、主动性更强并超越工作职责要求任务的能力信心感知（朱金强 等，2020），来源于成功体验、社会说服、间接经验和情绪唤起（Bandura et al., 1986）。首先，在社会说服方面，SRHRM 通过一系列企业社会责任理论知识和技能培训，向员工揭示其价值和意义，提升员工主动开展多种责任行为的效能感。其次，在心理唤起方面，SRHRM 宣扬"以人为本""人文关怀"理念，重视营造员工身心健康和开放沟通文化氛围，提升员工开展本职工作之外的责任行为的心理安全感。再次，在间接经验方面，在践行责任理念方面表现优秀的员工，会得到更多晋升机会和薪酬福利，会极大鼓舞和影响其他员工的信心。最后，组织将个体的责任行为表现与绩效、薪酬、晋升挂钩，奖励表现优秀者，会强化员工的成功体验，提升其效能感。因此，研究二最终提出以下假设：

H2-1：SRHRM 正向促进员工角色宽度自我效能。

角色宽度自我效能感是个体能动性发挥的重要驱动力（Bandura，1986），是员工韧性的有效预测变量。首先，角色宽度自我效能越高的员工，对组织情境的解读越积极。其次，具备较高角色宽度自我效能的员工，在组织遭遇危机和困难时，更愿意坚持并付出更多努力。最后，角色宽度自我效能较高的员工对完成挑战性目标和任务具有更强的信心，更愿意挑战危机（Bandura，1977）。以往研究也证实角色宽度自我效能感高的员工具有更强的应对挫折的能力（朱金强 等，2020）。基于此，研究二提出以下假设：

H2-2：角色宽度自我效能正向影响员工韧性。

H2-3：SRHRM 通过角色宽度自我效能的中介作用影响员工韧性。

环境不确定性越高，员工对倡导内外责任价值的 SRHRM 政策越敏感，会更积极响应组织政策，并灵活调整、采取行动以维护组织利益。因此，研究二提出以下假设：

H2-4：环境不确定性会正向调节 SRHRM 与角色宽度自我效能的关系。

3. 研究三：基于情感事件理论的 SRHRM 对员工韧性影响机制研究

同理心（empathy）是个体设身处地地理解他人心理感受的一种能力（Ickes，1993）。研究三基于情感事件理论（Weiss et al., 1996），推断

SRHRM 将通过同理心的中介作用塑造员工韧性。一方面，SRHRM 通过一系列责任理念、知识培训，将组织内的员工与组织外受其产品或服务影响的他人联系在一起。当员工意识到他们的工作对他人的广泛影响，便更有可能激发起做出积极的反应（Grant，2007，2012）。另一方面，SRHRM 宣扬了关心他人、关心社会的价值观，引导员工关注他人的需求和利益，促使员工感他人之所感，激发员工帮助他人的需求。事实上，邵丹萍等（2019）的实证研究已证明 SRHRM 作为一种情感事件，会诱发员工的同理心。因此，研究三提出：

H3-1：SRHRM 正向促进员工的同理心。

情感事件理论指出，工作场所中特定的情感事件会引发员工特定情感反应，这些情感反应继而会影响员工在工作中的态度与行为（Weiss et al.，1996；Weiss，Suckow，and Cropanzano，1999）。同理心作为一种他人导向的情感反应，会激发个体的利他性动机及行为。以往研究指出具有较高同理心的个体更关心其他人或组织集体（Batson，1998）。在工作场所一样，被同理心驱使的个体可能会对周围人的需求更敏感，能设身处地地去理解他人的想法。当组织遭遇困境，受同理心驱使的个体更有可能积极寻求解决方案，帮助组织渡过难关。鉴于此，研究八提出以下假设：

H3-2：同理心正向影响员工韧性。

H3-3：SRHRM 通过同理心的中介作用影响员工韧性。

SRHRM 引导员工关注组织之外的利益相关者的需求和责任。而在高不确定性情境下，通过 SRHRM 实践的宣传和引导，员工对组织外部利益相关者的风险危机和需求感受更明显，更可能产生同理心。因此，研究三推断：

H3-4：环境不确定性会正向调节 SRHRM 与同理心的关系。

五、重点和难点

（一）研究重点

（1）本课题的重点工作之一立足于不确定环境下我国企业面临严峻挑战的现实问题，提炼出影响员工韧性的关键因素，并剖析其影响员工韧性的多元路径。（2）如何在企业的管理运营中有效设计 SRHRM 实践体系，从认知上塑造员工的内部人身份、角色宽度自我效能感，从情感上培育员工的同理心，并以此培育员工韧性，进而集合为组织韧性以应对不确定挑战是重点环节。

（二）研究难点

（1）不同企业由于行业背景、发展阶段、发展规模不同，在员工韧性培育路径上存在较大差异。如何结合企业具体情境构建多层次、多类别的员工韧性模式也是本课题面临的一大挑战。（2）通过植入社会责任理念的人力资源管理体系来培育员工韧性仍处于实践先行的探索阶段。如何更好地引导企业将社会责任理念、实践嵌入到组织的人力资源管理体系，以真正培育员工在危机时刻与企业同舟共济、患难与共的韧性能力，目前还没有成熟、可复制的模式，这也是本课题的难点之一。

六、研究思路

本课题遵循"现象观察—问题提出—理论回顾—模型建构—数据收集—实证研究—结果分析—对策建议"的逻辑思路铺设全文。基于主动动机视角，探索社会责任型人力资源管理对员工韧性的多元影响，并据此提出中国管理情境下的员工韧性培育的研究理论框架对策建议。本课题的总体研究思路如图 8-3 所示。

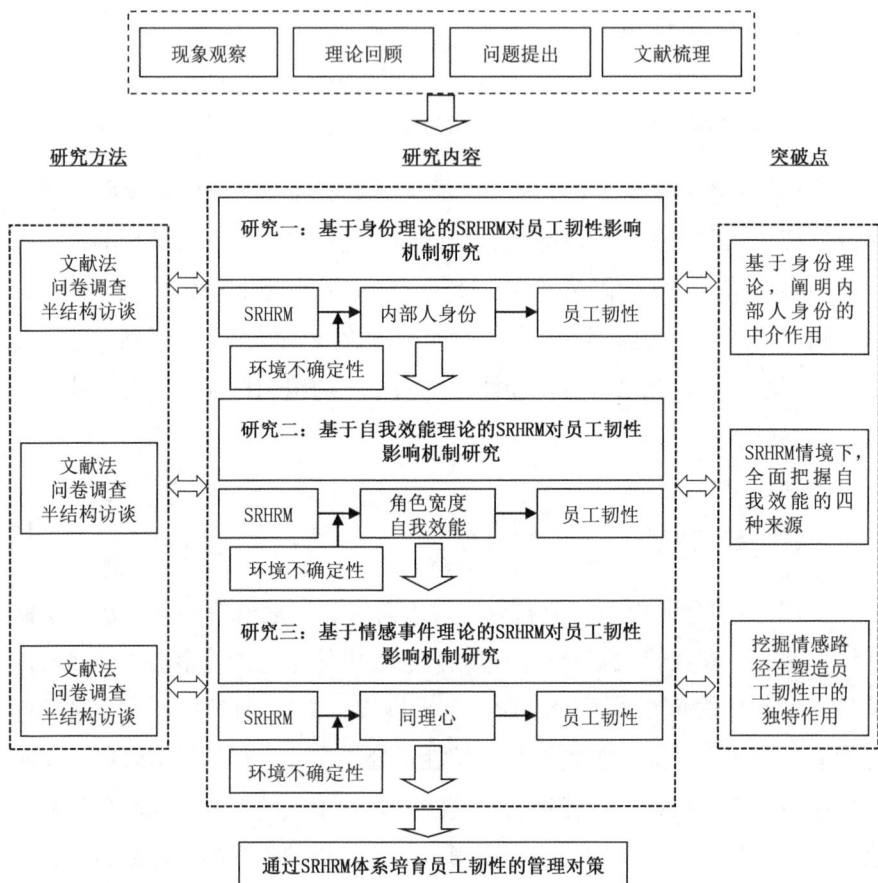

图 8-3　总体研究思路

七、研究方法

本课题研究过程中涉及的主要研究方法包括以下几种。

1. 系统的文献分析

SRHRM 和韧性同为跨学科构念，其理论研究横跨不同学科，建立在大量国内外研究成果基础之上。其中，SRHRM 融会人力资源管理和企业社会责任领域研究，而韧性则根植于物理学、工程学、心理学和管理学等领域。本课题聚焦 SRHRM 和韧性，全面查阅国内外相关文献资料，系统性梳理国内外 SRHRM 和韧性相关理论知识和研究脉络，并不断修正和完善本课题的理论框架。

2. 典型案例分析

在文献法基础之上，本课题拟通过选取典型企业案例进行实地调查，进而挖掘中国企业如何通过 SRHRM 体系构建组织内部的韧性以应对挑战。具体来说，本课题选取"中国企业社会责任排行榜"百强中构建了社会责任型人力资源管理相关体系的企业，以保证研究数据的适用性。此外，组织课题组成员将亲自参与企业具体实践，并选取典型企业进行结构化访谈，提炼 SRHRM 对员工韧性水平影响的基本模式和一般规律，在此基础上修正理论模型。

3. 大规模多阶段问卷调查

为了保障问卷的有效性，本课题首先会开展预调研，计划在武汉 2—3 家企业收集 100 组员工—主管配对数据，分三个阶段（每阶段间隔 2 周）收集数据，根据统计结果对理论模型进行初步检验修正。在此基础上，本课题将开展大规模多阶段问卷调查，拟在北京、广州、上海、武汉等对 SRHRM 接受度高的地区开展企业内部以职能部门为基本单位的实证问卷调查。为更好地进行因果关系分析，尽可能避免同源误差，本课题拟通过三阶段问卷采集方法，从领导、员工、人力资源部门等多个来源获取领导与下属配对数据。在时间点 T_1 向领导发放问卷测量 SRHRM，并向被调研企业的人力资源部收集领导者和下属性别、年龄、下属在公司工作时间等人口统计学信息。两个月后，在 T_2 这个时间点，施行本次问卷第二阶段的工作，即对 T_1 时间点完成领导问卷的领导，向其直接下属进行问卷调查，测量内部人身份、角色宽度自我效能、同理心、环境不确定性。两个月后，整理完成时间点 T_1、T_2 问卷的员工和领导数据，向员工发放 T_3 阶段问卷测量韧性。本课题拟邀请 100 位领导和 400 位下属参与调研。为更好地确保问卷的信度和效度，在本课题的研究变量中，关键研究变量都采用现有的管理学中的成熟量表。SRHRM 的测量采用沈洁和柏森（Shen and Benson，2016）的 6 条目量表，如"公司将企业社会责任的价值观培训作为组织的核心价值"。员工韧性选取 Näswall 等（2015）开发的 9 条目量表，如"我能从工作失误中吸取教训并改进自己的工作方法"。

此外，本课题将采用结构方程模型实证检验 SRHRM 对员工韧性影响的路径模型。鉴于全模型涉及变量多，路径多，本课题拟使用统计软件 Mplus 对全模型进行 SEM（structural equation modeling）检验，以减少测量误差。

第二节　民营企业社会责任型人力资源管理研究

党的十八大以来，广大民营企业更加深刻地意识到企业和社会是命运共同体，并通过践行社会责任获得企业与经济、社会、环境的共同可持续发展。2019 年 12 月 22 日，国务院出台的《支持民营企业改革发展的意见》明确指出，引导民营企业重信誉、守信用、讲信义，推动民营企业追求经济效益的同时兼顾社会效益，营造更好的发展环境是促进经济发展不可或缺的因素之一。除了传统的捐款捐物，如何发挥员工的主动性和创造性，助力民营企业社会责任实践，如何引导广大民营企业探索更多符合自身经营特点的企业社会责任形式，如何促进民营企业构建科学化、常态化、系统化的内部履责机制，成为理论界和实践界关注的重要难题。

社会责任型人力资源管理（socially responsible human resource management，SRHRM）是解决这一难题的有效途径之一。它是通过人力资源管理各项职能活动，向组织中的个体植入社会责任理念（Shen and Benson，2016），塑造组织个体履行社会责任的内生动力与自觉习惯，并充分调动各种资源协助组织开展情境化的社会责任活动。对资源、规模有限的民营企业来说，建立适合自身发展的 SRHRM 体系是适应时代变革、实现转型升级、建立危机管理的创新之举，是获得企业社会和谐共赢的有效途径。但是，怎样让民营企业准确理解 SRHRM？如何在企业内构建 SRHRM 体系？实现员工深度参与的 SRHRM 模式和路径是什么？这些问题都成为摆在我们面前的重要任务。鉴于此，笔者提出"新时代民营企业社会责任型人力资源管理的影响机制研究"这一新的课题。

一、国内外相关研究的学术史梳理及研究动态

（一）社会责任型人力资源管理的定义和内容

现有研究对 SRHRM 的定义还未形成统一标准，主要有三种代表性观点。（1）员工导向视角，即以员工需求和发展为导向的人力资源管理实践，如招聘对企业社会责任感兴趣的求职者、对员工进行企业社会责任知识技能培训等（Newman et al.，2016）。（2）员工参与视角，即组织员工有效参与企业社会责任的人力资源管理实践，强调通过人力资源管理职能向员工植入责任价值理念以开展社会责任实践（沈洁和柏森，2016）。（3）综合视角，强调员工不仅是企业社会责任的利益相关者也是企业社会责任的主要承担者。持此观点的学者认为 SRHRM 是主要针对员工实施、能够影响员工关于社会责任的理念和行为从而促进组织绩效的提高和可持续发展的人力资源实践。

由于 SRHRM 定义不统一，有关 SRHRM 内容和测量的研究也比较有限。沈洁和柏森（Shen and Benson，2016）以 Orlitzky 和 Swanson（2006）的研究为基础，整合了一个六条目的单维 SRHRM 量表，在当前人力资源管理和组织行为领域中使用较多。此量表在中国情境下的信度和效度均很高。具体条目包含：招聘、甄选考虑个人特性—社会责任特性匹配，培训使企业社会责任思想成为组织核心价值，开展企业社会责任培训促进员工参与沟通，晋升与员工社会绩效挂钩，绩效考评与员工社会绩效挂钩，将员工社会绩效与报酬奖金挂钩。

（二）社会责任型人力资源管理的影响效应和机制

目前，国内外学者对 SRHRM 影响效应的探讨主要聚焦在组织内部结果，包含个体层和组织层。（1）个体层结果。主要集中在员工态度、行为、

绩效。例如，沈洁和柏森（Shen and Benson，2016）的研究发现 SRHRM 对任务绩效和角色外帮助行为有显著正向影响。其他学者证实了 SRHRM 会提升信任、动机、情感承诺（Kundu and Gahlawat，2016）、员工主动服务行为（张桂平、刘玥，2019），降低反生产行为（王娟 等，2019）。（2）组织层结果。SRHRM 除了从个体层面影响员工的态度、行为以及绩效外，也会影响组织层结果。例如，桑乔等（Sancho et al.，2018）的研究发现 SRHRM 通过提升员工承诺和促进关系营销来增强企业竞争力。

现有研究主要运用以下两种理论来解释 SRHRM 的作用机制：（1）社会认同理论。其核心观点是，个体倾向于把自己归入特定社会群体中，并将群体特征与自我概念相融合，提升自尊（Ashforth and Mael，1989）。具有良好社会责任声誉的企业更吸引员工产生认同和归属。（2）社会交换理论。该理论指出员工与组织遵循互惠原则（norm of reciprocity），即一方向另一方提供帮助或某种资源时，后者有义务回报前者（Blau，1964）。作为组织内部最重要的利益相关者，员工通过 SRHRM 获得经济或情感利益时，会自觉产生回馈组织的义务。

（三）中国民营企业履行社会责任的成果和问题

党的十八大以来，全面深化改革持续推进，企业社会责任也逐步纳入其中。随着党和国家宏观政策导向的转变，广大民营企业主动承担社会责任的使命感和荣誉感显著增强，履责行动也一步步得到落实，推进企业发展模式转型升级，在促进企业与经济、社会、环境共同可持续发展上取得了显著成果。中国民营企业履行社会责任领域不断扩大，涉及政治、经济、文化、社会和生态等各个领域，如参与扶贫攻坚、创新驱动、区域协调、污染防治等国家战略任务，此一系列作为在稳增长、保民生、促就业、增税收、保护环境和构建和谐劳动关系等方面都做出了重大的贡献。自 2018 年，民营企业社会责任发展到新的阶段，逐渐成为履行社会责任的主力军，体现在主动实施创新驱动高质量发展、坚持绿色发展理念、推进"一带一路"实践等多个方面。

　　在贯彻创新驱动发展方面，2018 年民营企业创新发展成绩斐然，已成为我国自主创新和产学研协同创新的重要主体力量。2018 年国家科技进步奖获奖单位中，民营企业数量甚至超过了国有企业。国家工信部发布的 2018 年中国"制造业单项冠军"榜单中，民营企业 121 家，占比从 2017 年的 55.5% 增长到 2018 年的 75.6%。我国 65% 的专利、75% 以上的技术创新、80% 以上的新产品开发都由个体、民营企业完成。被调研企业中，2018 年有创新研发投入的民营企业较 2017 年增长 1.9 个百分点，创新研发投入较上年增长 5.0 个百分点。

　　在坚持绿色发展理念方面，民营企业成为污染防治攻坚战的重要力量。2018 年，被调研企业中有三分之一已经实现了企业发展模式的转型升级，主要表现为主动淘汰高耗能、高污染的产品，贯彻落实绿色发展理念。28.3% 的民营企业做到了减少运营对生物多样性的影响，22.2% 的民营企业建立了生态保护制度。截止到 2018 年 11 月底，我国生态建设和环境保护领域由政府和社会资本合作的 440 个落地实施项目中，民营社会资本承接 189 项，民营企业在生态环境部环境服务业试点主体中占比为 66%。

　　在推动"一带一路"实践方面，"共享发展"已经逐渐融入了民营企业的经营理念并得到贯彻落实，不仅惠及了中国 14 多亿人生活的方方面面，使人们的生活更加便利，还通过"一带一路"建设实现了发展成果全民共享、世界共享。此外，我国民营企业已成为对外贸易和"一带一路"建设的主力军。2018 年，我国对外贸易进出口增长数据显示，民营企业贡献度超过 50%，有进出口实绩的民营企业共 37.2 万家，占同期有进出口实绩企业总数的 79.1%，比 2017 年上升 2.0 个百分点。民营企业不仅顺利实现了"走出去"，而且积极推动"一带一路"沿线国家的基础设施建设和经济发展，履行国际社会责任。以小见大，更彰显了中国的大国担当。

　　然而，尽管民营企业逐渐发展成为国民经济中最具活力和创造力的部分，民营企业如何更有效开展社会责任问题日益凸显。由于民营企业在企业规模、运行机制、治理模式和监管状况等方面都具有其自身的独特性，其社会责任实践模式相对来说更灵活、更容易创新。但事实上，大多数民营企业社会责任履行实践仍存在意识淡薄、概念模糊、方法不当等问题。究其原因主要有三点。第一是对企业社会责任内涵的认识存在误区。少数民营企业简单将企业社会责任等同于慈善捐赠，容易导致企业社会责任成为表面化、短期化的"面子工程"而无法持续（肖红军 等，2015）。第二是关注外部责任，忽视内部责任。相对于国企，大多数民营企业规模、资源有限，往往会关注影响其声誉形象的外部利益相关者的需求，而忽视内部最重要的利益相关者——员工。第三是履责方法缺失。很多民营企业并没有深入思考如何发挥自身的社会价值，社会责任实践脱离企业运营、企业核心竞争，缺乏系统性、战略性。

通过文献分析发现，当前对 SRHRM 的研究存在几个关键缺失：① SRHRM 的影响效应研究主要集中在组织结果上，缺少对社会结果的探讨；②缺乏对 SRHRM 影响机制的系统探讨，忽略了情感对组织个体行为的驱动作用，缺乏系统性整合与比较；③缺少对民营企业 SRHRM 的前因变量研究。因此，有必要围绕这几个亟待解决的关键问题展开对中国民营企业情境下的 SRHRM 的研究。

二、学术价值和应用价值

（一）学术价值

随着企业社会责任被纳入全面改革深化大局，企业需要与时俱进的理论和方法应对新形势下的企业社会责任实践。本课题借鉴社会学、心理学、经济学等不同学科相关知识，进一步将企业社会责任这个多学科交叉主题引入人力资源管理和组织行为学，并立足中国民营企业实际，从微观视角探索 SRHRM 的定义内涵、双元影响效应、多层作用机制及动因，既丰富发展了 SRHRM 理论研究，又推动了企业社会责任理论和实践的融合。

（二）应用价值

（1）从国内环境来看，将 SRHRM 模式作为新时代民营企业实现转型升级和高质量发展的突破口，探索基于民营企业组织情境下的社会责任内部管理机制，为新形势下民营企业破解生存发展困境、实现企业社会可持续发展提供指导。（2）从国际环境来看，本课题呼应"一带一路"国际倡议，对中国民营企业实现"走出去"、推动沿线国家的基础设施建设和经济发展，深化国际合作交流、推动构建人类命运共同体具有实践指导意义。

三、研究内容

（一）研究对象

以十九大和中央经济工作会议精神为指导，以中国民营企业为研究对象，重点探讨不确定时代民营企业如何通过构建 SRHRM 体系因势利导、转危为安实现转型升级和可持续发展的路径。

（二）研究总体框架及研究内容

研究框架如图 8-4 所示。

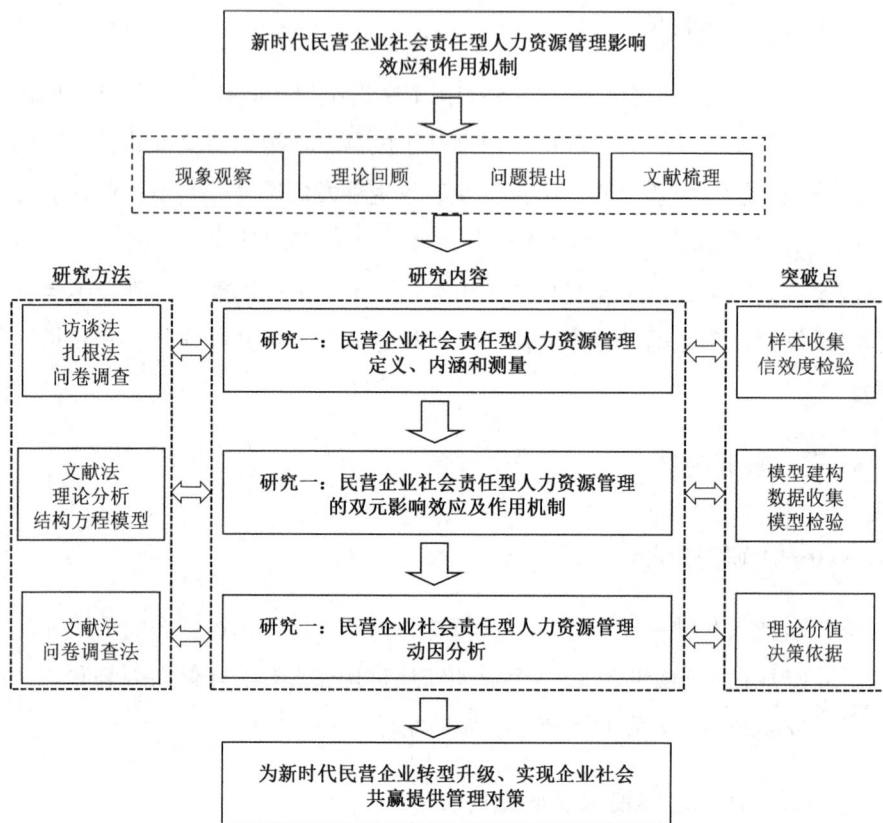

图 8-4　研究框架示意图

1. 研究内容一：中国民营企业社会责任型人力资源管理概念和内涵探究

与现有研究不同，本课题将基于综合视角观点开展 SRHRM 相关研究，即主要针对员工实施、能够影响员工关于社会责任的理念和行为从而促进组织绩效的提高和可持续发展的人力资源实践。尽管沈洁和柏森（Shen and Benson，2016）整合的 SRHRM 六条目量表在中国情境下获得较好的信度和效度，但将其用于测度民营企业的 SRHRM 并不合适。一方面，沈洁和柏森（Shen and Benson，2016）的量表是单维视角，内容较宽泛，难以准确测度 SRHRM 的丰富内涵和深层结构。另一方面，目前正处于经济转型中的民营企业，其 SRHRM 实践会因为民营企业的体制特征、发展水平、经营规模差异而呈现出层次性、多样性。因此，通过一套规范而系统的量表开发程序编制基于中国民营企业情境的 SRHRM 量表就很有必要。

2. 研究内容二：民营企业社会责任型人力资源管理的双元影响效应及作用机理

基于"鱼和熊掌能否兼得"的社会困境，本课题将探讨并检验民营企业 SRHRM 能否同时提升组织绩效（拟合为组织公民行为、任务绩效）和社会绩效（拟合为志愿者活动），即 SRHRM 的有效性不仅体现在提升组织的内部绩效，更体现在更广泛的社会价值上。而通过 SRHRM 来平衡经济效益和社会效益是新时代民营企业实现转型升级的重要课题。基于此，本课题将实证检验民营企业 SRHRM 对组织绩效和社会绩效的双元影响效力。

3. 研究内容三：民营企业社会责任型人力资源管理动因研究

到目前为止，SRHRM 的有效性已经在组织层、个体层得到验证，但有关 SRHRM 前因变量的研究尚不多见。基于以往研究，本课题将从三个方面对中国民营企业构建 SRHRM 模式的动因进行剖析。（1）制度层，遵守政府政策是组织存在和发展的基础，政府对于企业的社会责任愈加重视，企业承担社会责任的制度压力会越大。健全的民营企业履责激励和约束机制是企业建立 SRHRM 的重要驱动力。（2）组织层，以员工为中心、重视人力资源可持续发展的企业文化、重视企业和社会和谐共生的组织战略、企业家精神都会驱动 SRHRM 模式的构建。（3）个体层，领导价值观、领导风格和员工需求都是影响 SRHRM 模式建立的重要方式。

四、重点难点

（一）研究重点

（1）本课题的重点工作之一在于开发基于中国民营企业情境下的 SRHRM 量表题项，并在此基础上考察新形势下民营企业中 SRHRM 模式影响效果、作用机理和动力机制。（2）此外，如何在民营企业内部建立起科学化、常态化、系统化的履责机制和管理模式，构建员工深度参与的SRHRM 体系也是本课题的重点环节。

（二）研究难点

（1）SRHRM 仍处于实践先行的探索阶段。如何更好地引导民营企业将社会责任理念、实践嵌入到组织的人力资源管理体系，目前还没有成熟的、可复制的模式，这将是本课题的研究难点之一。（2）不同民营企业由于发展阶段、发展规模不同，在 SRHRM 模式上存在较大差异。例如，大中型民营企业如阿里巴巴、华为等企业建立了完善的 SRHRM 体系，而很多小微民营企业则基本没有专门部门和人员来管理社会责任工作。如何结合民营企业具体情境开发多层次、多类别的 SRHRM 模式也是本课题面临的一大挑战。针对课题推进中可能会出现的问题和挑战，课题组成员将谨慎对待，探索新思路新方法。

五、主要目标

（一）理论目标

（1）构建能够对民营 SRHRM 进行评价的指标体系。（2）基于主动动机模型，分别从"冷"的认知视角和"热"的情感视角，揭示民营企业SRHRM 双元影响力的理论分析框架。（3）找到推动民营企业社会责任发展的动因及匹配的实施方法。

（二）实用目标

（1）准确把握现阶段中国民营企业 SRHRM 发展现状，尝试有针对性、有重点地构建员工深度参与的 SRHRM 模式。（2）为新时代下中国民营企业积极承担企业社会责任、践行"一带一路"国际倡议、构建人类命运共同体提供借鉴。

六、思路方法

（一）基本思路

本课题遵循"问题提出—文献回顾—模型建构—数据收集—实证研究—结果分析—对策建议"的逻辑思路铺设全文。基于主动动机模型，对新时代中国民营企业 SRHRM 的内涵、量表、影响效应和作用机制以及动因进行理论探讨和实证检验，并在此基础上提出引导对策。

（二）研究方法

1. 内容访谈和开放式问卷调研相结合

本课题主要采用典型案例访谈和开放式问卷调研相结合的方法来编制基于中国民营企业的 SRHRM 测度量表。首先，本课题参考沈洁和柏森（Shen and Benson，2016）开发的量表，按照经济发展水平、地理位置选取样本，尤其关注湖北武汉的民营企业。分别对管理者和员工展开个人访谈和小组访谈，以采集民营企业 SRHRM 关键信息。随后，通过对访谈内容的编码分析编制开放式问卷。初始问卷条目将经由职业咨询专家、企业人力资源管理主管进行科学评定和筛选以形成预测试问卷。最后，分阶段、分区域向各民营企业发放实地问卷和网络问卷，并提炼 SRHRM 结构维度和关键因子。通过定性的内容访谈和定量的问卷调研来实现民营企业 SRHRM 量表的编制。

2. 文献分析和实践调研相结合

SRHRM 作为一个多学科融合主题，对其开展研究需要建立在大量国内外研究成果基础之上，包含哲学、法学、经济学、社会学、心理学和管理学等。一方面，本课题广泛收集了近 30 年国内外相关文献，并仔细追踪近几年党和国家的大政方针、社会经济发展重要趋势，在此基础上确定本课题的选题立意和研究切入点。另一方面，"理论指导实践，实践深化理论"的思路将贯穿于本课题全过程。本课题将在大量文献分析的基础上，扎根中国民营企业实践，通过分阶段抽查方法，有针对性、有重点地选取典型企业案例进行实地调查，进而挖掘民营企业 SRHRM 模式的运行机制和引导策略。

3. 规范研究和实证研究相结合

在研究设计上，本课题借鉴心理学中的主动动机模型的三条路径，即"应该做""能够做""想要做"来拟合 SRHRM 内在的作用机理。其中，拟用身份理论分析 SRHRM 对绩效影响的"应该做"路径，用自我效能理论分析 SRHRM 对绩效影响的"能够做"路径，用情感事件理论考察 SRHRM 对绩效影响的"想要做"路径。在研究方法上，本课题将采用因子分析、主成分分析、结构方程模型等研究方法循序实证检验 SRHRM 对绩效影响的跨层模型。鉴于全模型涉及变量多，路径多，本课题拟使用统计软件 Mplus 对全模型进行 SEM（structural equation modeling）检验，以减少测量误差。

七、创新之处

（一）学术思想特色和创新

本课题首次构建了新时代背景下员工深度参与的民营企业 SRHRM 体系，打破了传统捐款捐物的社会责任形式，鼓励民营企业培育建立起企业内部责任运营、责任生产的长效机制。这顺应了新时代下构建人类命运共同体的发展趋势，具有较强的新颖性、时代性和现实性。

（二）研究方法特色和创新

本课题从人力资源管理的视角深入剖析新时代中国民营企业社会责任议题，突破过去宏观的、抽象的、外部视角的企业社会责任研究，并借助人力资源管理、组织行为学、心理学领域的理论知识和研究方法，来深入剖析新时代中国民营企业 SRHRM 模式影响效果及作用机理。

第三节 社会责任型人力资源管理的变革发展

一、"一带一路"和人类命运共同体

(一)人类命运共同体

现如今,世界局势变化莫测,国际发展轨迹尚不明确。但可见的是和平共享的观念逐渐深入人心,改革创新的潮流一往而前,开放交融的势态不可阻挡。与此同时,我们面临的全球性问题也日渐凸显出来,问题的数量规模和繁杂程度均是亘古未有,导致发展不确定不平衡的因素也日益增多。面对空前的难题,我们可以选择针锋相对、各自为营进行激烈的竞争,显而易见,这将会为人类带来极大的危机;抑或顺应趋势,勠力同心应对世界给出的难题,相应地,这种方式会为我们开辟和平盛世。自党的十八大以来,党中央为了更有效地应对国内外抛出的难题,提出了构建互相尊重、合作共赢的新型国际关系的解决方案,以及构建人类命运共同体的解决措施。

关于人类命运共同体的提出,党中央对其寄予了厚望,希望可以通过人类命运共同体的理念将各地区,乃至各国的未来和命运紧密联系在一起,推动人类荣辱与共、同舟共济,发展成为一个和睦且兴旺的共同体。放眼全球,认可人类命运共同体理念的国家的数量与日俱增。越来越多的国际社会成员将维护共同利益放在国家对外交涉的重要位置,认为维护人类的生命健康和福祉是当前的首要任务。国际社会应同舟共济,以完善全球公共卫生治理机制为突破口,加快治理体系变革的步伐。

(二)"一带一路"

作为人类命运共同体理念的延伸,"一带一路"发挥着重要作用。2013年9月,习近平主席在访问哈萨克斯坦期间提出了"丝绸之路经济带"

的概念。随后，在同年 10 月，习近平主席在访问印尼时又提出了"丝绸之路经济带"的倡议。"一带一路"借助我国历史风韵串联沿线国家，发掘了周边国家的发展潜力，点燃了更多人追求幸福的憧憬和希望，也逐渐争取到了更多国家以及国际组织的响应。经中国和其他国家的共同努力，现如今，"一带一路"不再只存在于理念层面，也不仅仅是愿景，它已经慢慢地变换到行动层面，转变成全球公共产品。经由"一带一路"的构建，将人类的发展前途紧密相连，在世界范围内整合各国发展要素和大量资源，促进资源更加有效合理利用，实现命运共连和全球共同发展。

新冠肺炎疫情席卷全球后，习近平主席在国内外更是数次提及建设人类命运共同体，推动人类命运共同体的理念传播，并且多次声明中国始终坚持和平共赢的发展方针，更是提出要建设成可以良好应对 21 世纪挑战、维护人类健康福祉、助力世界经济平稳发展、为人民谋未来谋发展的"一带一路"。我们必须清楚，为了抗击疫情和经济发展的需要，各国必须团结一致，人类应该自发且自觉地形成命运共同体。建设人类命运共同体，推动"一带一路"发挥作用，只有这样人类才可以顺利地与疫情抗争，才能实现持续发展。

二、基于人类命运共同体的社会责任型人力资源管理体系构建

当前，全球正处于一场前所未有的大变革之中，技术和工业的变革迅速涌现，对可持续发展的推进也迎来了一个重大的历史阶段。中国的企业家们在全球范围内成为一股重要力量。只有主动地履行企业社会责任，才能促进世界经济的可持续发展，促进新的商业文明。

事实上，人力资源管理在企业履行社会责任的落实过程中扮演着重要的角色。一方面，企业内部的员工管理理念、内部政策均会影响企业内部社会责任的履行，而这些都与人力资源管理挂勾。另一方面，企业外部社会责任的落实又与员工的日常活动和行为表现密切相关。因此，企业必须在做好自身人力资源管理的基础上，和员工进行有效的沟通，逐渐培养并激发员工的社会责任意识并慢慢过渡到行为中。只有在企业的管理中做好

社会责任的培育，才能真正将社会责任落实到实践中。

（一）搭建责任战略一体化运营体系

在未来的竞争中，企业人力资源部门不是被动的参与者，而应该成为企业战略的推动者和引导者。传统人力资源管理各模块的数据指标与诉求各为其政，人力资源部门与企业社会责任战略相分离。在当前的大变局时代，企业的人力资源管理需要将企业的责任理念与价值融入企业的各个职能部门，从人员招聘、员工培训、薪酬绩效、文化建设等多个方面实现从组织到员工的全模块功能布局。通过将企业社会责任与社会重大问题、企业核心业务、员工个体价值结合起来，协调和配置组织资源，真正实现责任价值理念"内化于心、外化于行"。

（二）打造价值链"责任共同体"

企业承担社会责任很重要的一点是增进组织同内外部利益相关方之间的协调性。具体来说，人力资源部门对内需要能够领导、组织、诊断和实施活动，通过多维度的组织设计，对组织结构、岗位系统进行可视化管理，从而将责任价值传递、分享给内部员工。通过调动员工的社会责任积极性，构建组织和员工的共生体，提升承担社会责任的组织能力。另一方面，人力资源管理对外需要具备引领价值链上下游建立"责任共同体"的能力。人力资源部门需要倾听外部利益相关者的需求和意见，通过组织敏捷的内部响应，积极协调，帮助客户、供应商、政府、社区等建立起责任共生体，共同应对不确定性环境。只有人力资源管理活动真正做到了解客户和其主要外部利益相关者的期望时，才可能产生经济效益。

（三）"以人为本"的数字人才管理

近年来，随着科技的发展，信息化和智能化技术的发展也越来越广泛。远程办公和线上协同的方式，使企业的信息化进程进一步加快。在"选、用、育、留"的过程中，以大数据为基础的数字化力量已成为人力资源管理的基础。例如，智联招聘调查数据表明，在接受调查的公司中，"远程视频面试、可视化招聘"占45%，使用大数据和AI技术筛选简历的比例为39.3%，12.3%的企业使用机器人面试。随着信息化的发展，招聘工作的匹配效率得到了极大的提高。此外，数字技术的运用有助于丰富员工的工作经验，提高员工的职业竞争能力。

数字变革将会给员工管理带来本质的变化。人力资源管理是企业信息化的首要资源，也是企业信息化的必然趋势。当前，人力资源管理更需要重视"以人为本"，打通"人才协作"与"变革壁垒"，实现"人力资源"与"数码科技"的共生，从而产生新的价值。企业人力资源管理需要依托数字化平台，借助自动化、智能化技术把大量的基础工作交出来，构建企业员工共享服务中心。因此，数字化人才管理是以数据、服务、系统为一体，全面推进企业数字化转型的过程。其实质是利用科技手段，通过创新的方法来重构员工的经验，进而促进企业的价值创造。通过建立灵活的机构和提升组织的创造力，丰富员工的工作经验，提高他们的积极性，进而提高他们的工作效率和竞争力。

附录一　访谈提纲

（一）开场语

您好！我是华中科技大学管理学院的研究小组，现在正在进行一个学术研究项目。接下来我会问您一些问题，这些问题和您的工作有关。访谈过程会被录音，但这份录音会被严格保密，您所说的任何内容都不会被泄露给您的同事、领导或下属。如果有任何顾虑，可以随时向我提出。访谈过程中如果有任何问题，也可以随时发问。如果我的问题令您感到不快，您也可以拒绝回答我的问题。针对我所说的，您还有什么疑问？如果没有问题，我们现在开始访谈。

（二）概念解释

在访谈之前，有一些概念需要为您解释清楚。

1. 领导：指您的直接领导。

2. 下属：指您的直接下属。

3. 组织：指的是您所属的工作单位。

4. 社会责任型人力资源管理：是一种有效开展企业社会责任的举措，通过人力资源管理各项职能活动，向组织中的人植入责任思想，并充分调动各种资源协助企业开展情境化的社会责任活动。例如，招聘对社会责任感兴趣的求职者，开展有关企业社会责任知识和技能的培训等。

（三）半结构化访谈问题

1.组织政策

（1）在招聘和甄选环节，公司会考虑候选人对企业社会责任的兴趣吗？

（2）公司会开展培训，将社会责任价值观提升为组织的核心价值吗？

（3）公司会通过培训提升员工参与企业社会责任的相关技能吗？

（4）公司会将员工在企业社会责任活动中的表现与职业晋升挂钩吗？

（5）公司会将员工在企业社会责任活动中的表现与绩效考评挂钩吗？

（6）公司会将员工在企业社会责任活动中的表现与报酬奖金挂钩吗？

2.认知和情感

（1）您认为自己有爱心吗？

（2）您认为自己是慷慨的吗？

（3）您经常帮助他人吗？

（4）您有自信帮助他人吗？

（5）在帮助他人时，您有自信能够解决出现的各种问题吗？

（6）对那些比您不幸的人，您会经常有心软和关怀的感觉吗？

（7）当其他人遇到困难时，您会为他们感到难过吗？

（8）当有人受到不公平对待时，您会同情他们吗？

3.工作结果

（1）您是否很好地完成了规定的工作任务？

（2）您在工作中是否喜欢帮助他人？

（3）您是否会支持、参加公司组织的志愿者活动？

（四）结构化访谈问题

1. 请谈一谈您对社会责任型人力资源管理的看法。你所在的企业存在哪些这方面的政策实践？

2. 您认为您所在组织中的社会责任型人力资源管理实践对您产生了哪些认知、情感和行为方面的影响？

附录二　调查问卷

一、主管问卷

尊敬的先生／女士：

感谢您在百忙之中抽空填写本问卷！此调研的目的是希望了解您所在组织开展的企业社会责任政策实践及其影响。企业社会责任是指企业除了追求经济发展，还应该满足社会期望，促进社会进步，如提供优质产品、保护环境、慈善捐赠、开展志愿者活动等。请您根据真实情况如实作答，答案仅供研究使用。祝您身体健康，工作顺利！

（一）问卷部分

以下题目是对您下属情况的描述，请随机选择 4 或 5 名下属，分别编号为 A、B、C、D、E。根据其工作表现，在右侧方格内分别填写对应数字：1= 完全不同意，2= 比较不同意，3= 有点不同意，4= 中立，5= 有点同意，6= 比较同意，7= 完全同意	下属A	下属B	下属C	下属D	下属E
任务绩效					
1.该员工能称职地完成所交给的任务					
2.该员工能履行工作说明书中明确要求的责任					
3.该员工能完成所期望完成的任务					
4.该员工能达到工作的正式绩效要求					
5.该员工能完成工作的义务性内容					

续表

以下题目是对您下属情况的描述，请随机选择4或5名下属，分别编号为A、B、C、D、E。根据其工作表现，在右侧方格内分别填写对应数字：1=完全不同意，2=比较不同意，3=有点不同意，4=中立，5=有点同意，6=比较同意，7=完全同意	下属A	下属B	下属C	下属D	下属E
组织公民行为（OCB）					
6.该员工能主动帮助同事分担工作					
7.该员工能帮助新同事适应工作环境					
8.该员工愿意帮助同事解决工作相关的问题					
9.该员工能积极地提出改进工作流程的建议					
10.该员工能积极地提出可能促进组织有效运作的建议					
11.即使工作结果不是按个人绩效评估，该员工也会勤奋尽责					
12.该员工愿意无偿加班					
13.该员工能在需要的时候，主动加班完成工作					
14.该员工经常早到并立即着手工作					
志愿者活动					
15.该员工会投入时间参与公司组织的志愿者活动					
16.该员工使用个人技能使公司志愿者活动受益					
17.该员工为公司的志愿者活动投入精力					
18.该员工积极参加公司志愿者活动					
19.该员工发挥才干协助公司的志愿者活动					

（二）个人信息部分

1. 性别：①男性　②女性

2. 年龄：_____岁

3. 学历：①高中（中专）及以下　②专科　③大学　④硕士　⑤博士

4. 本单位任职年限：_____年_____月

5. 本岗位任职年限：_____年_____月

6. 您所签订劳动合同的单位是：①本单位　②第三方劳务派遣公司

7. 您在本单位中的职位：①普通员工　②基层管理者
　　　　　　　　　　　③中层管理者　④高层管理者

8. 您部门中员工数：_____人

9.您所在企业的产业类型：①制造业 ②服务业 ③IT 产业 ④其他产业_____

问卷至此结束，您辛苦了！最后请您检查有无遗漏的题项，谢谢您的合作！

二、员工问卷

尊敬的先生 / 女士：

您好！感谢您在百忙之中抽空填写本问卷！此调研的目的是希望了解您所在组织开展的企业社会责任政策实践及其影响。企业社会责任是指企业除了追求经济发展，还应该满足社会期望，促进社会进步，如提供优质产品、保护环境、慈善捐赠、开展志愿者活动等。请您根据真实情况如实作答，答案仅供研究使用。祝您身体健康，工作顺利！

（一）问卷部分

问卷 1.以下题目是对您所在公司政策感知的描述，请您根据实际情况，在最符合选项对应的数字上打"√"。1= 完全不同意，2= 比较不同意，3= 有点不同意，4= 中立，5= 有点同意，6= 比较同意，7= 完全同意							
社会责任型人力资源管理							
1.在招聘和甄选环节，公司会考虑候选人对企业社会责任的兴趣	1	2	3	4	5	6	7
2.通过培训，公司将社会责任价值观上升为组织的核心价值	1	2	3	4	5	6	7
3.通过培训，公司提升我们参与企业社会责任的相关技能	1	2	3	4	5	6	7
4.我们在企业社会责任活动中的表现与职业晋升挂钩	1	2	3	4	5	6	7
5.我们在企业社会责任活动中的表现与绩效考评挂钩	1	2	3	4	5	6	7
6.我们在企业社会责任活动中的表现与报酬奖金挂钩	1	2	3	4	5	6	7
问卷 2.以下题目是对您自身情况的描述，请仔细阅读并根据真实想法打"√"							
亲社会身份							
1.我认为自己有爱心	1	2		4	5	6	7
2.我认为自己是慷慨的	1	2		4	5	6	7
3.我经常帮助他人	1	2		4	5	6	7
亲社会自我效能							
4.我自信能帮助他人	1	2	3	4	5	6	7
5.帮助他人时，我自信能够解决出现的各种问题	1	2	3	4	5	6	7
6.对于帮助他人，我信心十足	1	2	3	4	5	6	7

续表

问卷2. 以下题目是对您自身情况的描述，请仔细阅读并根据真实想法打"√"							
同理心							
7. 对那些比我不幸的人，我经常有心软和关怀的感觉	1	2	3	4	5	6	7
8. 当其他人遇到困难时，我为他们感到难过	1	2	3	4	5	6	7
9. 当我看到有人被利用时，我有点想要保护他们	1	2	3	4	5	6	7
10. 看完电影之后，我觉得自己好像是剧中的某一个角色	1	2	3	4	5	6	7
11. 当有人受到不公平对待时，我会同情他们	1	2	3	4	5	6	7
12. 我认为自己是一个相当心软的人	1	2	3	4	5	6	7
长期导向							
13. 我总是做长远的规划	1	2	3	4	5	6	7
14. 我为了将来的成功而努力工作	1	2	3	4	5	6	7
15. 为了将来的成功，我不介意放弃现在的娱乐活动	1	2	3	4	5	6	7
16. 坚持不懈的努力对我来说是重要的	1	2	3	4	5	6	7
17. 我关心将来要发生的事情	1	2	3	4	5	6	7
分配公平							
18. 我的薪酬反映了我在工作中的努力程度	1	2	3	4	5	6	7
19. 我的薪酬反映了我对公司的贡献	1	2	3	4	5	6	7
20. 就我的工作量和责任而言，我的报酬是合理的	1	2	3	4	5	6	7
21. 就我的工作表现而言，我的报酬是合理的	1	2	3	4	5	6	7
自我提升动机							
22. 我试图改变行为来给他人留下一个好印象	1	2	3	4	5	6	7
23. 我试图修正行为来给他人留下一个好印象	1	2	3	4	5	6	7
24. 给他人留下一个好印象很重要	1	2	3	4	5	6	7
25. 我喜欢展示出彬彬有礼的形象	1	2	3	4	5	6	7
26. 我对自己留给他人的印象很敏感	1	2	3	4	5	6	7
27. 我试图向他人塑造一种我是好人的形象	1	2	3	4	5	6	7
人—工作匹配							
28. 我感觉自己和现在的工作很匹配	1	2	3	4	5	6	7
29. 我所具备的经验、技能和知识符合目前的工作要求	1	2	3	4	5	6	7
30. 目前的工作环境符合我的要求	1	2	3	4	5	6	7

（二）个人信息部分

1. 性别：①男性　②女性

2. 年龄：_____岁

3. 学历：①高中（中专）及以下　②专科　③大学　④硕士　⑤博士

4. 本单位任职年限：_____年_____月

5. 您所签订劳动合同的单位是：①本单位　②第三方劳务派遣公司

6. 您在本单位中的职位：①普通员工　②基层管理者　③中层管理者
④高层管理者

问卷至此结束，您辛苦了！最后请您检查有无遗漏的题项，谢谢您的
合作！

参考文献

［1］A. 班杜拉. 自我效能: 控制的实施［M］. 上海: 华东师范大学出版社，
2003.

［2］曹仰峰. 组织韧性［M］. 北京: 中信出版社，2020.

［3］陈云，杜鹏程. 情感事件理论视角下自恋型领导对员工敌意的影响
研究［J］. 管理学报，2020，17（3）：374-382.

［4］段锦云，傅强，田晓明，等. 情感事件理论的内容、应用及研究
展望［J］. 心理科学进展，2011，19（4）：599-607.

［5］何伟怡，陈璐璐. 相对剥夺感对网络怠工的影响——基于情绪耗竭
和时间压力的中介调节机制［J］. 南开管理评论，2022，25（1）：
214-226.

［6］何显富，蒲云，朱玉霞，等. 中国情境下企业社会责任量表的修
正与信效度检验［J］. 软科学，2010，24（12）：106-110.

［7］黄光国. 儒家关系主义: 文化反思与典范重建［M］. 北京: 北
京大学出版社，2006.

［8］黄亮，徐辉. 责任型领导对团队绿色行为的影响及其作用机
制——基于情感事件理论［J］. 广东财经大学学报，2021（2）：
28-38.

［9］卢代富. 国外企业社会责任界说述评［J］. 现代法学，2001（3）：

137–144.

［10］卢坦斯，尤瑟夫，阿沃里欧李超平．心理资本：打造人的竞争优势［M］．北京：中国轻工业出版社，2008.

［11］陆昌勤，方俐洛，凌文辁．管理者的管理自我效能感［J］．心理科学进展，2001，9（2）：179–185.

［12］聂琦，张捷．家庭代际支持的溢出效应——积极情感的中介作用与感恩特质的调节作用［J］．软科学，2019，33（10）：70–75.

［13］任文举．企业社会责任：商业与道德的完美结合［M］．四川：西南交通大学出版社，2011.

［14］沈洪涛，沈艺峰．公司社会责任思想起源与演变［M］．上海人民出版社，2007.

［15］王娟，张喆，贾明．基于社会责任的人力资源管理实践与反生产行为：一个被调节的中介模型［J］．管理工程学报，2019，33（4）：19–27.

［16］肖红军，郑若娟．CSR推进机制建设的主要问题及应对［J］．WTO经济导刊，2014（9）：59–61.

［17］杨力超，郭沛源．全球化背景下的企业社会责任［M］．北京：中国经济出版社，2015.

［18］姚莹莹，葛玉辉．高管团队积极情绪、团队韧性对创新绩效的影响作用研究［J］．改革与开放，2020（13）：67–75.

［19］伊吹英子．发掘企业社会责任的真正价值［J］．21世纪商业评论，2006（5）：26–27.

［20］殷格非．美好生活与企业社会责任［J］．WTO经济导刊，2018，171（1）：51.

［21］于坤，刘晓燕．压力源如何影响情绪耗竭变化？职业延迟满足的调节作用［J］．管理评论，2021，33（2）：217–226.

［22］张公一，张畅，刘晚晴．化危为安：组织韧性研究述评与展望［J］．经济管理，2020，42（10）：192–208.

［23］张桂平，刘玥. 社会责任型人力资源管理对员工主动服务行为的影响机制研究［J］. 中国人力资源开发，2019，36（5）：6–21.

［24］张淑华，李海莹，刘芳. 身份认同研究综述［J］. 心理研究，2012，5（1）：21–27.

［25］赵红丹，周琼瑶. 社会责任导向人力资源管理研究述评与展望［J］. 中国人力资源开发，2018，35（7）：31–42.

［26］赵红建，白少君，崔萌筱. 高绩效工作系统与组织公民行为模型构建——PIED 和情感承诺的双中介作用［J］. 科技进步与对策，2019，36（17）：136–141.

［27］郑强国，洪欣慧. 社会责任型人力资源管理研究进展及展望［J］. 现代管理科学，2019（8）：97–99.

［28］周晓虹. 认同理论：社会学与心理学的分析路径［J］. 社会科学，2008（4）：46–53，187.

［29］朱金强，徐世勇，周金毅，等. 跨界行为对创造力影响的跨层次双刃剑效应［J］. 心理学报，2020，52（11）：1340–1351.

［30］诸彦含，王政，温馨，等. 应激框架下组织韧性作用过程诠释［J］. 管理现代化，2020，40（5）：52–55.

［31］诸彦含，赵玉兰，周意勇，等. 组织中的韧性：基于心理路径和系统路径的保护性资源建构［J］. 心理科学进展，2019，27（2）：357–369.

［32］Abele A E, Wojciszke B. Agency and communion from the perspective of self versus others［J］. *Journal of personality and social psychology*, 93（5）：751–763.

［33］Adams J S. Towards an understanding of inequity［J］. *Journal of Abnormal Psychology*, 1963, 67（5）：422–436.

［34］Aguilera R V, Rupp D E, Williams C A, et al. Putting the S back in corporate social responsibility: A multilevel theory of social change in organizations［J］. *Academy of management review*, 2007, 32（3）：

836-863.

[35] Aguinis H, Glavas A. What We Know and Don't Know About Corporate Social Responsibility A Review and Research Agenda [J]. *Journal of Management*, 2012, 38（4）：932-968.

[36] Aguinis H, Glavas A. Embedded versus peripheral corporate social responsibility：Psychological foundations [J]. *Industrial and Organizational Psychology*, 2013, 6（4）：314-332.

[37] Albinger H S, Freeman S J. Corporate Social Performance and Attractiveness as an Employer to Different Job Seeking Populations [J]. *Journal of Business Ethics*, 2000, 28（3）：243-253.

[38] Alvesson M, Willmott H. Identity regulation as organizational control：Producing the appropriate individual [J]. *Journal of management studies*, 2002, 39（5）：619-644.

[39] Andreoni J. Impure altruism and donations to public goods：a theory of warm-glow giving* [J]. *The Economic Journal*, 1990, 100（401）：464-477.

[40] Aryee S, Budhwar P S, Chen Z X. Trust as a mediator of the relationship between organizational justice and work outcomes：test of a social exchange model [J]. *Journal of Organizational Behavior*, 2002, 23（3）：267-285.

[41] Ashforth B E, Mael F. Social identity theory and the organization [J]. *Academy of management review*, 1989, 14（1）：20-39.

[42] Ashforth B E, Schinoff B S. Identity Under Construction：How Individuals Come to Define Themselves in Organizations [J]. *Annual Review of Organizational Psychology and Organizational Behavior*, 2016（3）：111-137.

[43] Ashforth B E, Harrison S H, Corley K G. Identification in organizations：An examination of four fundamental questions [J]. *Journal of*

management, 2008, 34（3）: 325–374.

[44] Ashforth B E, Sluss D M, Saks A M. Socialization Tactics, Proactive Behavior, and Newcomer Learning: Integrating Socialization Models [J]. *Journal of Vocational Behavior*, 2007, 70（3）: 447–462.

[45] Atkins P W B, Parker S K. Understanding individual compassion in organizations: the role of appraisals and psychological flexibility [J]. *Academy of Management Review*, 2011, 37（4）: 524–546.

[46] Aupperle K E, Carroll A B, Hatfield J D. An empirical examination of the relationship between corporate social responsibility and profitability [J]. *Academy of management Journal*, 1985, 28（2）: 446–463.

[47] Balliet D, Ferris D L. Ostracism and prosocial behavior: A social dilemma perspective [J]. *Organizational Behavior and Human Decision Processes*, 2013, 120（2）: 298–308.

[48] Bandura A. Self-efficacy: Toward a Unifying Theory of Behavioral Change [J]. *Psychological Review*, 1977, 84（2）: 191–215.

[49] Bandura A, Bandura S, Bandura A. *Social foundation of thoughts and actions: A social cognitive theory* [M]. PRENTICE-HALL, 1986.

[50] Bandura A, Caprara G V, Barbaranelli C, et al. Role of affective self-regulatory efficacy in diverse spheres of psychosocial functioning [J]. *Child Development*, 2003, 74（3）: 769–782.

[51] Banerjee S B. Corporate social responsibility: The good, the bad and the ugly [J]. *Critical sociology*, 2008, 34（1）: 51–79.

[52] Bartels J, Pruyn A T H, De Jong M D T, et al. Multiple organizational identification levels and the impact of perceived external prestige and communication climate [J]. *Journal of Organizational Behavior*, 2007, 28（2）: 173–190.

［53］Basch J, Fisher C D. Affective events-emotions matrix：A classification of work events and associated emotions ［J］. *Bond University*, 1998：1-20.

［54］Batson C D, Eklund J H, Chermok V L, et al. An additional antecedent of empathic concern：valuing the welfare of the person in need ［J］. *Journal of Personality & Social Psychology*, 2007, 93（1）：65.

［55］Bearden W O, Money R B, Nevins J L. A measure of long-term orientation：Development and validation ［J］. *Journal of the Academy of Marketing Science*, 2006, 34（3）：456-467.

［56］Beltranmartin I, Boullusar J C, Rocapuig V, et al. The relationship between high performance work systems and employee proactive behaviour：role breadth self-efficacy and flexible role orientation as mediating mechanisms ［J］. *Human Resource Management Journal*, 2017, 27（3）：403-422.

［57］Bem D J. Self-perception theory ［J］. *Advances in experimental social psychology*, 1972（6）：1-62.

［58］Bhattacharya C B, Sen S, Korschun D. Using corporate social responsibility to win the war for talent ［J］. *MIT Sloan management review*, 2008, 49（2）：37-44.

［59］Bhattacharya M, Harold Doty D, Garavan T. The organizational context and performance implications of human capital investment variability ［J］. *Human Resource Development Quarterly*, 2014, 25（1）：87-113.

［60］Boccalandro B. *Mapping success in employee volunteering* ［M］. Boston College Center for Corporate Citizenship, Boston, MA, 2009.

［61］Boezeman E J, Ellemers N. Volunteering for charity：pride, respect, and the commitment of volunteers ［J］. *Journal of Applied Psychology*, 2007, 92（3）：771.

[62] Bolino M C, Turnley W H. The Personal Costs of Citizenship Behavior: The Relationship Between Individual Initiative and Role Overload, Job Stress, and Work-Family Conflict [J] . *Journal of Applied Psychology*, 2005, 90（4）: 740-748.

[63] Bond M J, Feather N T. Some correlates of structure and purpose in the use of time [J] . *Journal of Personality and Social Psychology*, 1988, 55（2）: 321-329.

[64] Borman W C, Motowidlo S J. Task Performance and Contextual Performance: The Meaning for Personnel Selection Research [J] . *Human Performance*, 1997, 10（2）: 99-109.

[65] Brammer S, Millington A. The Development of Corporate Charitable Contributions in the UK: A Stakeholder Analysis [J] . *Journal of Management Studies*, 2004, 41（8）: 1411-1434.

[66] Brammer S, Millington A, Rayton B. The contribution of corporate social responsibility to organizational commitment [J] . *International journal of human resource management*, 2007, 18（10）: 1701-1719.

[67] Brief A P, Motowidlo S J. Prosocial Organizational Behaviors [J] . *Academy of Management Review*, 1986, 11（4）: 710-725.

[68] Brotheridge C M, Grandey A A. Emotional labor and burnout: Comparing two perspectives of "people work" [J] . *Journal of Vocational Behavior*, 2002, 60（1）: 17-39.

[69] Burke P. Identity processes and social stress [J] . *American Sociological Review*, 1991（56）: 836-849.

[70] Cable D M, Kay V S. Striving for Self-Verification during Organizational Entry [J] . *Academy of Management Journal*, 2012, 55（2）: 360-380.

[71] Caligiuri P, Mencin A, Jiang K. Win-Win-Win: The Influence of

Company-Sponsored Volunteerism Programs on Employees, NGOs, and Business Units [J]. *Personnel Psychology*, 2013, 66 (4): 825-860.

[72] Carnahan S, Kryscynski D, Olson D. When does corporate social responsibility reduce employee turnover? Evidence from attorneys before and after 9/11 [J]. *Academy of Management Journal*, 2017, 60 (5): 1932-1962.

[73] Carroll A B. A Three-Dimensional Conceptual Model of Corporate Performance [J]. *Academy of Management Review*, 1979, 4 (4): 497-505.

[74] Carroll A B. The Pyramid of Corporate Social Responsibility: Toward the Moral Management of Organizational Stakeholders [J]. *Business Horizons*, 1991, 34 (4): 39-48.

[75] Carroll A B. Corporate social responsibility evolution of a definitional construct [J]. *Business & society*, 1999, 38 (3): 268-295.

[76] Catano V M, Morrow Hines H. The influence of corporate social responsibility, psychologically healthy workplaces, and individual values in attracting millennial job applicants [J]. *Canadian Journal of Behavioural Science/Revue canadienne des sciences du comportement*, 2016, 48 (2): 142.

[77] Cha J, Chang Y K, Kim T. Person-Organization Fit on Prosocial Identity: Implications on Employee Outcomes [J]. *Journal of Business Ethics*, 2014, 123 (1): 57-69.

[78] Chen C V, Kao R. A Multilevel Study on the Relationships Between Work Characteristics, Self- Efficacy, Collective Efficacy, and Organizational Citizenship Behavior: The Case of Taiwanese Police Duty-Executing Organizations [J]. *The Journal of Psychology*, 2011, 145 (4): 361-390.

[79] Christian J S, Christian M S, Garza A S, et al. Examining Retaliatory
Responses to Justice Violations and Recovery Attempts in Teams [J] .
Journal of Applied Psychology, 2012, 97（6）: 1218-1232.

[80] Clarkson M E. A stakeholder framework for analyzing and evaluating
corporate social performance [J] . *Academy of management review*,
1995, 20（1）: 92-117.

[81] Clary E G, Snyder M. The motivations to volunteer theoretical and
practical considerations [J] . *Current directions in psychological
science*, 1999, 8（5）: 156-159.

[82] Clary E G, Snyder M, Ridge R D, et al. Understanding and assessing
the motivations of volunteers: a functional approach [J] . *Journal of
Personality and Social Psychology*, 1998, 74（6）: 1516-1530.

[83] Cohen A, Abedallah M. The mediating role of burnout on the
relationship of emotional intelligence and self-efficacy with OCB and
performance [J] . *Management Research Review*, 2015, 38（1）:
2-28.

[84] Cohen D, Strayer J. Empathy in conduct-disordered and comparison
youth [J] . *Developmental psychology*, 1996, 32（6）: 988.

[85] Colquitt J A. On the dimensionality of organizational justice:
A construct validation of a measure [J] . *Journal of Applied
Psychology*, 2001, 86（3）: 386-400.

[86] Colquitt J A, Rodell J B. Justice, trust, and trustworthiness: a
longitudinal analysis integrating three theoretical perspectives [J] .
Academy OF management journal, 2011, 54（6）: 1183-1206.

[87] Conley K M, Clark M A, Griek O, et al. Looking Backward,
Moving Forward: Exploring Theoretical Foundations for Understanding
Employee Resilience [J] . *Industrial & Organizational Psychology*,
2016, 9（2）: 491-497.

[88] Cooke F L, et al. Mapping the relationships between high-performance work systems, employee resilience and engagement: A study of the banking industry in China [J]. *The International Journal of Human Resource Management*, 2019, 30（8）: 1239-1260.

[89] Cooper B, Wang J, Bartram T, et al. Well-being-oriented human resource management practices and employee performance in the Chinese banking sector: The role of social climate and resilience [J]. *Human Resource Management*, 2019, 58（1）: 85-97.

[90] Cooper D, Thatcher S M. Identification in organizations: The role of self-concept orientations and identification motives [J]. *Academy of Management Review*, 2010, 35（4）: 516-538.

[91] Cornelis I, Van Hiel A, De Cremer D. Volunteer work in youth organizations: predicting distinct aspects of volunteering behavior from self-and other-oriented motives [J]. *Journal of Applied Social Psychology*, 2013, 43（2）: 456-466.

[92] Craig-Lees M, Harris J, Lau W. The role of dispositional, organizational and situational variables in volunteering [J]. *Journal of Nonprofit & Public Sector Marketing*, 2008, 19（2）: 1-24.

[93] Cropanzano R, Mitchell M S. Social Exchange Theory: An Interdisciplinary Review [J]. *Journal of Management*, 2005, 31（6）: 874-900.

[94] Dahlsrud A. How corporate social responsibility is defined: an analysis of 37 definitions [J]. *Corporate social responsibility and environmental management*, 2008, 15（1）: 1-13.

[95] Daileyl R C, Kirk D J. Distributive and Procedural Justice as Antecedents of Job Dissatisfaction and Intent to Turnover [J]. *Human Relations*, 1992, 45（3）: 305-317.

[96] Davda A. A pilot study into measuring resilience, edited version [M].

Ashridge Business School, 2011.

[97] Davis M H. Empathy: A Social Psychological Approach [M] . *Westview Press*, 1996.

[98] De Roeck K, Maon F. Building the Theoretical Puzzle of Employees' Reactions to Corporate Social Responsibility: An Integrative Conceptual Framework and Research Agenda [J] . *Journal of Business Ethics*, 2018, 149 (3) : 609–625.

[99] De Roeck K, Marique G, Stinglhamber F, et al. Understanding employees' responses to corporate social responsibility: mediating roles of overall justice and organisational identification [J] . *The international journal of human resource management*, 2014, 25 (1) : 91–112.

[100] Donaldson T, Dunfee T W. Toward A Unified Conception Of Business Ethics: Integrative Social Contracts Theory [J] . *Academy of Management Review*, 1994, 19 (2) : 252–284.

[101] Donaldson T, Preston L E. The Stakeholder Theory of the Corporation: Concepts, Evidence, and Implications [J] . *Academy of Management Review*, 1995, 20 (1) : 65–91.

[102] Drucker P F. Converting Social Problems into Business Opportunities: The New Meaning of Corporate Social Responsibility [J] . *California Management Review*, 1986, 26 (2) : 53.

[103] Duane Hansen S, Dunford B, Alge B, et al. Corporate Social Responsibility, Ethical Leadership, and Trust Propensity: A Multi-Experience Model of Perceived Ethical Climate [J] . *Journal of Business Ethics*, 2016, 137 (4) : 649–662.

[104] Dutton J E, Roberts L M, Bednar J. Pathways for positive identity construction at work: Four types of positive identity and the building of social resources [J] . *Academy of Management Review*, 2010,

35（2）：265-293.

［105］Eberle D，Berens G，Li T. The Impact of Interactive Corporate Social Responsibility Communication on Corporate Reputation［J］. *Journal of Business Ethics*，2013，118（4）：731-746.

［106］Eden D，Kinnar J. Modeling Galatea：boosting self-efficacy to increase volunteering［J］. *Journal of Applied Psychology*，1991，76（6）：770-780.

［107］Edwards J R，Lambert L S. Methods for integrating moderation and mediation：a general analytical framework using moderated path analysis［J］. *Psychological Methods*，2007，12（1）：1-22.

［108］Eisenberg N，Miller P A. The Relation of Empathy to Prosocial and Related Behaviors［J］. *Psychological Bulletin*，1987，101（1）：91-119.

［109］Ellen P S，Webb D J，Mohr L A. Building corporate associations：consumer attributions for corporate socially responsible programs［J］. *Journal of the Academy of Marketing Science*，2006，34（2）：147-157.

［110］Evans W R，Davis W D. An examination of perceived corporate citizenship，job applicant attraction，and CSR work role definition［J］. *Business & Society*，2011，50（3）：456-480.

［111］Farh J L，Hackett R D，Liang J. Individual-level cultural values as moderators of perceived organizational support-employee outcome relationships in China：Comparing the effects of power distance and traditionality［J］. *Academy of management journal*，2007，50（3）：715-729.

［112］Farooq O，Payaud M，Merunka D，et al. The impact of corporate social responsibility on organizational commitment：Exploring multiple mediation mechanisms［J］. *Journal of Business Ethics*，

2014, 125（4）: 563-580.

［113］Farooq O, Rupp D E, Farooq M. The multiple pathways through which internal and external corporate social responsibility influence organizational identification and multifoci outcomes: The moderating role of cultural and social orientations［J］. *Academy of management journal*, 2017, 60（3）: 954-985.

［114］Finkel E J, Campbell W K. Self-control and accommodation in close relationships: an interdependence analysis［J］. *Journal of Personality and Social Psychology*, 2001, 81（2）: 263-277.

［115］Finkelstein M A, Brannick M T. Applying theories of institutional helping to informal volunteering: Motives, role identity, and prosocial personality［J］. *Social Behavior and Personality*, 2007, 35（1）: 101-114.

［116］Finkelstein M A, Penner L A. Predicting organizational citizenship behavior: Integrating the functional and role identity approaches［J］. *Social Behavior and Personality*, 2004, 32（4）: 383-398.

［117］Finkelstein M A, Penner L A, Brannick M T. Motive, role identity, and prosocial personality as predictors of volunteer activity［J］. *Social Behavior and Personality*, 2005, 33（4）: 403-418.

［118］Flammer C. corporate social responsibility and shareholder reaction: the environmental awareness of investors［J］. *Academy of management journal*, 2013, 56（3）: 758-781.

［119］Folger R G, Cropanzano R. *Organizational justice and human resource management*［M］. Sage Publications, 1998.

［120］Fortis Z, Maon F, Frooman J, et al. Unknown knowns and known unknowns: Framing the role of organizational learning in corporate social responsibility development［J］. *International Journal of Management Reviews*, 2018, 20（2）: 277-300.

［121］Fox S, Spector P E. *Instrumental counterproductive work behavior and the theory of planned behavior*：*A"cold cognitive"approach to complement"hot affective"theories of CWB* ［C］. Southern Management Association, 2010.

［122］Frederick W C. From CSR1 to CSR2 The Maturing of Business-and-Society Thought ［J］. *Business & Society*, 1994, 33（2）：150-164.

［123］Frese M, Fay D, Hilburger T, et al. The concept of personal initiative：Operationalization, reliability and validity in two German samples ［J］. *Journal of occupational and organizational psychology*, 1997, 70（2）：139-161.

［124］Gahlawat N, Kundu S C. Exploring the connection between socially responsible HRM and citizenship behavior of employees in Indian context ［J］. *Journal of Indian Business Research*, 2021, 13（1）：78-91.

［125］Garmezy N. Resilience in children's adaptation to negative life events and stressed environments ［J］. *Pediatric annals*, 1991, 20（9）：459-466.

［126］George E, Chattopadhyay P. One Foot in Each Camp：The Dual Identification of Contract Workers ［J］. *Administrative Science Quarterly*, 2005, 50（1）：68-99.

［127］Gist M E. Self-efficacy：Implications for organizational behavior and human resource management ［J］. *Academy of management review*, 1987, 12（3）：472-485.

［128］Glavas A. Corporate Social Responsibility and Organizational Psychology：An Integrative Review ［J］. *Frontiers in Psychology*, 2016（7）：14.

［129］Glavas A, Piderit S K. How Does Doing Good Matter?：Effects of Corporate Citizenship on Employees [J]. *Journal of Corporate Citizenship*, 2009 (36): 51-70.

[130] Goetz J L, Keltner D, Simonthomas E. Compassion: An Evolutionary Analysis and Empirical Review [J]. *Psychological Bulletin*, 2010, 136 (3): 351-374.

[131] Gong Y, Cheung S Y, Wang M, et al. Unfolding the Proactive Process for Creativity Integration of the Employee Proactivity, Information Exchange, and Psychological Safety Perspectives [J]. *Journal of Management*, 2012, 38 (5): 1611-1633.

[132] Gong Y, Huang J, Farh J. Employee learning orientation, transformational leadership, and employee creativity: The mediating role of employee creative self-efficacy [J]. *Academy of management Journal*, 2009, 52 (4): 765-778.

[133] Graafland J, Zhang L. Corporate social responsibility in China: implementation and challenges [J]. *Business Ethics A European Review*, 2014, 23 (1): 34-49.

[134] Grant A M. Relational job design and the motivation to make a prosocial difference [J]. *Academy of Management Review*, 2007, 32 (2): 393-417.

[135] Grant A M. Giving time, time after time: work design and sustained employee participation in corporate volunteering [J]. *Academy of management review*, 2012, 37 (4): 589-615.

[136] Grant A M, Dutton J E, Rosso B D. Giving commitment: Employee support programs and the prosocial sensemaking process [J]. *Academy of Management Journal*, 2008, 51 (5): 898-918.

[137] Greenberg J. Stealing in the Name of Justice: Informational and Interpersonal Moderators of Theft Reactions to Underpayment Inequity [J]. *Organizational Behavior and Human Decision*

Processes, 1993, 54（1）: 81–103.

[138] Greening D W, Turban D B. Corporate social performance as a competitive advantage in attracting a quality workforce [J] . *Business & Society*, 2000, 39（3）: 254–280.

[139] Grube J A, Piliavin J A. Role identity, organizational experiences, and volunteer performance [J] . *Personality and Social Psychology Bulletin*, 2000, 26（9）: 1108–1119.

[140] Gully S M, Phillips J M, Castellano W G, et al. A mediated moderation model of recruiting socially and environmentally responsible job applicants [J] . *Personnel Psychology*, 2013, 66（4）: 935–973.

[141] Hansen S D, Dunford B B, Boss A D, et al. Corporate social responsibility and the benefits of employee trust: A cross–disciplinary perspective [J] . *Journal of Business Ethics*, 2011, 102（1）: 29–45.

[142] Brammer S, He H, Mellahi K. Corporate social responsibility, employee organizational identification, and creative effort: The moderating impact of corporate ability [J] . *Group & Organization Management*, 2015, 40（3）: 323–352.

[143] Heli W, Li T, Takeuchi R, et al. Corporate social responsibility: an overview and new research directions [J] . *Academy OF management journal*, 2016, 59（2）: 534–544.

[144] Hochschild A R. *The Managed Heart: Commercialization of Human Feeling* [M] . University of California Press, Oakland, 1983.

[145] Hoffman M L. *Empathy, its development and prosocial implications* [M] . In Nebraska symposium on motivation. University of Nebraska Press, 1977.

[146] Hoffman M L. Toward a comprehensive empathy–based theory of

prosocial moral development [C] //A. C. Bohart & D. J. Stipek. *Constructive & destructive behavior: Implications for family, school & society*. American Psychological Association, 2001: 61–86.

[147] Hofman P S, Newman A. The impact of perceived corporate social responsibility on organizational commitment and the moderating role of collectivism and masculinity: evidence from China [J]. *The International Journal of Human Resource Management*, 2014, 25 (5): 631–652.

[148] Hofstede G. *Cultures and Organizations: Software of the Mind, Third Edition–Software for the Mind, Third Edition* [M]. Business Expert Press, 2010

[149] Hogan R. Development of an empathy scale [J]. *Journal of consulting and clinical psychology*, 1969, 33 (3): 307.

[150] Hogg M A, Terry D I. Social Identity and Self–Categorization Processes in Organizational Contexts [J]. *Academy of Management Review*, 2000, 25 (1): 121–140.

[151] Holland J L. *Making vocational choices: A theory of vocational personalities and work environments* [M]. Psychological Assessment Resources, 1997.

[152] Hong Y, Liao H, Raub S, et al. What it takes to get proactive: An integrative multilevel model of the antecedents of personal initiative [J]. *Journal of Applied Psychology*, 2016, 101 (5): 687.

[153] Howard B. *Social Responsibilities of the businessman* [M]. New York, Harper & Brothers, 1953.

[154] Hur W, Kim H, Woo J. How CSR leads to corporate brand equity: Mediating mechanisms of corporate brand credibility and reputation [J]. *Journal of Business Ethics*, 2014, 125 (1): 75–86.

[155] Ickes W. Empathic Accuracy [J]. *Journal of Personality*,

1993, 61 (4): 587-610.

[156] Jamali D R, El Dirani A M, Harwood I A. Exploring human resource management roles in corporate social responsibility: The CSR-HRM co-creation model [J]. *Business Ethics: A European Review*, 2015, 24 (2): 125-143.

[157] Joireman J, Kamdar D, Daniels D, et al. Good citizens to the end? It depends: Empathy and concern with future consequences moderate the impact of a short-term time horizon on organizational citizenship behaviors [J]. *Journal of Applied Psychology*, 2006, 91 (6): 1307-1320.

[158] Jones D A. Does serving the community also serve the company? Using organizational identification and social exchange theories to understand employee responses to a volunteerism programme [J]. *Journal of Occupational and Organizational Psychology*, 2010, 83 (4): 857-878.

[159] Jones D A, Willness C R, Madey S. Why are job seekers attracted by corporate social performance? Experimental and field tests of three signal-based mechanisms [J]. *Academy of Management Journal*, 2014, 57 (2): 383-404.

[160] Jones T M. Instrumental stakeholder theory: a synthesis of ethics and economics [J]. *Academy OF management review*, 1995, 20 (2): 404-437.

[161] Judge T A, Bono J E. Relationship of core self-evaluations traits- self-esteem, generalized self-efficacy, locus of control, and emotional stability-with job satisfaction and job performance: a meta-analysis [J]. *Journal of Applied Psychology*, 2001, 86 (1): 80-92.

[162] Kahn W A. Psychological conditions of personal engagement and

disengagement at work [J]. *Academy of management Journal*, 1990, 33 (4): 692–724.

[163] Kamdar D, Mcallister D J, Turban D B. "All in a Day's Work": How Follower Individual Differences and Justice Perceptions Predict OCB Role Definitions and Behavior [J]. *Journal of Applied Psychology*, 2006, 91 (4): 841–855.

[164] Kidder D L, Parks J M. The Good Soldier: Who Is S (He) ? [J]. *Journal of Organizational Behavior*, 2001, 22 (8): 939–959.

[165] Kim S, Park H. Corporate Social Responsibility as an Organizational Attractiveness for Prospective Public Relations Practitioners [J]. *Journal of Business Ethics*, 2011, 103 (4): 639–653.

[166] Klein A G, Moosbrugger H. Maximum likelihood estimation of latent interaction effects with the LMS method [J]. *Psychometrika*, 2000, 65 (4): 457–474.

[167] Kristof brown A L, Zimmerman R D, Johnson E C. Consequences of individuals' fit at work: a meta–analysis of person–job, person–organization, person–group, and person–supervisor fit [J]. *Personnel Psychology*, 2005, 58 (2): 281–342.

[168] Kristof A L. Person-organization fit: an integrative review of its conceptualizations, measurement, and implications [J]. *Personnel psychology*, 1996, 49 (1): 1–49.

[169] Kristofbrown A L, Zimmerman R D, Johnson E C. Consequences of individuals' fit at work: a meta–analysis of person–job, person–organization, person–group, and person-supervisor fit [J]. *Personnel psychology*, 2005, 58 (2): 281–342.

[170] Kumpfer K L. Factors and Processes Contributing to Resilience [J]. *Springer US*, 2002: 179–224.

[171] Kundu S C, Gahlawat N. Effects of socially responsible HR practices

on employees' work attitudes ［J］. *International Journal of Human Resources Development and Management*, 2016, 16（3-4）: 140-160.

［172］Kundu S C, Gahlawat N. Socially responsible HR practices and employees' intention to quit: the mediating role of job satisfaction ［J］. *Human Resource Development International*, 2015a, 18（4）: 387-406.

［173］Kundu S C, Gahlawat N. Effects of CSR Focused HRM on Employees Satisfaction: A Study of Indian Organisations ［J］. *Journal of Strategic Human Resource Management*, 2015b, 4（2）.

［174］Kundu S C, Gahlawat N. Effects of socially responsible HR practices on employees' work attitudes ［J］. *International Journal of Human Resources Development and Management*, 2016（16）: 140-160.

［175］Kuntz J R C, Malinen S, Katharina N. Employee resilience: Directions for resilience development ［J］. *Consulting Psychology Journal Practice & Research*, 2017, 69（3）: 223-242.

［176］Lauver K J, Kristofbrown A L. Distinguishing between Employees' Perceptions of Person-Job and Person-Organization Fit ［J］. *Journal of Vocational Behavior*, 2001, 59（3）: 454-470.

［177］Leary, Mark R. Motivational and emotional aspects of the self ［J］. *Annual Review of Psychology*, 2007, 58（1）: 317-344.

［178］Liberman N, Trope Y. The Role of Feasibility and Desirability Considerations in Near and Distant Future Decisions: A Test of Temporal Construal Theory ［J］. *Journal of Personality and Social Psychology*, 1998, 75（1）: 5-18.

［179］Lii Y, Lee M. Doing right leads to doing well: When the type of CSR and reputation interact to affect consumer evaluations of the firm

[J] . *Journal of business ethics*, 2012, 105（1）: 69–81.

[180] Lin C. Modeling Corporate Citizenship, Organizational Trust, and Work Engagement Based on Attachment Theory [J] . *Journal of Business Ethics*, 2010, 94（4）: 517–531.

[181] Lindenmeier J. Promoting Volunteerism: Effects of Self–Efficacy, Advertisement–Induced Emotional Arousal, Perceived Costs of Volunteering, and Message Framing [J] . *Voluntas*, 2008, 19（1）: 43–65.

[182] Lopez E M. A Test of the Self-Consistency Theory of the Job Performance–Job Satisfaction Relationship [J] . *Academy of Management Journal*, 1982, 25（2）: 335–348.

[183] Lumpkin G T, Brigham K H, Moss T W. Long–term orientation: Implications for the entrepreneurial orientation and performance of family businesses [J] . *Entrepreneurship and Regional Development*, 2010（22）: 241–264.

[184] Luo X, Bhattacharya C B. Corporate social responsibility, customer satisfaction, and market value [J] . *Journal of marketing*, 2006, 70（4）: 1–18.

[185] Luthans F, Avolio B J, Avey J B, et al. Positive psychological capital: Measurement and relationship with performance and satisfaction [J] . *Personnel psychology*, 2007, 60（3）: 541–572.

[186] Luthar S. The concept of resilience [J] . *Child Development*, 2000（7）: 534–562.

[187] Lyons S, Kuron L. Generational differences in the workplace: A review of the evidence and directions for future research [J] . *Journal of Organizational Behavior*, 2014, 35（S1）: S139–S157.

[188] Ma Z, Long L, Zhang Y, et al. Why do high–performance human

resource practices matter for team creativity? The mediating role of collective efficacy and knowledge sharing [J] . *Asia Pacific Journal of Management*, 2017, 34（3）：565–586.

[189] MacKinnon D P, Lockwood C M, Williams J. Confidence limits for the indirect effect：Distribution of the product and resampling methods [J] . *Multivariate behavioral research*, 2004, 39（1）：99–128.

[190] Maignan I, Ferrell O C. Measuring Corporate Citizenship in Two Countries：The Case of the United States and France [J] . *Journal of Business Ethics*, 2000, 23（3）：283–297.

[191] Maon F, Lindgreen A, Swaen V. Designing and implementing corporate social responsibility：an integrative framework grounded in theory and practice [J] . *Journal of Business Ethics*, 2009, 87（1）：71–89.

[192] Marquis C, Glynn M A, Davis G F. Community isomorphism and corporate social action [J] . *Academy of management review*, 2007, 32（3）：925–945.

[193] Masten, Ann S, Ordinary magic. Resilience processes in development [J] . *American Psychologist*, 2001, 56（3）：227.

[194] Matten D, Crane A. Corporate Citizenship：Toward an Extended Theoretical Conceptualization [J] . *Academy of Management Review*, 2005, 30（1）：166–179.

[195] Matten D, Moon J. "implicit" and "explicit" csr: a conceptual framework for a comparative understanding of corporate social responsibility [J] . *Academy of management review*, 2008, 33（2）：404–424.

[196] McShane L, Cunningham P. To Thine Own Self Be True? Employees' Judgments of the Authenticity of Their Organization's

Corporate Social Responsibility Program [J]. *Journal of Business Ethics*, 2012, 108（1）：81–100.

[197] McWilliams A, Siegel D. Corporate social responsibility: A theory of the firm perspective [J]. *Academy of management review*, 2001, 26（1）：117–127.

[198] McWilliams A, Siegel D S. Creating and capturing value: Strategic corporate social responsibility, resource–based theory, and sustainable competitive advantage [J]. *Journal of management*, 2011, 37（5）：1480–1495.

[199] Meglino B M, Korsgaard A. Considering Rational Self–Interest as a Disposition：Organizational Implications of Other Orientation [J]. *Journal of Applied Psychology*, 2004, 89（6）：946–959.

[200] Miller J G. Culture and development of everyday social explanation [J]. *Journal of Personality & Social Psychology*, 1984, 46（5）：961.

[201] Mirvis P. Employee Engagement and CSR：transactional, relational, and developmental approaches [J]. *California Management Review*, 2012, 54（4）：93–117.

[202] Mischel W, Shoda Y. A cognitive–affective system theory of personality：reconceptualizing situations, dispositions, dynamics, and invariance in personality structure [J]. *Psychological review*, 1995, 102（2）：246.

[203] Mitchell T R, Daniels D. Observations and commentary on recent research in work motivation [J]. *Motivation and work behavior*, 2003, 7（1）：225–54.

[204] Monin P, Noorderhaven N G, Vaara E, et al. Giving Sense to and Making Sense of Justice in Postmerger Integration [J]. *Academy of Management Journal*, 2013, 56（1）：256–284.

[205] Moon T, Hur W, Ko S, et al. Bridging Corporate Social Responsibility

and Compassion at Work: Relations to Organizational Justice and Affective Organizational Commitment [J]. *Career Development International*, 2014, 19（1）: 4.

[206] Morris M W. Culture and cause: American and Chinese attributions for social and physical events [J]. *Journal of Personality & Social Psychology*, 1994, 67（6）: 949–971.

[207] Mowbray D. Strengthening personal resilience [J]. *Management Advisory Service*, 2014（24）: 24.

[208] Mueller K, Hattrup K, Spiess S, et al. The effects of corporate social responsibility on employees' affective commitment: A cross-cultural investigation [J]. *Journal of Applied Psychology*, 2012, 97（6）: 1186.

[209] Muller A R, Pfarrer M D, Little L M. A theory of collective empathy in corporate philanthropy decisions [J]. *Academy of Management Review*, 2014, 39（1）: 1–21.

[210] Muller D, Ziegelmann J P, Simonson J, et al. Volunteering and Subjective Well-Being in Later Adulthood: Is Self-Efficacy the Key?[J]. *International Journal of developmental science*, 2014（8）: 125–135.

[211] Nadeem K, Riaz A, Danish R Q. Influence of high-performance work system on employee service performance and OCB: the mediating role of resilience [J]. *Journal of Global Entrepreneurship Research*, 2019, 9（1）: 1–13.

[212] Naswall K, Kuntz J, Malinen S. *Employee resilience scale （EmpRes）: Technical report 2013* [R]. UN Research Repository, 2013: 1–10.

[213] Näswall K, Kuntz J, Malinen S. Employee Resilience Scale （EmpRes）Measurement Properties [J]. *resilient organisations*

research report, 2015.

[214] Newman A, Miao Q, Hofman P S, et al. The impact of socially responsible human resource management on employees' organizational citizenship behaviour: the mediating role of organizational identification [J]. *The International Journal of Human Resource Management*, 2016, 27 (4): 440–455.

[215] Ng K Y, Van Dyne L. Antecedents and performance consequences of helping behavior in work groups: A multilevel analysis [J]. *Group & Organization Management*, 2005, 30 (5): 514–540.

[216] Omdahl B L, O' Donnell C. Emotional contagion, empathic concern and communicative responsiveness as variables affecting nurses' stress and occupational commitment [J]. *Journal of Advanced Nursing*, 1999, 29 (6): 1351–1359.

[217] Ong M, Mayer D M, Tost L P, et al. When corporate social responsibility motivates employee citizenship behavior: The sensitizing role of task significance [J]. *Organizational Behavior & Human Decision Processes*, 2018 (144): 44–59.

[218] Organ D W. Organizational Citizenship Behavior: It's Construct Clean-Up Time [J]. *Human Performance*, 1997, 10 (2): 85–97.

[219] Ormiston M E, Wong E M. License to ill: The effects of corporate social responsibility and CEO moral identity on corporate social irresponsibility [J]. *Personnel Psychology*, 2013, 66 (4): 861–893.

[220] Parker S K. Enhancing Role Breadth Self-Efficacy: The Roles of Job Enrichment and Other Organizational Interventions [J]. *Journal of Applied Psychology*, 1998, 83 (6): 835–852.

[221] Parker S K, Collins C G. Taking Stock: Integrating and

Differentiating Multiple Proactive Behaviors [J] . *Journal of Management*, 2010, 36（3）：633–662.

[222] Parker S K, Bindl U K, Strauss K. Making things happen：A model of proactive motivation [J] . *Journal of management*, 2010, 36（4）：827–856.

[223] Penner L A. Dispositional and organizational influences on sustained volunteerism：An interactionist perspective [J] . *Journal of social issues*. 2002a, 58（3）：447–467.

[224] Pohl S, Dal Santo L, Battistelli A. Empathy and emotional dissonance：Impact on organizational citizenship behaviors [J] . *Revue Européenne de Psychologie Appliquée*, 2015, 65（6）：295–300.

[225] Porter M E, Kramer M R. Strategy and Society：The Link between Competitive Advantage and Corporate Social Responsibility [J] . *Harvard Business Review*, 2006, 84（12）：78.

[226] Porter M E, Kramer M R. The big idea：Creating shared value [J] . *Cfa Digest*, 2011, 41（1）：12–13.

[227] Porter M, Hills G, Pfitzer M, et al. Measuring Shared Value: How to Unlock Value by Linking Business and Social Results [J] . *FSG*, 2011：10–11.

[228] Preacher K J, Zyphur M J, Zhang Z. A general multilevel SEM framework for assessing multilevel mediation [J] . *Psychological methods*, 2010, 15（3）：209.

[229] Edwards R J, Harrison V R. Job Demands and Worker Health：Three–Dimensional Reexamination of the Relationship Between Person–Environment Fit and Strain [J] . *Journal of Applied Psychology*, 1993, 78（4）：628.

[230] Richardson G E. The metatheory of resilience and resiliency [J] .

Journal of Clinical Psychology, 2002, 58（3）：307–321.

［231］ Righetti F, Finkenauer C, Finkel E J. Low Self–Control Promotes the Willingness to Sacrifice in Close Relationships［J］. *Psychological Science*, 2013, 24（8）：1533–1540.

［232］ Rioux S M, Penner L A. The causes of organizational citizenship behavior：a motivational analysis［J］. *Journal of applied Psychology*, 2001, 86（6）：1306.

［233］ Roberson Q M, Colquitt J A. Shared and Configural Justice：A Social Network Model of Justice in Teams［J］. *Academy of Management Review*, 2005, 30（3）：595–607.

［234］ Robertson I, Cooper C. *Well–Being, Productivity and Happiness at Work*［M］. Basingstoke Houndmills：Palgrave Macmillan, 2011：1–224.

［235］ Rodell J B. Finding meaning through volunteering：Why do employees volunteer and what does it mean for their jobs? ［J］. *Academy of Management Journal*, 2013, 56（5）：1274–1294.

［236］ Rodell J B, Breitsohl H, Schröder M, et al. Employee volunteering：A review and framework for future research［J］. *Journal of management*, 2016, 42（1）：55–84.

［237］ Rupp D E, Mallory D B. Corporate Social Responsibility：Psychological, Person–Centric, and Progressing［J］. *Annual Review of Organizational Psychology and Organizational Behavior*, 2015, 2（1）.

［238］ Rupp D E, Shao R, Skarlicki D P, et al. Corporate social responsibility and employee engagement：The moderating role of CSR–specific relative autonomy and individualism［J］. *Journal of Organizational Behavior*, 2018, 39（5）：559–579.

［239］ Rupp D E, Shao R, Thornton M A, et al. Applicants' and

Employees' Reactions to Corporate Social Responsibility: The Moderating Effects of First-Party Justice Perceptions and Moral Identity [J]. *Personnel Psychology*, 2013, 66 (4): 895-933.

[240] Rupp D E, Wright P M, Aryee S, et al. Organizational Justice, Behavioral Ethics, and Corporate Social Responsibility: Finally the Three Shall Merge [J]. *Management and Organization Review*, 2015, 11 (1): 15-24.

[241] Rutter M. Resilience concepts and findings: implications for family therapy [J]. *Journal of Family Therapy*, 1999, 21 (2): 119-144.

[242] Sadri G, Weber T J, Gentry W A. Empathic emotion and leadership performance: An empirical analysis across 38 countries [J]. *Leadership Quarterly*, 2011, 22 (5): 818-830.

[243] Sancho M P L, Martinezmartinez D, Jorge M L, et al. Understanding the link between socially responsible human resource management and competitive performance in SMEs [J]. *Personnel Review*, 2018, 47 (6): 1211-1243.

[244] Schaufeli W B, Bakker A B. Job demands, job resources, and their relationship with burnout and engagement: A multi-sample study [J]. *Journal of Organizational Behavior: The International Journal of Industrial, Occupational and Organizational Psychology and Behavior*, 2004, 25 (3): 293-315.

[245] Scheidler S, Edinger-Schons L M, Spanjol J, et al. Scrooge Posing as Mother Teresa: How Hypocritical Social Responsibility Strategies Hurt Employees and Firms [J]. *Journal of Business Ethics*, 2018, 157 (2): 339-358.

[246] Scherer K. Emotion [J]. *Annual Review of Psychology*, 2018, 69 (1).

［247］ Scherer K R. On the nature and function of emotion: A component process approach ［M］ //K. R. Scherer & P. Ekman（Eds.）, *Approaches to emotion.* Hillsdale: Lawrence Erlbaum, 1984: 293–317.

［248］ Scherer K R, Schorr A, Johnstone T. *Appraisal processes in emotion: Theory, methods* ［M］. research: Oxford University Press, 2001.

［249］ Schwartz M S, Carroll A B. Corporate social responsibility: a three-domain approach ［J］. *Business Ethics Quarterly*, 2003, 13（4）: 503–530.

［250］ Settoon R P, Mossholder K W. Relationship quality and relationship context as antecedents of person-and task-focused interpersonal citizenship behavior ［J］. *Journal of Applied Psychology*, 2002, 87（2）: 255–267.

［251］ Shamir B. Meaning, self and motivation in organizations ［J］. *Organization Studies*, 1991, 12（3）: 405–424.

［252］ Shen J, Benson J. When CSR Is a Social Norm How Socially Responsible Human Resource Management Affects Employee Work Behavior ［J］. *Journal of Management*, 2016, 42（6）: 1723–1746.

［253］ Shen J, Zhu J C. Effects of socially responsible human resource management on employee organizational commitment ［J］. *The International Journal of Human Resource Management*, 2011, 22（15）: 3020–3035.

［254］ Shen J, Zhang H. Socially Responsible Human Resource Management and Employee Support for External CSR: Roles of Organizational CSR Climate and Perceived CSR Directed Toward Employees ［J］. *Journal of Business Ethics*, 2019, 156（3）: 875–888.

［255］Skarlicki D P, Folger R. Retaliation in the Workplace: The Roles of Distributive, Procedural, and Interactional Justice［J］. *Journal of Applied Psychology*, 1997, 82（3）: 434-443.

［256］Stamper C L, Masterson S S. Insider or outsider? how employee perceptions of insider status affect their work behavior［J］. *Journal of Organizational Behavior*, 2002, 23（8）: 875-894.

［257］Staw B M, Sutton R I, Pelled L H. Employee positive emotion and favorable outcomes at the workplace［J］. *Organization Science*, 1994, 5（1）: 51-71.

［258］Steinberg L. Cognitive and affective development in adolescence［J］. *Trends in cognitive sciences*, 2005, 9（2）: 69-74.

［259］Stolinski A, Ryan C S, Hausmann L R M, et al. Empathy, Guilt, Volunteer Experiences, and Intentions to Continue Volunteering Among Buddy Volunteers in an AIDS Organization1［J］. *Journal of Applied Biobehavioral Research*, 2007, 9（1）: 1-22.

［260］Stotland E. Exploratory Investigations of Empathy［J］. *Adv Exp Soc Psychol*, 1969（4）: 271-314.

［261］Stoverink A C, Kirkman B L, Mistry S, et al. Bouncing back together: Toward a theoretical model of work team resilience［J］. *Academy of Management Review*, 2020, 45（2）: 395-422.

［262］Strandberg C. *The role of human resource management in corporate social responsibility issue brief and roadmap*［M］. Report for Industry Canada. Burnaby, BC: Strandberg Consulting, 2009.

［263］Stryker S, Bukke P J. The past, The past, present, and future of identity theory［J］. *Social Psychology Quarterly*, 2000, 63（4）: 284-297.

［264］Swann W B, Pelham B W, Krull D S. Agreeable fancy or disagreeable truth? Reconciling self-enhancement and self-verification

[J] . *Journal of Personality and Social Psychology*, 1989, 57（5）:
782–791.

[265] Swanson D L. Toward an integrative theory of business and society:
a research strategy for corporate social performance [J] . *Academy
of Management Review*, 1999, 24（3）: 506–521.

[266] Orlitzky M, Swanson D L. Socially responsible human resource
management [M] // Deckop J R.. *Human resource management
ethics: 3–25*. Charlotte, NC: Information Age, 2006.

[267] Tajfel H, Turner J. An integrative theory of intergroup conflict. [J] .
social psychology of intergroup relations, 1979（33）: 94–109.

[268] Thornton M, Rupp D. The Joint Effects of Justice Climate, Group
Moral Identity, and Corporate Social Responsibility on the Prosocial
and Deviant Behaviors of Groups [J] . *Journal of Business Ethics*,
2016, 137（4）: 677–697.

[269] Tierney P, Farmer S M. Creative self–efficacy development and creative
performance over time [J] . *Journal of Applied Psychology*, 2011, 96
（2）: 277.

[270] Titchener E. *Elementary psychology of the thought processes* [M] .
New York: Macmillan, 1909.

[271] Tornau K, Frese M. Construct Clean–Up in Proactivity Research:
A Meta–Analysis on the Nomological Net of Work–Related Proactivity
Concepts and their Incremental Validities [J] . *Applied Psychology*,
2013, 62（1）: 44–96.

[272] Tsai Y, Joe S, Lin C, et al. Modeling Job Pursuit Intention:
Moderating Mechanisms of Socio–Environmental Consciousness [J] .
Journal of Business Ethics, 2014, 125（2）: 287–298.

[273] Turban D B, Greening D W. Corporate social performance and
organizational attractiveness to prospective employees [J] . *Academy*

of management journal, 1997, 40（3）: 658-672.

［274］Turker D. Measuring Corporate Social Responsibility: a scale development study［J］. *Journal of business ethics*, 2009, 85（4）: 411-427.

［275］Urlich D. *Human resource champions: the next agenda for adding value and delivering results*［M］. Harvard Business School Press, Boston, 1997.

［276］Van Dyne L, Lepine J A. Helping and Voice Extra-Role Behaviors: Evidence of Construct and Predictive Validity［J］. *Academy of Management Journal*, 1998, 41（1）: 108-119.

［277］Vlachos P A, Epitropaki O, Panagopoulos N G, et al. Causal Attributions and Employee Reactions to Corporate Social Responsibility ［J］. *Industrial and Organizational Psychology*, 2013, 6（4）: 334-337.

［278］Vlachos P A, Panagopoulos N G, Rapp A A. Feeling good by doing good: Employee CSR-induced attributions, job satisfaction, and the role of charismatic leadership［J］. *Journal of business ethics*, 2013, 118（3）: 577-588.

［279］Voegtlin C, Greenwood M. Corporate social responsibility and human resource management: A systematic review and conceptual analysis［J］. *Human Resource Management Review*, 2016, 26（3）: 181-197.

［280］Waddock S, Bodwell C. From TQM to TRM: total responsibility management approaches［J］. *Journal of Corporate Citizenship*, 2002（7）: 113-126.

［281］Waddock S. Parallel Universes: Companies, Academics, and the Progress of Corporate Citizenship［J］. *Business & Society Review*, 2004, 109（1）: 5-42.

［282］Waddock S，Graves S B．The corporate social performance–financial performance link［J］．*Strategic Management Journal*，1997，18（4）：303–319．

［283］Waldman D A，Siegel D S，Javidan M．Components of CEO Transformational Leadership and Corporate Social Responsibility*［J］．*Journal of Management Studies*，2006，43（8）：1703–1725．

［284］Wang R．Modeling Corporate Social Performance and Job Pursuit Intention：Mediating Mechanisms of Corporate Reputation and Job Advancement Prospects［J］．*Journal of Business Ethics*，2013，117（3）：569–582．

［285］Wang T，Bansal P．Social responsibility in new ventures：profiting from a long-term orientation［J］．*Strategic Management Journal*，2012，33（10）：1135–1153．

［286］Wartick S L，Cochran P L．The evolution of the corporate social performance model［J］．*Academy of management review*，1985，10（4）：758–769．

［287］Weinstein N，Ryan R M．When Helping Helps：Autonomous Motivation for Prosocial Behavior and Its Influence on Well–Being for the Helper and Recipient［J］．*Journal of Personality and Social Psychology*，2010，98（2）：222–244．

［288］Weiss H M，Cropanzano R．Affective Events Theory：A theoretical discussion of the structure，causes and consequences of affective experiences at work［J］．*Research in Organizational Behavior*，1996（18）：1–74．

［289］Weiss H，Suckow K，Cropanzano R．Effects of justice conditions on discrete emotions［J］．*Journal of Applied Psychology*，1999，84（5）：786–794．

［290］Williams L J，Anderson S E．Job Satisfaction and Organizational Commitment as Predictors of Organizational Citizenship and In-Role Behaviors［J］．*Journal of Management*，1991，17（3）：601-617.

［291］Williams T A，Shepherd D A．Building resilience or providing sustenance：Different paths of emergent ventures in the aftermath of the Haiti earthquake［J］．*Academy of Management Journal*，2016，59（6）：2102-2069.

［292］Wisse B，Van Eijbergen R，Rietzschel E F，et al．Catering to the needs of an aging workforce：The role of employee age in the relationship between corporate social responsibility and employee satisfaction［J］．*Journal of Business Ethics*，2018，147（4）：875-888.

［293］Wood D J．Corporate social performance revisited［J］．*Academy of management review*，1991a，16（4）：691-718.

［294］Wood D J．Measuring Corporate Social Performance：a review［J］．*International journal of management reviews*，2010，12（1）：50-84.

［295］Wu C H，Parker S K．*Proactivity in the Workplace：Looking Back and Looking Forward*［M］．Oxford Handbook of Positive Organizational Scholarship，2011.

［296］Youssef C M，Luthans F．Positive organizational behavior in the workplace：The impact of hope，optimism，and resilience［J］．*Journal of management*，2007，33（5）：774-800.

［297］Yun S，Takeuchi R，Liu W．Employee Self-Enhancement Motives and Job Performance Behaviors：Investigating the Moderating Effects of Employee Role Ambiguity and Managerial Perceptions of Employee Commitment［J］．*Journal of Applied Psychology*，2007，92（3）：

745–756.

［298］Zhang J X, Schwarzer R. Measuring optimistic self-beliefs: A Chinese adaptation of the General Self-Efficacy Scale［J］. *Psychologia*, 1995, 38（3）: 174–181.

［299］Zhu Q, Yin H, Liu J, et al. How is Employee Perception of Organizational Efforts in Corporate Social Responsibility Related to Their Satisfaction and Loyalty Towards Developing Harmonious Society in Chinese Enterprises?［J］. *Corporate Social Responsibility and Environmental Management*, 2014, 21（1）: 28–40.

［300］Chen M L, Lin C P. Modelling perceived corporate citizenship and psychological contracts: A mediating mechanism of perceived job efficacy［J］. *European Journal of Work and Organizational Psychology*, 2014, 23（2）: 231–247.

［301］Du S, Swaen V, Lindgreen A, et al. The roles of leadership styles in corporate social responsibility［J］. *Journal of business ethics*, 2013, 114（1）: 155–169.

［302］Lin C P, Tsai Y H, Joe S W, et al. Modeling the relationship among perceived corporate citizenship, firms'attractiveness, and career success expectation［J］. *Journal of business ethics*, 2012, 105（1）: 83–93.

［303］Tsai W C, Yang I W F. Does image matter to different job applicants? The influences of corporate image and applicant individual differences on organizational attractiveness［J］. *International Journal of Selection and Assessment*, 2010, 18（1）: 48–63.

［304］Sen S, Bhattacharya C B, Korschun D. The role of corporate social responsibility in strengthening multiple stakeholder relationships: A field experiment［J］. *Journal of the Academy of Marketing science*, 2006, 34（2）: 158–166.

［305］Pohl S，Dal Santo L，Battistelli A. Empathy and emotional dissonance：Impact on organizational citizenship behaviors ［J］. *European Review of Applied Psychology*，2015，65（6）：295-300.

后　记

　　自 2021 年，中国开始实施"十四五"规划，开启全面建设社会主义现代化国家新征程、向第二个百年目标奋进的新阶段。在新形势下，"双碳战略""高质量发展""共同富裕"成为重要的时代命题，企业社会责任的意义和价值再次彰显。助力企业开展社会责任活动的社会责任型人力资源管理因此备受关注。本书是一部有关社会责任型人力资源管理的理论和实践研究著作，也是教育部人文社会科学青年基金项目——"基于主动动机视角的社会责任型人力资源管理对员工韧性的影响研究"（21YJC630111）的最终成果。

　　本书凝结导师、朋友、亲人的帮助和关爱。感谢华中科技大学管理学院龙立荣教授、周二华教授、马士华教授在前期研究中所给予的理论指导。也诚挚感谢湖北经济学院袁声莉教授、彭芸教授在写作过程中所给予的大力支持。感谢九州出版社的编辑们在著作成书过程中所提供的专业支持和耐心帮助。本书吸收借鉴了诸多前辈同仁的研究成果，但也存在诸多不足，欢迎各位贤达不吝赐教。

邵丹萍

2022 年 10 月